인류가 차린 식탁

WIE ISST MAN EIN MAMMUT?

In 50 Gerichten durch die Geschichte der Menschheit by Uta Seeburg

© 2023 DuMont Buchverlag GmbH&Co. KG

Korean Translation © 2024 VISION B&P

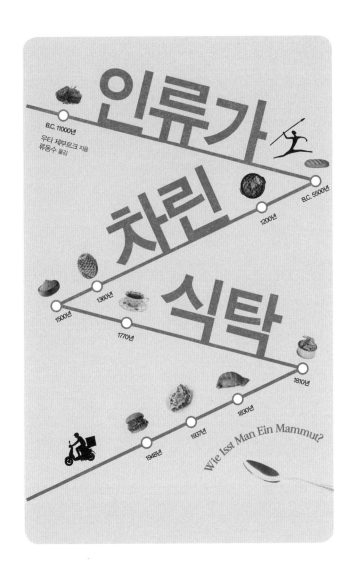

인류가 차린 식탁

우타 제부르크 지음
류동수 옮김

B.C. 11000년

B.C. 5500년

1200년

1360년

1500년

1770년

1810년

1830년

1937년

1948년

Wie Isst Man Ein Mammut?

애플북스

언제나 지식, 역사 그리고
맛있는 음식을 갈구하시던 부모님께

미식을 통한 인류사 산책

애당초 나의 구상은 사실 단순했다. 이 책을 통해 인류사를 관통하는 미식 산책을 해보자는 것이었다. 숟가락 하나 달랑 들고서 바빌론 사람들의 냄비도 들여다보고, 로마인의 식탁에도 앉아보고, 중세의 보양 수프도 후루룩 마셔본 다음 마지막으로 분자요리라는 해체 완두콩 스튜의 맛도 좀 느껴보면 좋을 것 같았다. 이들 음식 하나하나는 모두 시대의 산물이며, 그 시대에 대해 뭔가를 이야기해준다. 특정 시대의 사람들을 추동하는 힘이 무엇이었는지, 그들이 무슨 일에 골몰했는지, 그리고 무엇이 그들의 입맛에 맞았는지를 말이다. 하지만 곧바로 이런 푸근한 산책에만 머무를 수 없다는 사실이 드러났다.

이왕 숟가락을 들었으니 꽤나 깊은 바닥까지도 긁어 올려야겠다는 생각이 들었다. 왜냐하면 식사라는 주제는 처음에는 그저 인간의 가장 실존적인 욕구로 보일 뿐이지만, 자세히 들여다보면 다채로운 목소리를 지닌 놀라운 메뉴가 되기 때문이다. 음식은 사회의 토대이면서 공동체 형성을 부추기는 요소이지만, 그 속에는 권력과 무자비한 계층구조도 들어 있다. 음식은 열과 성을 다해 지켜낸 민족자산이다. 음식에 대한 논의는 점점 더 정치적으로 다루어지고 있다. 심지어 시민불복종의 수단이 될 수도 있다. 인류사의 가장 암울한 장면은 먹을 것의 부재에서 발생했다. 그러나 그런 굶주림의 시대가 지나가면 무절제한 탐닉의 시기가 도래하는 경우도 적지 않았다. 뭘 먹는다는 것은 당연히 즐거움이기도 하지만 기억이고 현실도피이며 아련한 그리움이기도 하다.

미식 기행에서 나는 이 모든 현상과 맞닥뜨렸다. 그리고 이제 여러분에게 그 뷔페를 차려낼 수 있어서 정말 기쁘다. 부디 왕성한 식욕만 갖고 오시라!

차 례

> **"음식은 가장 원시적인 형태의 위안거리다."**
>
> 실라 그레이엄

1. 매머드 스테이크

기원전 1만 1000년경 북아메리카

밥상을 차리려면 두 가지가 필요하다. 하나는 불이고, 다른 하나는 조리 재료를 잘게 자르거나 조리하는 데 쓸 도구다. 그러고 나면 양념 따위를 가져오는 사람이 틀림없이 있다. 이런 단순해 보이는 구도 속에서 인간은 놀라운 발전을 이룩했다. 이를테면 이런 상황이다. 빌붙어 먹고사는 인간은 벌렁거리는 가슴을 달래며 덤불 뒤에 숨어 사태를 주시한다. 검치호랑이 몇 마리가 들소 한 마리를 잡아먹더니 뒤이어 하이에나 떼가 달려들어 남은 살을 뜯어먹는다. 드디어 차례가 되었다. 살이 다 뜯겨나간 뼈다귀를 향해 인간이 달려간다. 주먹도끼로 뼈다귀를 내리쳐 속에 든 골수를 조금도 남김없이 후루룩 빨아먹는다. 대단찮아 보이는 저 피조물은 이렇게 음식을 섭취하여 마침내 먹이사슬의 맨 꼭대기에 올라간다. (뼈다귀 속을 박박 긁어 먹는 게 왠지 야만스러워 보이고 아득한 옛날 옛적의 일 같다고? 온갖 구색을 갖춘 골동품상에 가보면 정교한 금속세공 장식이 되어 있는 데다 뼈다귀 속을 속속들이 파먹을 수 있도록 길이도 충분히 긴, 골수 파먹기 전용 은제 숟가락을 볼 수 있다는 사실만 언급하겠다. 이런 숟가락은 예를 들면 빅토리아 시대의 저 우아한 영주들 집안에서 나온 것이다.)

공정성을 기하기 위해 덧붙이는데, 골수의 경우 단백질 함량이 유달리 높아 인간의 두뇌가 제대로 성장하는 데에 도움을 준다. 정신 능력의 성장과 더불어 인간은 더 복잡한 여러 도구를 고안해낼 수 있었고 마침내 불을 제어하자는 생각에 이르렀다. 그러다 어이쿠, 그새 수십만 년의 시간이 흘러가버렸다. 날것으로는 소화가 잘 안 되는 데다 맛도 없고 부분적으로 독성도 있을 수 있는 고기와 채소를 이제 인간은 불을 이용해 끓이고, 찌고, 굽고, 훈제할 수 있게 되었다. 마지막에 언급한 이 훈제 조리법은 아마도 숲이 두어 번 불에 타버린 뒤 불에 타 죽은 짐승의 고기에 유독 진한 훈연 향이 배어 있었던 데서 생겨났을지도 모른다.

그러다 2만 년쯤 전에 빙하기가 시작되면서 나중에 베링해라 불리는 바다의 표면이 아주 단단히 얼어붙었다. 덕분에 모험심 넘치는 한 무리의 사람들이 아메리카 대륙 쪽에 다다를 수 있었다. 이들은 대단히 훌륭한 사냥꾼으로 발전했다. 매머드, 고대의 거대 사슴(Cervalces scotti) 그리고 나무늘보를 닮은 거대한 땅늘보 같은 동물이 지구상에서 사라진 것은 어쩌면 이들 사냥꾼의 거리낌 없는 육식 애호 습성 때문인지도 모른다. 이들 문화를 우리는 돌로 만든 창촉이 처음 발견된 곳의 이름을 따서 클로비스(Clovis) 문화라 부른다.

음식을 먹는다는 것은 오로지 몸이 원해서이기도 하지만 거기에는 늘 사회적 차원의 의미도 내포해 있는데, 그 핵심은 시대에 따라 변한다. 한자리에 모여서 먹는 것을 중요시하기도 하고, 식탁에 오르는 음식을 통해 자신이 사회에서 어떤 계층에 속하는지를 보여주기도 한다. 어떤 시대에는 무엇보다 음식이 제공되는 순간에 눈길을 주고, 또 어떤 세대는 갑자기 조리 그 자체, 말하자면 버터가 지지직거리며 녹거나, 소스가 모락모락 김을 피워 올리며 끓어오르거나 구운 고기 위에 끼얹어질 때 등 소소하지만 멋진 모든 조리순간에 관심을 보이기도 한다.

클로비스 문화의 주인공인 거대 야생동물 사냥꾼들이 식사와 관련하여 품은 생각은 대체로 그들 이전 시대와 크게 다르지 않을 것이다. 말하자면 먹을거리가 어디에 있는지를 알아내 잡아먹는 것이 핵심이다. 예컨대 매머드를 사냥하려면 계획을 짜야 하고, 지형을 잘 알아야 하며, 인내심이 많아야 한다. 클로비스 문화의 사냥꾼은 대개 강변이나 물이 있는 곳 근처의, 시야가 탁 트인 언덕을 찾는다. 그런 다음 거기서 매머드 떼가 물을 먹으러 올 때까지 끈질기게 버틴다. 그렇게 기다리면서 그들은 부싯돌을 이용해 뾰족한 사냥도구를 만드는 일에 빠져들기도 한다. 이 도구는 그리 크지도, 길지도, 칼처럼 날이 서 있지도 않다. 어떤 이들은 표면이 매끌매끌한 강자갈에 기하학적 무늬나 예쁜 꽃을 장식으로 새기며 시간을 보내기도 한다. 그러다 불운한 첫 매머드가 나타나자마자 뾰족한 촉이 달린 투척용의 가벼운 창이 그쪽으로 날아간다. 뾰족한 촉의 측면에는 홈이 살짝 파여 있어서 사냥에 무척 유리하다. 동물이 이 창촉에 찔리면 그 부위가 어디든 상관없이 이 홈 때문에 곧장 많은 피를 흘리게 되어 있다. 굳이 눈부신 투창 실력자일 필요가 없다. 이제 기다리기만 하면 된다. 매머드가 출혈이 심한 나머지 제대로 정신을 차리지 못할 때까지 말이다. 그런 상태가 되면 매머드에게로 더 가까이 다가가 최후의 일격을 가한다. 그 뒤 사냥꾼들은 이 거구의 동물을 그 자리에서 다 함께 힘을 모아 해체한 다음 다른 곳으로 나른다. 강물은 피로 벌겋게 물든다. 매머드 고기가 최종적으로 어떻게 조리되었는지, 특별히 맛나는 조리 방식이 있었는지는 말하기 어렵다. 푹 삶은 매머드 어깨살에 야생 허브와 과일을 곁들인 음식을 생각했을 수 있지 않았을까 싶다. 매머드 고기의 맛이 도대체 어땠을지는 인류사의 비밀로 남아 있다.

뉴욕의 남성 전용 고급 클럽인 익스플로러 클럽(Explorer Club)은 1951년 뉴욕의 더 루스벨트 호텔에서 개최한 만찬 연회에서 25만 년 동안 얼음 속에 있던 매머드 스테이크를 메뉴에 올렸다고 수십 년간 주장해왔다. 그러나 나중에 DNA를 분석한 결과, 매머드가 아닌 바다거북이었음이 밝혀졌다. (만찬에 참석하지 못한 회원이 고기를 일부 보내달라고 한 다음 그것을 보관해두고 있었는데 그것을 시료로 DNA 검사를 했다고 한다. -역자 주)

하지만 그 고기가 꽤나 질겨서 비교적 오랫동안 구워야 했으리라 짐작할 수 있다. 또 클로비스 문화 시대의 사람들은 어쩌면 불을 둘러 싸고 앉아 매머드 털로 최신식 외투를 만들며 그날 있었던 일로 이야 기꽃을 피웠을지도 모른다. 친한 사람들끼리 보내는 저녁 시간, 매머 드 고기가 조금씩 익어가며 먹음직스런 향을 내뿜으면 벌써 입에 군 침이 돌며 입꼬리가 올라간다. 그러다 마침내, 기나긴 시간 동안 참았 던 질문이 튀어나온다.

"도대체 언제 음식이 완성되는 거야?"

2. 곡물죽과
외알밀로 만든 빵

기원전 5500년경 중유럽

인간은 수천 년 동안 숲과 사바나 지대를 가로지르며 사방에 널린 짐승을 잡아먹었고, 주변에서 원시의 모습으로 풍성하게 자라나는 것을 채집해 먹었다. 그중에는 이따금 야생 곡물도 한 줌 있어서, 그것을 씨앗으로 뿌리기도 했을 것이다. 마지막 빙하기가 지나면서 지구는 점점 더 따뜻해졌다. 대지 곳곳에서 곡식이 싹을 틔웠고, 사람들은 점차 곡식을 수확해 가공하기 시작했다. 그러다 마침내 곡식을 대규모로 경작하게 되었다. 말하자면 동물보다 우수한 경쟁력을 활용해 곡식류로 눈을 돌림으로써, 손쉽게 먹을 수 있는 먹을거리를 둘러싸고 동물과 경쟁하는 처지에서 벗어난 것이다.

곡식은 날것으로는 맛이 없으므로 한 차례 가공을 거쳐야만 먹을 만한 음식으로 탈바꿈한다. 유난히 우거진 초지에 임시로 만든 거처는 밭이 딸린 마을이 되었고, 사람들은 세대를 이어가며 갈수록 정교한 기술과 피땀 어린 노력으로 그 땅을 경작했다. 이를 두고 역사학자 유발 하라리(Yuval Noah Harari)는 "우리 인간이 밀을 길들인 것이 아니라 밀이 우리를 길들였다"라고 말했다.[1]

인류사에서 이 시점에 인간의 실존은 온통 먹을거리를 중심으로 돌아갔다. 인간의 모든 일상을 규정한 것은 오로지 양식을 잘 챙기고, 경작하고, 수확하고 또 가공하는 일이었다. 집을 지을 때조차도 먹을거리 보관과 상 차리기에 쓸모가 있는지를 최우선으로 고려했다. 결국 집이란 부엌 딸린 저장고였으며, 인간이 다만 거기에서 기거할 뿐이었다. 신석기 시대의 대표적인 주거지는 대개 작은 호수를 따라 여러 채의 집들이 한 줄로 길게 늘어선 형태였다. 이들 집은 꽤나 커서 길이가 20미터쯤 되었으므로, 그 각각의 집에는 많게는 30명까지 살았을 것이다. 그런 집은 굵은 목재로 된 튼튼한 골조를 갖추고 있었다. 지칠 줄 모르는 인간의 손은 가늘고 기다란 나뭇가지들을 엮은 다음 기둥 사이에 세우고는 거기에 찰흙을 덧발랐다. 건물 위쪽으로는 고깔 모양의 지붕을 씌우고 속이 빈 갈대 같은 것을 엮어 얹었다. 지붕은 매가리 없이 크게 휘어져 아래쪽으로 축 늘어져 있었다. 햇빛은 바닥 근처까지 이어진 지붕 끝자락의 문을 통해서만 안으로 들어왔다.

집의 중심에 불이 있었다. 바로 음식을 만드는 곳이다. 음식 만드는 곳은 늘 한가운데에 있었다. 그 집에 사는 사람은 아마도 밥 먹는 시간이 되면 그 불을 에워싸고 앉았을 것이다. 부엌이 집의 심장이라는, 이제는 뻔한 말이 되어버린 표현은 신석기 시대, 즉 인류의 주거 양식 초창기에 그 뿌리가 있다. 그뿐만 아니라 집은 마을에서 가장 물기가 없는 곳(이며, 어쩌면 곡식 도둑이 마을을 활보할 경우, 그 상황을 가장 잘 알아차리고 통제할 수 있는 그런 곳)이므로 거기에는 여분의 곡식을 저장해두는 방이 적어도 하나는 있었다. 지붕 아래 탁 트인 공간에는 더 많은 것을 보관할 수 있었다. 각종 약초를 자루째 지붕 아래에 매달아 햇볕에 말렸을지도 모른다. 우리가 거주하는 집은 분명 저 놀라운 발명품으로 가득 차 있었을 것이다. 바로 질그릇이다. 이는 식물 경작 및 정주(定住) 생활과 더불어 인류의 거대한 문명을 발달시킨 또 다른 한 축이었다. 항아리, 움푹한 그릇, 손잡이가 달린 용기 따위는 참으로 아름답다. 불에 구운 질그릇 표면에는 뭔가로 긁어 활처럼 휜 곡선, 동심원꼴의 물방울 무늬, 물결치듯 길게 이어진 뾰족뾰족한 선을 그려놓았고, 접시의 볼록한 배 부분에는 흙색의 동그라미와 나선형 무늬가 그려져 있었다. 이러한 그릇이 발명되기 전에는 식료품을 땅속 구덩이나 바구니에 보관했는데, 그러다 보니 금방 상하기도 했고 온갖 짐승이 먹어치우기도 했다. 질그릇 덕분에 먹을거리를 대량으로 저장할 수 있게 되었다. 그리고 당연한 말이지만, 질그릇이 생기고부터 제대로 된 음식을 비로소 조리할 수 있었다.

그렇다고 '농부'라는 새로운 존재 양식을 통해 인간의 삶이 개선된 것은 아니다. 무엇보다 식생활 관점에서 인간은 단조로운 일면성에 푹 빠져버렸으며, 그것은 게다가 큰 위험성까지 내포하고 있었다. 식단은 눈에 띌 정도로 식물성으로 바뀌었다. 수렵을 많이 하지 않으면서 집 근처에서 가축을 키우는 시대가 시작되었다. 말하자면 돼지, 소, 양 또는 염소 고기는 그저 이따금씩 상에 올랐다. 가장 중요한 양식은 밀이었다. 참으로 무모한 일이었다. 왜냐하면 이제부터 곡식을 저장할 수 있다고는 해도 그 물량은 수확물 중 상해버린 것을 상쇄할 만큼 충분하지는 않았으며, 그런 상황에서 무자비한 기아 사태가 일어날 수도 있었기 때문이다.

하지만 오늘날 마을에 가면 잔치 분위기가 물씬 풍긴다. 밀 수확은 풍성하고 곳간은 그득하다. 여기서 말하는 밀은 아주 이른 시기의 형태로, 이제 겨우 야생성을 벗어난 종(種), 그러니까 외알밀(일립계 밀로 이삭 자리에 이삭이 하나만 나는데, 가장 오래된 밀을 가리킴 – 역자 주)과 쌍알밀(엠머밀, 이립계 밀)을 말한다. 밀은 먼저 살짝 볶아서 보존성을 높인다. 그다음에는 묵직한 맷돌로 밀을 빻는 고된 과정이 이어진다. 신석기 시대의 하루하루를 소리로 규정한다면 그것은 주먹만 한 크기의 돌 하나가 그것보다 더 큰 납작한 돌 위를 구르는 소리, 그리고 그 두 돌덩이가 서로 툭툭 부딪히면서 울려 나오는 단조로운 고음이다. 밀을 다 빻은 다음에는 기울, 즉 밀알을 감싸고 있던 껍질을 제거해야 한다. 이는 인간이 농업혁명 덕분에 하게 된 또 하나의 달갑지 않은 수고스러운 일이다. 밀가루와 물을 섞어 만든 빵은 아마도 집 바깥에 있는 반구형 진흙 오븐에서 구웠을 것이다. 그사이 부엌의 불 위에는 질그릇

냄비가 올라가 있었을 것이고 그 속에는 어쩌면 일종의 죽 비슷한 것이 끓고 있었을지 모른다. 곡물을 넣고 푹 끓인 음식은 인간의 삶과 오랫동안 함께했다. 신석기 시대에는 여기에 강낭콩이나 렌틸콩 따위를 추가해 풍미를 드높였을 것이다. 계절에 따라 숲속에서 여전히 채집 활동도 했을 것이다. 야생 과일, 버섯류 그리고 견과류는 집 한복판 불 위의 따뜻한 질그릇 안에도 있었을 것이다.

빵이 다 구워졌다. 납작한 모양의 딱딱한 빵이다. 그러니 갓 구운 빵을 한 입 깨물 때는 조심하지 않으면 안 된다. 안 그랬다가는 잇몸에 아찔한 아픔이 찾아올 수 있다. 밀기울을 하나도 골라내지 않은 거나 마찬가지였으니 말이다. 자그마한 밀기울은 유달리 딱딱하고 뾰족해서 입 속의 보드라운 속살에 쉽게 상처를 낼 수 있다. 이는 신석기 시대에 여전히 남아 있었던 아주 짜증 나는 일이었다. 그렇게 지구에서 서른다섯 해를 보내고 난 뒤 인간은 무덤 속으로 들어갔다. 평생을 그렇게 힘들게 일하고도 특별히 잘 먹지도 못했다. 하지만 바로 그 인간이 오늘날 우리 모든 인류의 출발점이었다.

3. 보리빵을 곁들인
양고기 스튜

기원전 1730년경 바빌로니아

인류사에서 문자로 기록된 가장 오래된 레시피 가운데 하나를 보면 이렇게 적혀 있다.

.... 66 ....

양고기 스튜

살코기를 사용할 것. 물을 준비할 것. 거기에 고운 가루소금, 말린 보리빵, 양파, 페르시아 샬롯과 우유를 넣어줄 것. 파와 마늘을 잘게 썰어 넣을 것.

.... 99 ....

이 글은 기원전 1730년경 아카드(Akkad. 고대 제국인 아카드제국의 수도이며, 유사 이래 가장 오래된 도시 중 하나 - 역자 주)의 쐐기문자로, 갈대로 만든 뾰족한 필기구를 이용해 작은 점토판에 새겨져 있는데, 장소는 아마도 바빌론이었으리라. 불에 굽지 않은 말랑말랑한 점토판은 갈대의 뾰족한 끝부분으로 누르는 순간 하릴없이 아래로 꺼진다. 이 레시피 말고도 다른 것이 더 있다. 육수, 여러 가지 스튜 그리고 뜻밖에도 고기로 속을 채운 닭고기빵의 조리법이다. 기나긴 시간이 지난 뒤 총 52종의 레시피가 해독되었다. 이 작은 점토서판 여럿을 사람들은 불에 구워 단단하게 만들었고, 환한 오렌지 빛깔로 물들였다. 이들 서판은 문서 창고에 보관되어 있었는데, 잠자고 있던 아득한 그 옛 기억은 언제부터인가 폐허와 흙더미 속으로 사라져버렸다. 그러다 4천 년이 지나서야 이 서판이 다시 발굴되었다.

양고기 스튜 조리법이 문자로 기록될 당시 바빌론은 세계 최대의 도시였다. 다닥다닥 붙어 늘어선 집들은 도시를 둘러싼 거대한 성벽 안에 자리해 있었다. 도로들이 일직선으로 쭉 뻗어 있었지만 이방인들은 이 대도시 안에 있으면 마치 미로 속에 있는 것 같다고 여겼다. 늘어선 집들은 헷갈릴 정도로 서로 비슷비슷했다. 집의 전면은 창문 없이 밋밋한 벽으로 낯선 눈길로부터 집 내부를 가려주었다. 도시 한복판에는 탑 하나가 하늘에 닿을 듯 우뚝 솟아 있었다. 거대한 테라스로 이루어진 탑이었다. 전설에 따르면 이 탑은 훨씬 더 높이 올라가야 했지만, 탑을 쌓아 올리는 사람들이 서로 다른 언어를 사용한 탓에 혼란이 생겨 의사소통을 제대로 하지 못했다고 한다. 어쨌든 세계적인 대도시가 하나 생겨났다는 것은 분명 충격적 경험이었을 것이다. 생동감 넘치는 북적거림, 사회 규모가 너무나 빨리 커져 정신 못 차릴 것 같다는 느낌 뒤에는 인류의 발명품 중 핵심인 문자가 있다. 바빌론에서 그리고 메소포타미아 지역의 급격히 발전한 여러 도시에서는 문자를 사용함으로써 질서가 확립되었다.

문자를 통한 관리와 및 체계화 없이 이 위풍당당한 국제도시 바빌론이라는 화려한 괴물을 어떻게 장악할 수 있었겠는가. 신도시 바빌론 사회를 구성하는 모든 세부 사항을 문서화해야만 관리가 가능했을 것이다. 문자의 발명은 동시에 관료주의의 탄생 시점이기도 했다. 처음에는 필경사가 점토판에 그림문자를 새겨 넣었다. 예컨대 접시는 '음식'을 의미한다. 접시 옆에 사람 머리가 그려져 있으면 '먹는다'라는 뜻이다. 이런 그림문자는 물건 하나를 직접 가리키는 것으로 이해되기도 했지만 소리로도 읽혔다. 소리문자는 바로 여기서 생겨났는데, 실용적이기도 하고 공간도 덜 차지했다. 이제 사람이 하는 말은 문자라는 형상으로 모사할 수 있게 되었다. 이는 엄청난 추상화 행위이다. 우리가 살펴본 바빌론의 레시피들은 이미 그런 소리문자로 점토판에 새겨짐으로써 영원한 생명을 얻은 경우다.

남아 있는 바빌론의 문서 중 대다수는 목록이다. 물건, 공공 재정, 노동자 한 사람이 받는 보리빵을 발효시켜 만든 맥주의 양, 도시 내에 있는 성벽, 제단, 도로 및 건물의 크기와 수량 등이 나열되어 있다.

이렇게 본다면 우리가 알고 있는 최초의 레시피도, 분량은 상세히 나와 있지 않지만, 재료의 열거라 볼 수 있다. 메소포타미아 지역에서 가장 중요한 식료품은 보리, 참깨, 대추야자 그리고 맥주였다. 이는 주로 밀, 올리브유, 무화과 그리고 포도주를 주로 소비한 시리아-레바논 문화권과는 다른 점이다. 그 외에도 바빌론 사람들은 유제품에 관심을 갖기 시작했는데, 주된 관심사는 양젖으로 다양한 치즈를 만드는 일이었다. 양은 고기로도 가공되었다. 여기에 수많은 저습지들은 다수의 물고기와 날짐승 고기를 제공해주었다.

바빌론 점토판의 목록에는 빵이 200종가량 올라 있는데, 그 재료는 주로 보리였으며 이럽게 엠머밀도 사용되었다. 곡물은 여전히 수고롭게 손으로 맷돌을 돌려 빻고 갈아야 했다. 하지만 도시 사회의 계급이 좀 더 복잡해지면서 이 달갑잖은 일은 이제 포로가 되어 끌려온 노예에게로 넘어갔다.

양고기 스튜는 추측건대 비교적 상류층을 위한 음식으로 보인다. 온갖 다양한 부재료가 들어가기 때문이다. 이 스튜는 큰솥을 불에 걸고 그 안에서 조리하는데, 구체적으로 재구성해보자. 먼저 양의 꼬리에 붙어 있는 기름으로 살코기를 익힌다. 그런 다음 물과 젖을 그 위에 조금씩 끼얹고, 다양한 양념도 넣는다. 이 모든 재료를 뭉근히 끓인다. 여기에 딱딱한 보리빵을 부스러기로 만들어 스튜 안에 넣어준다. 그러면 국물이 걸쭉해진다.

이 레시피는 아마도 일반적으로 널리 알려져 있었고 입에서 입으로 이미 오래전부터 전해졌을 것이다. 그런데도 왜 이것을 기록물 형태로 남겼는지 정확한 이유는 그저 짐작만 할 뿐이다. 바빌론 사람들이 자기네 일상을 미친 듯이 기록으로 남긴 것은 틀림없다. 정말 모든 것을 기록으로 남겼다고 한다. 바빌론이라는 고대 도시의 찬란한 면모를 하나도 빼놓지 않고 기록한 자료 중 이 도시를 기술한 첫 번째 점토판에서 그렇게 기록하고 있다.

·················· **"** ··················

바빌론, 생명이 머무는 자리! / 바빌론, 천상의 권력! / (…) 바빌론, 진리와 정의의 도시! / 바빌론, 풍요의 도시! / (…) 바빌론, 시민의 잔치가 그칠 줄 모르는 도시!

·················· **"** ··················

여기서도 그들은 넘쳐나는 다양성을 문서화하여 대응했다. 앞의 레시피는 어쩌면 이런 질서 잡기 전략의 일부일지 모른다. 게다가 문건이란 집단화를 의미하기도 한다. 모든 것을 기록으로 만들어 정리함으로써 하나의 완성된 도시 공동체가 생겨난다. 이는 곧 이들 요리가 이제 누구나 다 아는, 상식이라는 선언이다. 음식은, 나중에 드러나겠지만, 정체성을 엄청나게 부여하는 힘이 있다. 이 양고기 스튜를 보면 대번 떠오르는 것이 이라크의 '파차(pacha)'다. 양 머리와 위(胃)와 족(足)을 솥에 넣고 푹 삶은 전통 요리인데, 오늘날까지도 사람들이 무척 좋아한다. 조리는 바빌론의 점토판에 적힌 그대로다. 따라서 이 바빌론의 스튜를 조심스럽지만 최초의 국민음식이라고도 말할 수 있지 않을까 싶다. 이렇게 한번 기록해두면 그 순간부터 수천 년 넘도록 전승되는 것이다.

4. 미라로 남은 소갈비

기원전 1400년경 이집트

비좁고 구불구불한 집 한 채. 안은 어두컴컴하지만 바깥의 이글거리는 더위 속에 있다가 안으로 들어가니 공기가 서늘한 게 기분이 좋다. 각 방에는 적막이 드리워져 있다. 모래와 먼지 냄새가 투명하게 퍼지듯 올라온다. 이 집은 여러 개의 방이 한 줄로 늘어서 있다. 가파른 계단을 따라 내려가면 지하층이 나오는데, 호스처럼 생긴 복도 하나가 길게 이어져 있다. 터널을 따라 끝까지 가면 다시 아래로 내려가는 또 다른 계단이 나온다. 계단은 어떤 방으로 이어진다. 널따란 지하 저장고 같다. 어둑어둑한 그 방은 온갖 물건으로 가득 차 있다. 시간이 지나자 어둠 속에서 각 물건의 윤곽이 점차 뚜렷해진다. 이 별난 저장고 뒤로 가니 뜻밖에 공간이 탁 트이면서 큰 방이 하나 나타난다. 거의 연회장 규모다. 그런데 이곳에도 빈자리가 없다. 눈길 닿는 곳마다 휘황찬란하게 장식된 상자, 항아리 그리고 인물상이 있고, 돋을새김 조각과 금박 입힌 상형문자를 새긴 호화스러운 안락의자에다 침대도 각각 여러 개 있다. 이렇게 천장에 닿을 만큼 쌓인 보물의 한복판에 이 집에서 살던 두 사람의 관이 놓여 있다.

우리가 서 있는 이곳은 부부였던 유야와 투야의 무덤이다. 전설적인 제18왕조의 12대 왕 투탕카멘의 증조부모로 추정한다. 방에는 온갖 부장품이 어지러이 널려 있는데, 어딘가에 타원형의 작은 관이 놓여 있다. 관 속에는 작은 미라 하나가 들어 있다. 다름 아닌 소갈비다. 기다랗고 살짝 휘어진 형태의 소갈비가 전문가의 손으로 미라화되어 있었던 것이다. 한때 육즙 가득했을 이 고깃덩이는 먼저 소금을 써서 수분을 쏙 빼낸 다음 천으로 조심스레 돌돌 감싼다. 음식을 감싼 천에는 피스타치오 나무의 수지를 먹였는데, 수지는 그 값을 매길 수 없을 만큼이나 비쌌다. 그래서 보통은 강력한 파라오의 저승행에서나 사용되었다. 죽은 자의 세상으로 가는 그 머나먼 길을 이 갈비도 잘 이겨내도록 누군가가 무척 애를 썼음이 틀림없다.

고대 이집트 사람들에게 죽음이란 그저 새로운 삶의 시작일 뿐이다. 지금까지 최적화된 지상의 존재가 이제 마침내 영원으로 이어지는 것이다. 하지만 위험하기 짝이 없는 여행과 죽은 자에 대한 오시리스(Osiris, 이집트 신화에 나오는 저승과 재생, 부활의 신 - 역자 주)의 엄혹한 심판을 먼저 견뎌내야 한다. 그런 뒤에야 영원한 행복과 안락의 이아루 동산(골풀 동산이라는 뜻으로, 이집트 신화의 오시리스가 다스리는 저승세계의 일부이며, 어두운 저승세계와 달리 환히 빛나는 낙원 - 역자 주)에 들어갈 수 있다. 이 동산에서 영생할 새 입주자는 그곳에서 안락하게 사는 데 필요한 모든 것을 스스로 가지고 들어간다. 낙원이란 일단 한 번 들어가고 나면 먹고 마실 모든 것이 자동으로 주어진다고 여기는 것이 대다수 신앙 공동체가 가지고 있는 일반적 신념이다. 하지만 이집트 사람들은 그걸 믿을 수 없었던지, 마지막 여행에 필요한 짐들로 자기 무덤을 가득 채웠다. 그런데 자기 몸뚱이를 비롯해 모든 썩는 것은 완벽하게 보존 처리를 해야 한다. 그러지 않으면 영원의 세계로 가지고 갈 수가 없다. 소갈비를 미라화한 것은 바로 그런 이유에서다. 몇몇 물건은 이 갈비처럼 별도의 용기에 넣어 보존했는데, 용기 모양은 영원한 안식을 위해 따로 챙긴 각각의 음식 모양과 닮았다. 예를 들자면 고대 이집트 제6왕조 시대의 인티 공주 무덤에서는 거위 통구이꼴의 관이 발견되기도 했다.

파라오가 죽으면 집처럼 생긴 그의 무덤 내 여러 방 안에 엄청난 먹을거리도 함께 들어간다. 투탕카멘의 무덤에서는 온갖 곡식과 빵 덩어리뿐 아니라 돌무화과, 대추야자, 멜론, 포도 등 과일(생과일이었는지 장기 보존을 위해 말린 과일이었는지는 확인이 불가능하다)이 가득 담긴 바구니 수백 개가 발견되었다. 게다가 스무 살도 안 되어 죽은 이 왕은 꿀과 포도주도 잔뜩 챙겼다. 또 50개쯤 되는 나무 상자에는 육류를 비롯해 오리, 거위 등 온갖 자그마한 맛난 날짐승이 미라 처리가 되어 들어 있었고, 가장 통통한 부위만 골라 미라 처리한 사례도 있었다. 소고기도 비슷했는데, 당연히 뼈에 살이 많이 붙은 가장 훌륭한 부위만을 골라 그렇게 처리했다. 힘줄이 있는 다리 부위도 있는지 찾아보는 것은 헛수고다. 푹 익힌 육고기는 미라화할 가치가 없다. 하지만 모양새도 멋진 갈비 부위는 그렇지 않다. 생선, 돼지고기 또는 양고기도 파라오의 무덤에서는 발견되지 않는데, 모두 고대 이집트에서 일상적으로 먹던 평범한 음식이었기 때문이다. 말하자면 파라오와 함께 영면할 음식을 고를 때 뚜렷한 서열이 있다는 의미이며, 한편으로는 아무나 얻을 수 없는 음식이, 또 한편으로는 무덤 주인의 입맛이 중요한 역할을 했음이 틀림없다.

비옥한 나일강변에서는 쌍알밀인 엠머밀과 외알밀이 많이 자랐다. 그래서 이집트에서도 둥글납작하게 구운 커다란 빵을 일상적으로 먹었다. 맷돌로 밀을 힘들여 빻은 다음 골풀로 만든 체로 치는데, 안타깝게도 이 체가 너무 성글다 보니 맷돌 여기저기에서 떨어져나간 작은 돌 알갱이도 대체로 함께 빵 속으로 들어갔다. 그래서 밀가루 속에 흔히 섞여 들어간 아플 정도로 뾰족한 밀기울과 함께 이 돌 알갱이도 이집트 사람의 이빨이 감당해야 하는 또 하나의 도전 거리였다. 그 대신 사람들은 이 빵에 양념을 하거나 꿀, 대추야자 그리고 무화과를 넣어 달달하게 만들기도 했다. 이밖에 가난한 사람들조차도 영양 섭취가 최악은 아니었다. 나일강이 물고기로 가득했기 때문이다. 과일과 채소는 따뜻한 날씨 덕에 무성하게 자랐다. 또 어디에서든 날마다 보리를 이용해 신선한 맥주를 만들었다. 이와 달리 포도주는 노동자들이 감당할 수 없었다. 날짐승 고기도 마찬가지였다. 그래도 상류층의 전유물이라 할 수 있는 것은 뭐니 뭐니 해도 소고기였다. 철판 위에 기름을 둘러 지글지글 익히거나, 불을 피운 다음 그릴 위에 고기를 올려 굽거나, 아니면 솥에 넣어 푹 삶기도 했다. 소를 먹인다는 것은 아무나 하지 못하는, 돈이 많이 드는 사업이었다. 거의 모든 땅이 채소와 과일 농사용으로 쓰였고 초지는 거의 없었던 탓이다. 그렇기는 해도 나일강이 범람해 강변 옥토의 농사를 망치는 해를 빼면 이곳은 지상낙원이라 부를 수 있지 않을까 싶다. 하지만 인간이란 늘 그 이상을 원한다.

고대 이집트 사람은 잔치가 있으면 밀랍으로 만든 원뿔꼴 장신구를 머리에 썼다. 왜 썼는지는 오늘날 그리 정확히 알지 못한다. 혹시 이 장신구에 향료가 가득 들어 있어서 잔치 음식을 먹는 동안 귀한 향내를 내뿜은 것은 아닐까? 어쨌거나 그들이 살아 있을 때부터 향유를 아주 가까이 했음은 부인할 수 없으니 말이다. 어쩌면 몇몇 사람은 향유 한 방울이 제 콧등에서 떨어지는 그 순간, 황홀경에 빠진 채 화려한 미라가 된 자신의 미래 모습 그리고 마찬가지로 미라가 된 거위가 통구이 모양의 관에서 나와 밥상에 오르는 상황을 떠올렸을지도 모른다. 파라오처럼 특별한 음식을 먹을 수 있는 사람은 소수에 불과했다. 하지만 그 소수가 먹는 음식은 다수에게는 갈구의 대상이었다. 육즙 가득 머금은 거위 뒷다리, 가장 값비싼 소 갈빗살, 더 나아가 가장 훌륭한 경우라면 여기에 부드러운 향을 풍기는 고급스러운 피스타치오 수지를 섞어준다. 이런 음식을 보면 영원의 세계에도 가지고 가고 싶다는 열망이 솟아오른다. 그래야 그곳에서 영원토록 이 맛난 음식을 먹을 테니 말이다.

5. 양고기 요리
만사프

기원전 850년경 시리아

모래와 흙으로 뒤덮인 끝도 없는 땅, 사막만큼 인간을 왜소하게 만드는 지형도 없을 것이다. 모래 언덕은 발로 디디면 발이 쑥 빨려 들어간다. 몸을 지탱해줄 탄탄한 기초라는 게 없다. 바닥의 고운 모래는 바람에 흩날려 평원 위로 물결 모양의 대지를 이룬다. 그 사이사이로 접근하기 어려운 가파른 바위들이 모습을 드러낸다. 밤이면 매서운 추위가 엄습하고, 낮에는 이글거리는 열기가 내리쬔다. 아랍의 유목민인 베두인족은 이런 세상에서 이미 수천 년 전부터 살아왔다. 사막과 건조한 스텝(steppe) 지역을 오가며 사는 이 유목민은 무엇보다 염소와 양 그리고 낙타 같은 가축을 키웠는데, 한 해 내내 이 초지 저 풀밭으로 옮겨 다니며 천막을 치고 살았다. 이들이 먹는 음식은 주로 유제품이었고 육류는 아주 가끔 먹었다. 해마다 이동하는 경로를 따라 곡식을 심기도 했다. 이 곡식을 빻고 반죽해서 '슈라크(shrak)'라 불리는 둥글넓적한 빵을 만드는 데에도 썼고, 가축을 먹이기도 했다. 기원전 1천 년쯤에 이미 베두인족은 무용가의 발놀림 같은 정교한 네트워크를 갖고 있었다. 이 네트워크를 구성하는 요소는 천막촌, 주거지 그리고 계절마다 이루어지는 리듬감 있는 이동이었다. 이런 식의 네트워크는 오늘날의 시리아를 비롯해 요르단, 이라크, 사우디아라비아의 사막지대 여러 곳으로 퍼져 나갔다. 그러는 사이 교역로가 확대되면서 운송은, 비록 많은 수고가 따르기는 하지만, 이들의 주 수입원이 되었다. 이방인과 그들의 상품이 사막을 건너도록 길 안내를 해주거나 현지 지형에 어두운 대상(隊商)에게 세금을 부과한 것이다.

여러 부족으로 이루어진 베두인족 사회는 서로 어느 정도 우호적 관계로 결속되어 있었다. 집단에 대한 책임감은 엄밀하게 계층화된 친족 관계의 정도에 비례했다. 친족 관계가 가까울수록 서로에 대한 신뢰와 충성도가 더 컸다는 말이다. 하지만 모든 베두인족이 지켜야 하는 또 다른 사회적 가치가 있었다. 바로 손님에 대한 환대였다. 인간관계, 계절에 따라 바뀌는 삶의 터전 그리고 사막을 가로지르는 이방인을 유기적으로 묶어 안정화시키는 율법이었다.

손님 환대는 사막에서 살아남는 데 가장 중요한 원칙이었다. 여기서 말하는 환대란 모든 지나가는 낯선 이에게 먹고 마실 것을 의무적으로 제공하는 것을 말한다. 이들의 사회 체제에서 음식이란 생사를 결정하는 영양원일 뿐만 아니라 사교의 도구이며 그리고 공동체성을 촉진하는 수단이었다. 베두인족이 오늘날까지 손님에게 내놓는 음식의 하나가 바로 '만사프(mansaf)'이다. 이 말에는 커다란 둥근 쟁반이라는 뜻도 들어 있다. 예부터 잔치 같은 큰일이 있을 때 차려 내던 음식을 이 그릇에 담아냈는데, 여기에 들어가는 풍성한 육류는 곧 손님을 맞이하는 주인의 넉넉한 인심을 상징했다. 그릇 위로 고기가 수북이 쌓일수록 넉넉하고 인심 좋은 주인이 되었던 것이다. 손님이 오면 맨 먼저 빵을 굽는다. 반죽은 밀가루가 아니라 껍질만 깐 통밀을 빻은 가루에 물을 부어 만든다. 이 반죽을 얇게 편 다음 공처럼 불룩한 돌 위에 얹어 노릇하게 굽는다. 돌은 이미 여러 시간 전부터 이글거리는 장작불에 달구어진 상태다. 이렇게 구운 둥글넓적한 빵을 쟁반 위에 펼쳐 깐다. 이 쟁반은 높이가 좀 있는 상 위에 이미 올라가 있다. 육류는 대개 양고기를 쓰는데, 조각낸 다음 큰 냄비에 삶는다. 옆 화덕에 작은 냄비가 하나 더 있는데 그 안에는 작지 않은 크기의 낙타버터(옛날 한 유목민이 소젖 한 자루를 낙타에 싣고 여행을 하다가 그 소젖이 장시간 뜨거운 햇볕을 받아 버터로 변했다고 한다. - 역자 주) 덩어리가 거품을 내며 끓는다. 냄비 속 버터가 약간 노릇노릇해지면서 땅콩 향 비슷한 것이 올라온다. 양고기가 푹 익으면 둥글넓적한 빵 위에 나누어 얹어주고, 그 위에 양을 삶은 뜨거운 육수를 부어준다. 그다음에 맑은 빛깔의 녹인 버터를 끼얹는다. 이 모든 과정을 번갈아가며 여러 번 되풀이한다.

만사프 조리법은 주로 입에서 입으로 전해진 데다 세월이 흐르면서 바뀌기도 하고 시대 상황에 맞게 변하기도 한 탓에(오늘날에는 양고기를 발효된 염소요구르트에 삶은 다음 쌀로 밥을 지어 쟁반에 깔고 그 위에다 고기를 올리는데, 요르단은 이렇게 변형된 만사프를 자기네 국민음식이라고 선언했다), 예전의 조리법 일부는 사람들의 머리에서 잊혀버렸다. 하지만 특정 의례 몇 가지는 수백 년 전부터 그들의 식사의 일부로 자리 잡았음이 확실해 보인다. 예컨대 식사 전에 참석자들은 모두 세심하게 손을 씻는다. 음식은 쟁반 주위에 무리지어 서서 먹는다. 그리고 음식은 손으로 먹는데 오로지 오른손만 사용한다. 왼손은 등 뒤에 뒷짐 진 채로 둔다. 불결한 손이 함께 밥 먹는 이에게 방해물이 되어서는 안 되기 때문이다. 또 손님이 식사하는 동안 주인은 일단 한쪽 옆으로 비켜나 기다리며, 손님에게 음식을 더 들라며 인심 좋게 권한다. 이는 주인이 얼마나 정중하게 환대하는지를 손님에게 알려주는 일종의 신호로, 손님이 먼저 식사를 해야 하며 주인은 그런 다음에야 음식을 먹는다는 말이다. 함께 식사할 때의 이러한 접대 순서는 오늘날까지 아랍 문화권에 그대로 남아 있다. 이를 받아들인 다른 문화권도 '손님 먼저!'를 당연시한다.

7세기 초부터 이슬람교가 아랍권 내에서 퍼져 나가자 대다수 베두인족들도 이 신흥 종교에 귀의했다. 손님에 대한 환대는 이슬람에서도 근본 가치로 그대로 유지되었다. 그것은 신성한 율법으로, '보통의' 환대 문화를 뛰어넘었다. 이슬람교 경전《코란》은 물론 창시자 무함마드의 언행 등이 담긴《하디스》도 여행자를 손님으로 맞아들여 잠자리와 먹을거리를 제공하는 것이 모든 이슬람교도에게 의무라고 여러 차례 언급하고 있다. 이러한 관념에서 음식 하나가 성장 발전했으니, 조리법과 접대 방식이 나눔의 원리에 바탕을 둔 음식이었다. 오리엔트 지역의 식사에서는 늘 여러 가지 음식이 한꺼번에 식탁에 오르고, 각자가 그중에서 조금씩 덜어 와서 먹도록 되어 있다. 이와 반대로 서양에서는 그 이후 수백 년의 시간이 지나면서 각자 자기 자리에 앉으면 차례대로 한 접시씩 음식이 제공되는 방식으로 식사 관습이 펼쳐졌다.

다시 기독교 이전 시대의 베두인족으로 돌아가보자. 염소 털로 짠 천막 속에서 만사프 조리가 점차 끝나간다. 손님들은 손님 환대라는 법도에 걸맞은 태도로 음식을 감사히 받아들인다. 이로써 손님은 나중에 틀림없이 보답하리라는 약속을 한 것이고, 주인장은 자신이 앞으로 해나갈 여행을 위해 일종의 보험을 든 셈이다. 식사는 사막이라는 사회 체제에서 통용되는 일종의 화폐였다.

그런데 이런 손님 환대의 마음가짐에는 늘 갈등 요소가 내재한다. 낯선 이를 특별한 존재로 대접한다는 것은 그들의 이질감을 드러내는 일이기도 하다. 서로 껴안고 있으면서도 거리감이 만들어지는 것이다. 동시에 이방인은 자신의 손님으로서 지위를 통해 그 집단 내에서 확고한 자리 하나를 할당받는다. 또 땅콩 향 나는 버터소스로 미끌미끌한 양고기를 함께 먹으며 점차 몸이 풀어지면 아마도 그런 거리감도 해소되리라. 손님 환대라는 규칙이 공동체를 만들어주었다면, 식사는 공동체 구성원이라는 느낌을 일깨워주었다.

6. 포도빵과
구운 양파

기원전 700년경 에트루리아

사방이 고요한 오전 시간. 여름 햇볕 아래 온 거리가 다 졸고 있는데 외로운 기마병 하나가 먼지를 살짝 일으킨다. 먼지는 살랑거리는 바람결에 잠시 춤을 추는가 싶더니 이내 바닥으로 가라앉는다. 기마병은 당시로는 그리 대단찮던 도시국가 로마에서 오는 길로, 막 국경을 넘어 이웃 나라 에트루리아로 들어선다. 그의 눈앞으로 푸른 언덕이 곳곳에 솟아 있는 나라 하나가 펼쳐진다. 어디서나 식물이 무성하게 잘 자란다. 올리브 동산과 과일나무 풍성한 넓은 초원이 번갈아 자리 잡고 있고, 그 사이로 하얀 솜 덩어리 같은 양들이 풀을 뜯으며 음매 울음을 우는데, 그 수가 셀 수 없을 만큼 많다. 로마 기마병이 그곳 토박이와 마주친다. 마찬가지로 말을 탄 그가 다정하게 기마병을 쳐다

본다. 기마병이 인사를 하며 그 토박이 에트루리아 사람에게 한마디 건넨다. 하지만 그의 대답은 먼 길 떠나온 로마 사람의 귀에는 평생 들어보지 못한, 너무나 낯선 언어다. 병사는 머리를 절레절레 흔들며 계속 말을 타고 나아간다.

에트루리아인이 어디에서 왔는지는 오늘날까지 정확히 밝혀지지 않고 있다. 또 대략 800년쯤 지난 뒤 그들이 다시 어디로 사라졌는지도 알지 못한다. 이들 에트루리아인은 대략 기원전 900년에서 기원전 800년 사이에 오늘날의 이탈리아 토스카나, 움브리아 및 라티움 지역에서 살았는데, 고대 종족 중 가장 부유하고 가장 쾌락적이며 가장 발전한 삶을 누렸다. 그들은 마치 외계인 같은 느낌을 준다. 가장 가까운 곳에서 산 로마 사람과도 언어가 완전히 달랐다. 오늘날까지도 이 언어는 완전히 해독되지 않은 상태다. 그들이 사용한 문자 역시 다른 그어느 문자와도 비슷한 데가 없었다. 게다가 그들은 쇠붙이를 구해 가공하는 데에는 비할 바 없이 우수했다. 그들이 사는 부드럽게 물결치듯 짙푸른 땅에는 금속이 풍부했다. 청동과 연철로 만든 온갖 주방용품이 요즘도 조금씩 땅에서 발굴되고 있다. 이런 것들은 조리사와 미식가, 즉 어떻게 하면 불을 이용해 맛난 음식을 만들어낼까에 관한 생각을 많이 하는 이가 그 당시 존재했음을 시사한다.

정성스럽게 두드려 만든 격자형 그릴판과 불 위에다 편하게 냄비를 올려놓을 수 있도록 한 삼발이 스탠드도 있었다. 흙으로 빚은 이동식 화덕은 무척 큰 보온용 화로마냥 벌건 숯불 위에 올려놓았다. 그러면 열기는 더 한곳으로 모여 위에 있는 불판 쪽으로 흐른다. 불판 위에는 이미 대형 솥이 올라가 있다. 솥에서는 어쩌면 적포도주에 담근 노루고기가 졸아들고 있는지도 모른다. 청동제 그릴용 꼬치는 멋지게 장식되어 있는데, 크기별로 다 있다. 오늘날 파르메산 치즈를 가는 데에 쓰지 않았을까 싶은 강판도 있다. 밤, 견과류 그리고 너도밤나무 열매를 곱게 갈기 위해 에트루리아인이 이런 강판을 썼다는 설이 있다. 그러나 일부 자료는 이 강판을 (죽은 자는 저승에서 더 이상 스파게티를 만들어 먹지 못한다는 증표가 아니라) 에트루리아인들이 파스타를 발명했음을 보여주는 또 다른 증표로 해석하기도 한다. 실제로 동산처럼 둥그런 형태의 거대한 에트루리아 무덤군은 마치 죽은 이들이 모여 사는 도시처럼 그들의 세계를 온전히 보여주는데, 국수 제작용 주방도구를 그린 여러 그림이 몇몇 무덤에 있다. 저 스파게티 위에다 치즈를 좀 얹어주어도 될까? 거의 3천 년 전 에트루리아의 한 주부가 흥겨운 잔칫상 앞에서 이미 그렇게 물어보았을 수도 있다. 어느 그리스 역사가의 서술에 따르면 에트루리아 여인은 거기에 더하여 무척 미인이었으며 술도 아주 셌다고 한다.

에트루리아인은 여성의 권리에 관한 한 나중에 그 뒤를 잇게 되는 로마제국보다도 크게 앞섰다. 그곳 여인은 벌거벗은 채 운동을 했으며 남성과 동등하게 수많은 잔치를 함께 즐겼다. 이웃 그리스와 로마 사람은 이들이 소위 도덕관념이 없다는 데 아연실색했다. 하지만 에트루리아 사람에게는 그게 명백히 아무런 상관이 없었다. 그런 일에 흥분하기보다는 차라리 자기가 먹는 음식을 더 맛나게 만들었다. 오늘날까지 전해지는 실제 레시피는 하나도 없지만, 몇몇 전통은 토스카나 지역의 음식으로 이어졌음이 분명하다. 또 현대의 자료에서 볼 수 있는 서술에서도 에트루리아 음식이 고대의 소울푸드(soul food)였음을 추론할 수 있다. 그들이 사용한 가장 중요한 재료는 올리브, 포도, 무화과, 석류 그리고 밤이다. 그 외에도 병아리콩, 렌틸콩, 누에콩이 많이 쓰였다. 거기에 더하여 그들은 다양한 곡류를 재배했다. 그 밖에도 고대와 중세의 음식이 다 그렇듯이 양념이 강했다. 에트루리아인은 단맛(꿀)과 강한 신맛(식초)이 섞인 맛을 선호했음이 분명하며, 그다음으로 그곳 향신채로 매운맛도 냈고 아마 쓴맛까지도 냈을 것이다. 그들은 양파를 통째로 꿀과 적포도주에 담가 푹 익힌 다음 그것을 마치 사과 깨물어 먹듯 맛있게 한 입 베어 먹고는 곧이어 뜨끈하게 데운 이 매콤하고 달달한 국물을 한 모금 입 속으로 털어 넣었다. 적포도주는 포도송이를 쇠로 만든 커다란 네모꼴 곽에 넣어 발로 밟아 짓이긴 다음 둥그런 나무 통 안에 몽땅 옮겨 담아 만들었다. 이파리, 가지, 자그마한 씨앗은 바닥으로 가라앉았다. 그것 말고는 이 원액에 전혀 손을 대지 않았다. 이걸 길어 직접 들이킨 것이다. 아니다. 그 원액에 미리 약간의 물을 섞어 마셨다. 원액이 무척 독했기 때문이다. "그들(에트루리아 여인들)은 상이 차려진 곳으로 가서는 자신의 남편 옆에 앉지 않고 그 식사 자리에서 가장 멋진 사람들이 있는 곳에 자리를 잡았다. 그냥 자기 마음에 드는 한 사람의 안녕을 빌며 술을 마셨던 것"이라며 그리

스의 역사가이자 웅변가인 테오폼포스(Theopompus, 기원전 380~기원전 315)는 쏘아붙였다.[2]

여기에다 풍미 가득한 달콤한 빵도 있었는데, 리코타 치즈와 밟아 으깬 포도를 통밀가루와 섞어 만들었다. 부드럽고 따뜻한 반죽에서는 커민과 아니스의 향이 부드럽게 올라온다. 청동 받침대 위에 올려놓은 냄비 안에서는 참을 수 있는 한계까지 양념이 된 스튜가 끓고 있고, 석쇠 위에서는 멧돼지고기가 지지직거리며 익어간다. 에트루리아인은 소, 돼지, 양 그리고 닭을 키우기는 했지만 그들이 가장 좋아한 고기는 아마도 더 강하고 자극적인 맛을 내는 멧돼지와 노루였던 것 같다. 에트루리아의 숲에는 이런 들짐승이 많이 싸돌아다녔다.

기원전 300년부터는 로마가 자유분방하고 향락을 즐기는 에트루리아를 강하게 압박하며 그 도시를 정복하려 했다. 결국 기원전 90년에 에트루리아는 로마제국에 편입되었다. 이로 인해 에트루리아인은 얼마 안 가 사방으로 흩어졌다. 그 끝이 어딘지도 모를 거대한 로마의 일부가 되고 만 것이다. 이와 더불어 그들의 풍요로운 문화도 사라져버렸다. 그래도 인류 초창기에 대한 기억은 남아 있다. 여성이 이미 남성과 동등하게 식탁에 앉았고, 다양하고도 현명하게 농사를 지었으며, 진심을 다해 훌륭하게 요리를 만들었던, 또 그것 말고는 삶을 그다지 심각하게 여기지 않았던 그런 시대에 대한 기억 말이다. 영국 작가 데이비드 로렌스(D. H. Lawrence, 1885~1930)는 이렇게 썼다.

수백 년 동안 풍요롭게 살던 그들이 만들어낸 것들은 숨쉬기처
럼 자연스럽고도 거침없다. 그들은 거침없는 충일한 삶을 호흡한다.
(…) 그리고 에트루리아 사람의 진정한 장점은 그들의 거침없는 자
연스러움과 열정 넘치는 삶에 있다.[3]

참으로 참을 수 있는 존재의 가벼움이다.

7. 빵과
포도주

30년경 로마제국 치하 팔레스타인

어느 봄날 저녁, 로마에 점령당한 예루살렘에서 기독교 세계를 통틀어 가장 중요한 만찬이 벌어진다. 유월절(유대교에서 가장 중요한 축제로, 유대인들이 이집트 신왕국의 노예 생활에서 탈출한 사건을 기념한 데서 유래한 날 – 역자 주) 잔치를 목전에 둔 때다. 유대 땅 산지에 자리 잡은 이 화려한 도시에서 골목마다 희생양의 울음소리가 울려 퍼진다. 장사꾼은 희생 짐승을 팔려고 내놓는다. 먼 길 오느라 먼지를 뒤집어쓴 수많은 지친 순례자들은 가장 멋진 짐승을 두고 벌써부터 값을 흥정한다. 내일이면 거대한 신전 안에서 이 양들을 잡겠지.

늘어선 지붕 위로 우뚝 솟은 신전의 하얀 대리석이 환히 빛난다. 열세 명의 남자들이 이른 유월절 식사를 하려고 벌써 자리를 잡고 앉아 있다. 식탁에 둘러앉은 이들의 시선은 떠돌아다니며 진리를 설파하는 나사렛 출신의 예수라는 사람에게 집중되어 있다. 로마인 제사장은 예수를 체포하려 한다. 민중을 부추겨 소요를 일으킬 수 있을지도 모른다는 두려움 때문이다.

열세 사람이 밥을 먹기 시작한다. 예수가 제자들을 둘러본다. 식탁의 대화가 잦아든다. 예수는 차분한 마음으로 이렇게 선언한다.

"내 너희에게 말하노니, 너희 중 하나가 나를 밀고해 저들에게 넘기리라."

다들 깜짝 놀라 예수를 쳐다본다. 누구인지 의아해하며 웅성거린다. 예수는 이미 대답을 마련해놓았다.

"나와 함께 음식 그릇에 손을 담근 자가 나를 밀고하리라."

곧 사실이 분명해진다. 예수와 동시에 공동의 음식 그릇에 빵을 적신 이는 유다다. 그가 밀고자다.

성서 시대에는 큰 음식 그릇 하나를 놓고 만찬을 한다. 이 그릇을 식탁 한가운데에 둔 다음 하나씩 받은 납작빵을 마치 숟가락처럼 사용해 그릇에 담긴 것을 떠먹거나 적셔 먹었다. 이 최후의 만찬에 오른 음식 그릇 속에 정확히 무엇이 들어 있는지는 성서에 나와 있지 않다. 어쩌면 깍지 있는 콩, 예컨대 렌틸콩 같은 것을 양파에 올리브유 그리고 약간의 석류즙을 함께 넣고 끓인 간단한 채식일 수도 있다. 게다가 그날을 경축하는 양고기 구이가 틀림없이 식탁에 오를 것이다. 유월절의 양은 먼저 털가죽을 벗겨낸 다음 흙으로 만든 화덕의 이글거리는 불에 완전히 태워버린다. 이어서 기다란 막대에 양을 꽂아 뜨거운 구덩이 속에 집어넣고 흙으로 덮어 푹 익힌다. 복음서 저자가 직접 이 음식을 언급하지 않은 데에는 그럴 만한 충분한 이유가 있다. 이날 저녁상에 오르는 가장 간단한 두 음식, 즉 빵과 포도주가 결국 중요하기 때문이다.

납작빵은 고대 이스라엘 어디서나 볼 수 있는 음식이다. 여인들은 아침마다 두 개의 돌로 이루어진 수동식 분쇄기, 즉 맷돌을 이용해 곡물을 빻는다. 거칠게 빻은 가루를 체로 걸러낸 다음 물과 소금을 넣고 반죽해 둥글넓적한 모양으로 만든다. 동틀 무렵이면 이제 따뜻한 빵 향기가 온 집 안을 가득 채운다. 빵은 공용 오븐에 굽는다. 땅을 움푹하게 파서 화덕을 만들고 돌을 깐 것이 오븐인데, 불을 피워 돌과 내벽을 뜨겁게 데운 다음 반죽을 그 돌 위에 얹어 숯의 잔열로 빵을 굽는다. 포도주도 마찬가지로 날마다 먹는 음식이다. 보통 사람들은 이 포도주를 샘물과 섞어 마신다. 텁텁한 맛을 좀 줄이기 위해서다. 위생적인 이유도 있었을 것이다. 살균을 위해 물을 끓여 먹는 것을 아직 모르던 시절이었으니 말이다.

예수는 밀고자의 정체를 밝힘과 아울러 자신의 최후가 임박했음을 잘 알고 있다고 분명히 한 다음, 빵 하나를 여러 조각으로 뜯어 제자들에게 나누어준다. 그런 뒤 그는 포도주가 든 잔 하나를 돌려가며 마시게 한다. 그러면서 예수는 적잖이 낯선 행위를 한다. "이 빵을 먹어라. 이는 내 살이니라"라고 말하는 것이다. 또 포도주가 입에서 입으로 돌자 그는 그것이 자신의 피라고 선언한다. 처음에는 어쩌면 기괴하기도 하고 심지어 식욕을 가시게도 하는 말이지만 이는 사실 의례를 만들어내는 영리한 전략이다. 예수와 제자들이 함께 나눈 이 만찬은 종교적 성찬의 형태로 되풀이해 시행된다.

각각의 음식에 종교적 의미를 부여하는 것은 당시로서는 전혀 새롭지 않았다. 예컨대 유월절 전야의 만찬에서 식탁에 여러 상징적인 음식이 오른다. 발효시키지 않은 빵[누룩을 넣지 않아 발효가 되지 않음. 부풀지 않으므로 비스킷처럼 바삭거림. 《성경》 등에서는 한자로 무교병이라 함. 히브리어 발음은 마짜(matzah) - 역자 주]은 유대인의 출애굽(出埃及)을 상징한다. 이 탈출은 빵 반죽이 발효될 때까지 기다릴 수 없을 정도로 너무나 급박하게 이루어져야만 했다. 소금물은 그들이 쏟아야 했던 눈물을 상징한다. 쓴맛이 나는 여러 쌉쌀한 향신채는 유대인이 이집트에서 겪어야 했던 쓰라린 노예 생활을 상징한다. 다 이런 식이다. 그래서 유대인이 유월절 축제 때 먹는 모든 것은 식탁에 둘러앉은 이로 하여금 그 일을 기억하게 하고 경종을 울리며 하나가 되게 만들어준다.

봄날 저녁 예수가 만드는 이 전통은 한 걸음 더 나아간다. 빵과 포도주는 순교자로서 예수의 죽음 직전에 벌어진 최후의 만찬만을 상기시키는 게 아니다. 믿음 있는 자의 모임에 빵과 포도주가 갖추어져 있으면 예수가 늘 그 자리에 함께한다는 뜻도 있다. 말하자면 예수가 그 공동체의 일원이 되는 것이다. 더 나아가 그들이 예수를 통해 먹고 예수와 한 몸이 되는 것이다. 더구나 신앙 공동체의 가장 중요한 의례가 하필이면 함께 식사하는 일이라는 것은 절대 우연일 리 없다. 공동체 성을 북돋는 데 이보다 더 큰 힘을 가진 것은 없기 때문이다.

　빵과 포도주는 오늘날에도 여전히 기독교가 지중해 지역에서 비롯되었음을 상기시킨다. 곡물과 포도주를 풍성하게 생산하는 경작지와 언덕이 있는 이 지역에서 기독교가 생겨났다는 말이다. 예수가 바로 이 두 가지 일상 음식에 그런 상징적인 힘을 부여하는 것이 의미하는 바는 하나다. 하나님의 아들이 엘리트에게만 다가가는 것이 아니라, 그 반대로 가장 가난한 마을 모든 이의 식탁에도 함께 앉는다는 점이다.

8. 검투사용 죽

100년경 로마제국

어느 온화한 여름날 밤의 고대 로마. 높은 건물들로 둘러싸인 협곡과도 같은 거리에 사람의 감각을 마구 뒤흔들어놓는 소란스러움이 가득하다. 뒤에서는 발걸음을 재촉하는 군중이 마구 밀어대고, 저 앞은 여러 대의 소달구지로 길이 막혀 있다. 토가(toga, 고대 로마의 시민계급이 입던 가운 같은 옷 - 역자 주)로 몸을 감싼 멋쟁이 귀족들이 말을 마구 군중 속으로 몰아대자, 중간에 끼인 말들이 히힝 콧김을 내뿜는다. 좁은 통로가 끊임없이 만들어졌다가 사라지기를 반복한다. 일인용 가마를 통과시키기 위해서다. 가마에는 원로원 의원 하나가 타고 있다. 그는 이런 상황에 푸념을 잔뜩 늘어놓는다. 일반 시민은 늘어선 건물의 벽돌 담장에 등을 밀어붙이고는 신음을 토한다. 온 로마가 바삐 설친다.

'케나(cena)'라는 저녁 식사를 하는 시간이다.

보통의 식당에서는 포도주에 올리브와 빵을 함께 차려 내는데, 이미 많은 평민의 시끄러운 목소리가 식당 바깥으로 울려 나온다. 인술라(insula, 여러 층으로 된 다세대용 공동주거 건물 - 역자 주)에 사는 이들 중 따뜻한 음식을 좋아하는 사람은 수없이 많은 테르모폴리움(thermopolium, 글자 그대로의 의미는 따뜻한 음식을 파는 곳인데, 기능적으로 패스트푸드를 파는 레스토랑과 유사함 - 역자 주) 중 한 곳으로 들어간다. 그들이 사는 임대용 주택에서는 화재의 위험 때문에 불 피우는 것이 금지되어 있기 때문이다. 이 패스트푸드 레스토랑은 돌을 쌓아 조리대를 만들고 거기에 솥 따위를 얹을 수 있도록 속을 파서 화구를 만들어 넣었다. 화구에서는 불기운이 쉼 없이 올라오므로 솥 안의 음식은 늘 따끈하다. 여기에는 빵 말고 한 가지를 더 팔았다. 바로 밀의 일종인 딩켈로 만든 죽이다. 옥수수죽 비슷한 폴렌타 정도로 걸쭉하지만 맛은 그보다 좀 더 쌉쌀한 편이다. 여기에 채소, 양파, 마늘, 치즈와 과일도 곁들이며, 가끔은 삶은 고기도 함께 먹는다. 그리고 넉넉하게 넣은 허브가 이제 냄비 안에서 서서히 익어가면 방 안은 진한 허브 향으로 가득 찬다.

식당 안의 손님은 모두 의자에 앉아 있다. 로마의 상류층은 그런 곳에 발을 들여놓는 법이 없다. 식당 의자도 그 이유 중 하나다. 말하자면 그들 품격에 어울리는 식사용 소파가 없기 때문이다. 엘리트는 밥 먹을 때 애당초 자기네끼리만 모여서 먹었다. 로마의 시민에게는 손님을 초대해 자기 집에서 함께 식사하는 것이 일상이었다. 그렇게 자리를 마련해 맛난 음식도 먹고 무엇보다도 함께 수다를 떨었다.

로마에서 가장 돈이 많고 알아주는 집안의 빌라에서도 식탁 곁에 몸을 비스듬히 누인 채 설레는 마음으로 음식을 기다린다. 어디에서도 볼 수 없는 상상불가의 창작 요리가 곧 상에 오를 판이다. 요리 자체는 무척 독창적이지만 거기에서 비할 바 없는 가학성이 드러나기도 한다. 갑자기 어디에서 뭔가가 휙 날아들어 손님을 놀라게 하는 방식이 특히 인기가 있었다. 자료에 따르면 구운 멧돼지 뱃속에 살아 있는 지빠귀 여러 마리를 집어넣은 다음 꿰맨다. 그런 다음 먹으려고 배를 가르면 깜짝 놀란 새들이 푸드득 천장 쪽으로 날아가는 것이다. 더 충격적인 것은, 죽은 어미 멧돼지의 젖꼭지를 빠는, 케이크 반죽으로 만든 새끼돼지 속에 이 고운 새를 숨겨놓는 일이다. 그다음에 나갈 음식으로 오늘 밤 노예 요리사는 속을 채운 큰겨울잠쥐, 홍학 혓바닥 그리고 매콤하게 양념한 나이팅게일 간을 조리한다.

이미 고대 로마 사회에 훗날 수백 년 동안 이어질 뭔가가 잘 드러나 있다. 말하자면 식사가 이제 사회 계층을 구분하는 데도 쓰인다는 것이다. 로마인 각각이 사회적 계급 안에서 차지하는 자리가 정해져 있어서 바꿀 수 없듯, 각 사회집단이 무엇을 먹는지도 분명히 정해져 있었다. 사회 내 지위가 노예계급보다도 더 낮은 소수자 집단에게서 이는 특히 뚜렷하게 나타난다. 동시에 이 집단의 구성원은 사람들의 환호에 둘러싸여 찬란한 유명세를 즐겼다. 그들에게는 '호르데아리이(hordearii)'라는 좀 낮잡이러운 별명이 붙어 있었다. '보리 처먹는 놈

들'이라는 뜻인데, 이는 검투사를 가리킨다. 보리는 거의 검투사만 먹었던 것이다. 싸움이 직업인 이들은 원형경기장 안에서 장검과 단도 그리고 그물을 이용해 자기 목숨을 지켰는데, 한마디로 채식을 하는 건장한 사람이었다. 고기는 비싸서 감당할 수 없었던 탓이다. 검투사는 거의 곡류와 콩 종류만 먹었다. 으깨서 죽처럼 만들어 먹기도 했고 수프를 끓여 먹기도 했다.

검투사 학교의 연습용 원형경기장에서 고된 하루 훈련이 끝난다. 마지막 검투사가 땀에 젖은 채 그 자리에서 휘청거린다. 그들이 마사지를 받는 동안 교내 주방 조리대 화구에 올려놓은 커다란 솥에서는 곡식을 넣어 끓인 수프가 보글보글 끓는다. 수프가 한 그릇씩 돌아간다. 콩 종류를 무르도록 삶아 으깬 뜨겁고 되직한 죽이다. 첫 술에 입 안의 내벽이 봉긋해진다. 남자들의 두 눈에서 눈물이 주르륵 흐른다. 고대 로마 요리의 특징은 아주 맵고 상반된 향이 한데 뒤섞여 있다는 것이다. 이 향들이 동시에 밀어붙이듯 미각신경을 덮친다. 운향의 생잎은 맛이 써서 거의 못 견딜 지경인데, 로마 사람은 이 허브를 좋아해 거의 모든 음식에 다 넣었다. 톡 쏘는 매운맛의 러버지도 똑같이 좋아했으며, 가룸(garum)도 당연히 즐겼다. 가룸은 생선을 통째로 소금에 버무린 다음 독에 넣어 뚜껑을 열어둔 채로 이글거리는 햇살에 석 달 넘게 삭힌 짠 어장(魚醬)이다. 이 소스는 발효 과정에서 냄새가 너무 고약해 시내에서는 제조 금지다. 하지만 그렇게 만들어 병에 담으면 로마 사람에게는 (그리고 그 이전에는 그리스인에게도) 맛의 건반이 만들어

내는 도저히 거부할 수 없는 하나의 음과 같다. 염도가 너무 강해 입에 넣으면 온 혀가 다 얼얼해진다. 옛날 같으면 맛 중에 쓴맛, 매운맛 그리고 짠맛에 더해 이제 라세르피티움(Laserpitium)의 아로마가 더해졌을 것이다. 이 즙은 리비아에서 나는 식물 실피움(Silphium)을 짜서 얻는데, 마늘과 맛이 비슷하지만 그보다 더 얼얼했을 것으로 추측된다. 이 식물은 이미 네로 황제 시대 때 멸종해버렸다. 마지막 남은 것을 그가 먹어버린 탓이라고 한다. 렌틸콩과 병아리콩은 빗물을 모은 지하 저수조의 물로 미리 불렸으므로 약간 짭짤하고 텁텁한 냄새가 살짝 냄비 전체를 감돈다. 갖가지 맛을 뒤섞어놓으면 크게 좋은 점이 있다. 특정 식재료 자체가 가진 일부 매우 불쾌한 맛을 이런 복합적인 맛이 거의 덮어버릴 수 있다. 예를 들면 두루미 고기는 상한 달걀 맛이 나는데 그걸 덮을 수 있다. 노련한 요리사는 맛의 이러한 조작에 눈속임 효과까지 덧입힌다. 그러다 보니 음식으로 사람 눈을 살짝 속이는 기술이 갈수록 정교해졌다. 예를 들면 돼지고기를 닭고기인 양 접시에 담아내거나 암퇘지 젖살을 생선처럼, 또 개고기를 완전히 오리고기처럼 보이게 할 수도 있었다.

다시 검투사와 그들이 주로 먹는 밥으로 돌아가보자. 당시 페르가몬 출신으로 스포츠의학 전문가였던 갈레노스(Galenos)는 서기 2세기에 검투사의 식습관이 그들의 몸을 무기력하고 뚱뚱하게 만들 것이라고 가정한 바 있다. 실제로 직업 검투사는 비교적 통통한 모습이었으며, 몸에 붙은 지방은 칼에 찔렸을 때 장기를 어느 정도 보호해주는 역할을 하기도 했다. 그럼에도 불구하고 검투사들의 골밀도는, 현재의 분석을 통해 살펴보면, 개인 경기 종목 선수와 비슷했으며 뼈의 스트론튬(칼슘과 화학적 성질이 비슷해 뼈에 축적되며, 골다공증 치료제로 사용된다고 함 - 역자 주) 함량도 다른 주민보다 뚜렷하게 더 높았다. 이는 아마도 훈련 후에 칼슘이 든 특별한 음료가 제공되었기 때문일 수도 있다. 식초에 식물을 태운 재를 섞어 만든 이 음료는 검투사라는 사회집단을 위한 또 하나의 영양 섭취 방식으로, 그 남다른 힘이 뼈에까지 미쳤다.

9. 인제라

600년경 악숨제국

달아오른 질그릇 불판 위로 묽은 반죽 방울이 떨어지자 지지직거리는 소리와 함께 김이 모락모락 피어오른다. 진흙으로 만든 화덕 위에는 이 둥그런 불판이 올려져 있고, 화덕 속에서는 불이 어지러이 일렁인다. 젊은 새댁이 차분한 손으로 반죽을 불판 위에 붓는데, 안쪽에서부터 바깥쪽으로 크게 나선형을 그리면서 불판을 반죽으로 얇게 뒤덮는다. 그러는 사이 반죽은 벌써 다 익는다. 이렇게 빙글빙글 손을 돌리며 반죽을 따르다 보면 시간 가는 줄 모른다. 새댁의 어머니도 뜨겁게 달아오른 불판 위로 이 반죽을 졸졸 흘려보냈고, 그 어머니의 조상도 옛날에 그렇게 했다. 그게 언제부터 시작되었는지는 아무도 기억하지 못한다.

이곳에서는 수천 년 전부터 테프(teff)라는 곡식을 수확해왔다. 좁쌀 비슷한데, 대가 무르고 키가 크다. 에티오피아의 고원지대 평원에서 자라는 이 풀은 바람이 불면 물결치는 모습이 마치 한가로이 쉬는 짐승의 털이 바람에 일렁이는 듯하다. 이 테프를 빻은 가루는 밀전병처럼 아주 납작하게 부친 빵 인제라(injera)에 들어가는 가장 중요한 부재료다. 이 납작한 빵이 언제 처음 생겨났는지는 사람들의 뇌리에서 잊힌 지 오래다. 하지만 수백 년 뒤, 강력한 악숨제국과 이름이 같은 수도 악숨에서 미타드(mitad)라는 불판이 발견된다. 요즘은 이 불판이 점토로 만든 화덕 위에서 김을 피워 올린다. 그곳 왕실 무덤에 가면 거대한 돌기둥 여럿이 후텁지근한 하늘 위로 솟아 있는데, 창이 있는 집을 간결하게 형상화한, 당시로서는 정말 아찔하리만큼 고층의 조형물이다. 당시에 건축가가 빚어낸 정신 나간 환상이다.

인제라 반죽은 곱게 빻은 테프에 물을 넣어 만든다. 가루와 물을 섞은 반죽을 며칠 그대로 두면 발효가 되는데, 이 좁쌀 같은 알갱이 속에 천연 효모가 들어 있기 때문이다. 에티오피아는 집집마다 솥단지 같은 용기가 하나씩 뚜껑 덮인 채 구석에 놓여 있는데, 거기에 이 반죽이 들어 있다. 시간이 지나면 반죽 위로 짙은 색의 시큼한 액체가 만들어져 그 위를 천천히 떠다닌다. 반죽 덩어리가 언제 발효가 다 되었는지 그 시점을 제대로 알려면 경험과 직관이 필요하다.

뜨겁게 달아오른 불판에 인제라 반죽을 조금씩 부어주면 진하고 강한 향기가 올라온다. 납작한 인제라 표면에는 이제 수많은 공기 구멍과 작은 분화구 같은 것이 만들어진다. 인제라는 질감이 스펀지 같아야 좋다. 마치 땅 위의 물웅덩이처럼 움푹 들어간 작은 구멍이 많을수록 잘 구워진 인제라다. 그래야 곁들여 먹는 페이스트, 라구 그리고 에티오피아식 스튜 '왓(wat)'이 인제라에 잘 스며들기 때문이다. 식사 때 이 말랑말랑한 빵은 접시 겸 밥그릇이 된다. 둥그런 쟁반만 한 크기의 이 빵을 평평하게 펼친 다음 왓을 일인분씩 떠서 그 위에 여러 개 담아내기 때문이다. 왓에는 여러 종류가 있지만 가장 전통적인 것은 닭고기 왓(doro wat)으로, 닭고기와 삶은 달걀이 들어간다. 렌틸콩이 들어가기도 하고, 소고기와 염소고기 또는 양고기를 넣기도 한다. 또 채소만 넣는 경우도 있다. 왓은 걸쭉하고 진한 스튜라서 주먹 크기로 둥글둥글하게 빚어 인제라에 올려놓을 수도 있다.

왓이라는 음식은 강한 열과 은근한 기다림의 산물이다. 먼저 양파를 물기 없는 그릇에 넣고 가열해 수분을 거의 다 날려 보낸다. 그런 다음 '니터 키베(niter kibbeh)', 즉 일종의 맑은 버터기름을 넣어준다. 이 버터기름은 견과류 맛이 특징인데, 마근(커민), 강황(튜메릭), 계피 또는 에티오피아 바질이라고도 불리는 베소벨라 같은 향신료로 향을 더한다. 양파는 뜨거운 열기 속에서 마구 땀을 쏟아낸다. 그사이 향신료와 각종 허브를 그 위에 넣어준 다음 걸쭉한 죽처럼 될 때까지 졸인다. 나머지 식재료도 고루 걸쭉한 상태가 된다.

왓은 보통의 맛, 매콤한 맛 그리고 아주 매운맛으로도 만들 수 있다. [16세기에 아프리카에 고추가 들어온 이래 사람들은 쏘는 듯한 매운맛을 내려고 '베르베레(berbere)'라는 양념을 사용했는데, 고추, 고수, 마늘, 생강에다 에티오피아의 야생 허브를 섞어 만들었다.] 인제라에 일인분씩 담기는 각종 왓은 색과 향이 다 제각각이다. 이 모든 왓이 별로 자극적이지 않고 시큼한 맛의 말랑말랑한 납작빵과 잘 어울린다. 이 빵 한 조각을 손으로 쭉 찢어 왓 한 덩어리를 올려 쌈을 싸서 입 안으로 가져간다. 그러다 고대 후기의 악숨제국에 이르러서는 사람들이 둘러앉아 이 음식을 함께 먹었다. 가족만이 아니라 이웃, 친구, 손님도 한자리에 모였다. 서로 어울려 식사하는 것은 에티오피아에서는 사회생활의 토대였다. 여기에는 '구르샤(gursha)'라는 의례도 있었다. 식탁에 앉은 사람은 누구나 특별히 맛난 한 입 거리를 준비해 옆 자리에 앉은 이에게 먹여주는 것이다. 이 구르샤의 순서는 뚜렷한 서열을 따랐다. 일반적으로 식사 자리의 최연장자와 가장 중요한 손님의 입에 먼저 음식이 들어갔다. 존중의 의미다. 다른 사람의 입에 음식을 한 입 넣어준 이는 그 대가로 자기 입에 한 입 들어오기를 기대한다. 이렇게 한 사람당 세 번을 먹여주는 게 적당했다. 이곳에서는 한 번의 구르샤는 원수를 만들고, 두 번은 서로를 갈라놓으며, 세 번은 둘을 하나로 만들어준다는 말이 있었다.

서로 음식을 먹여준다는 것은 보살핌과 애정의 표현이다. 이는 음식에 내재하는 함께 살아가기의 양상을 최고 수준까지 끌어올리는 관습이다. 이런 관습을 문화권에 따라서는 일반적으로 받아들일 수 있는 식사 행태의 한계를 넘어서는 일로 받아들일 수 있다. 음식을 입에 넣어주는 행위는 일종의 허락받지 않은 개입으로, 일정 수준의 연령부터는 금치산 선고이자 통제력 상실을 의미하기 때문이다. (현대 서구

인의 시각에서는 균이 없는 깨끗한 수저를 사용하지 않고 맨손으로 음식을 집어 먹는다는 사실 자체도 이미 께름칙하다. 수저라는 일종의 거름 장치도 없이 맨손을 거쳐 입으로 음식이 들어오자마자 그들은 음식과의 거리감을 늘 일정하게 유지해주는 수저라는 낯익은 문화적 도구를 사용하지 않는 것을 더더욱 견딜 수 없는 일이라 느낀다.) 포르투갈의 제수이트 교단 소속 제로니무 로부(Jerónimo Lobo, 1595~1678)는 17세기에도 이미 아주 대놓고 깔보는 듯한 목소리로 이렇게 썼다.

.... 66 ....

그들이 먹는 모든 음식에서 강한 냄새가 나고 버터에 흠뻑 젖어 있다. 그들은 식탁보도 접시도 사용하지 않는다. 계급 높은 이는 자기 입으로 들어가는 음식에 손을 대는 법이 없다. 옆 사람이 고기를 잘게 조각내 그들의 입에 넣어준다.[4]

.... 99 ....

19세기 후반의 프랑스 여행가 에밀리우스 알베르 드 코송(Emilius Albert de Cosson)도 그에 못지않게 낯설어하며 이렇게 적었다.

.... 66 ....

빵은 커다란 와플 모양인데, 두께는 대략 팬케이크 정도에 지름은 한 자 반쯤 되었다. (…) 라스(ras, 우두머리라는 뜻으로 에티오피

아에서 비왕족 권력자의 타이틀이며, 유럽의 공작 정도로 보기도 함 - 역자
주)가 자기 나라를 찾은 손님 중 하나인 내게 특별히 존경의 뜻을
나타내려고 빵 한 조각을 떼어내 각각의 소스에 적신 다음 자기
손으로 내 입 안에 넣어주었다.

　손님인 나는 겸손하게 이렇게 답했다.

　"음식 다루는 솜씨가 이리도 능숙하신 덕분에 다행히 낭패를 겪
지 않았습니다. 또 빵은 적잖이 씁쌀했지만 소스 몇 가지는 훌륭했
습니다. 그리고 남들은 어떨지 모르겠지만 제게는 그런대로 먹을 만
했습니다."[5]

.... ,, ...

　손으로 음식을 먹여준다는 것을 두 문화권이 공유하고 있음에도,
이 두 유럽인이 그 명백한 연관 관계를 알아차리지 못한 것은 좀 뜻
밖이다. 에티오피아는 4세기 이래 주로 기독교를 믿었고, 교회에서는
6세기부터 성찬식에서 사제가 손으로 이 빵을 신도의 입 안에 직접
넣어주었다. 하지만 종교 의례와 속세에서 손님을 접대하면서 손을 사
용하는 것은 (아프리카에 대한 서방의 거부감은 완전히 차치하더라도) 분명 서
로 다르다. 어찌 되었든 갈수록 식사라는 주제는 친밀감과 거리감 그
리고 익숙함과 낯섦의 교류가 이루어지는 공간이 될 것이다.

10. 보양 수프

1150년경 신성로마제국

이 놀라운 수프를 만드는 법은 이렇다. 스펠트밀 한 줌에 수프용 채소, 그러니까 셀러리, 회향에 당근 같은 것을 넣고 살짝 졸인다. 여기에 이제 가장 중요한 재료가 들어가는데, 바로 바질, 딜(소회향), 파슬리, 금잔화 그리고 생강의 일종인 양강이다. 타임도 약간 넣어줄 수 있는데, 몸을 정화하고 치료해줄 뿐만 아니라 피부병 옴에도 도움이 된다.

중세 유럽은 음식에 중요한 의미를 많이 부여했다. 사회적 행위로서 식사는 계약처럼 반드시 따라야 하는 것이기도 했다. 금식 기간에는 식사에 엄격한 규정이 적용되었다. 말하자면 자신의 믿음을 강하게 표현하는 수단이었다. 과시적일 정도로 풍성하게 양념한 식사는 부와 권력의 상징이었다. 중세 시대에 끔찍한 굶주림도 겪었지만 풍성한 상차림도 공존했다. 또 음식에 치유의 힘을 부여했다.

그리스의 의사 안티무스(Anthimus, 475~525)는 이미 500년경에 한 음식을 가리켜, 프랑크족의 최애 식품일 뿐만 아니라 만병통치약으로도 쓰인다고 언급했다. 바로 생돼지 뱃살이다. 그런데 안티무스의 기록에도 나오지만, 일은 그리 간단치 않다.

66

열에 녹은 돼지기름을 음식과 함께 먹거나 채소 위에 끼얹어 먹는 것은 해롭지 않지만, 바삭하게 구운 뱃살은 해롭다. 하지만 생뱃살은, 내가 듣기로는, 프랑크족이 즐겨 먹곤 한다는데, 누가 그들에게 그런 치료제를 알려주었는지, 그래서 다른 게 필요 없도록 만들었는지 무척 궁금하다. 프랑크족은 뱃살을 그냥 있는 그대로 날것으로 먹는다. 그 뱃살이 그들에게 약을 대신해 큰 편안함과 건강을 안겨주기 때문이다. 마치 적절한 약을 쓰듯 이 뱃살로 모든 내장이 치료되기 때문이다. 몸 안팎의 상처나 사고로 인해 생긴 상처는 지방이 많은 뱃살을 그 위에 오래도록 올려놓으면 깨끗해진다. 뱃살이 상처의 화농을 없애주므로 상처가 낫는 것이다.[6]

99

여기에 더해 풍성하게 차려진 맛난 음식과 더불어 중세의 중류층 식탁에서 사랑받은 음식이 달콤한 과자류다. 이는 건강상의 이유에서다. 조그마한 과자들은 과일과 양념류, 설탕으로 만든다. 설탕은 몸을 정화해주며, 신장에 좋은 작용을 할 뿐 아니라 다른 음식에 들어 있는 극도로 다양한 나쁜 특질들을 중화시켜준다고 한다. 말하자면 설탕이 과음과 과식에 대한 해독제인 것이다. 치아 관리에도 설탕이 사용된다. 말하자면 기름기 많은 음식찌꺼기를 제거하는 용도다. 그 외에 수도사들은 특별히 효과가 좋은 치료제로 생강빵을 필요한 이들에게 즐겨 나눠주기도 한다.

이 시기에 사람들이 자기 몸과 음식에 대해 안다고 믿은 많은 것들은 고대의 체액론에 근거한다. 이 이론에 따르면 사람은 네 가지 체액, 즉 피와 점액, 흑담즙, 황담즙으로 이루어져 있다. 이들 체액은 각각 성질이 따뜻하거나 차거나 마르거나 축축하다. 음식도 이 특성에 따라 뜨겁고 마른 것, 뜨겁고 축축한 것, 차고 마른 것, 그리고 차고 축축한 것으로 구분된다. 예를 들면 설탕은 뜨겁고 축축하므로 그 자체로 양호한 식품으로 보는데, 건강한 사람이 지닌 체액의 특징이 적절한 열과 습기이기 때문이다. 환자의 체액을 정상적인 균형 상태로 되돌리기 위해 의사들은 상응하는 다이어트를 처방한다. 체액 균형 상태에서 벗어난 모든 상황을 바로잡기 위해서다. 돼지 뱃살-설탕-다이어트도 아마 그런 처방의 하나일 것이다.

중세의 요리 기술에는 당연히 허브와 양념류의 치료 효과에 대한 지식도 포함되어 있었다. 이는 영적인 특성을 가진 지식이었다. 이와 관련하여 우리가 만나게 될 인물은 힐데가르트 폰 빙엔(Hildegard von Bingen, 1098~1179)이다. 그녀는 성자로까지 떠받들어지는 약초 전문가로, 12세기에 수녀이자 신비주의자로 활동하며 살았고 이 주제와 관련한 몇몇 책을 저술하기도 했다. 그녀의 영향은 한 세기가 넘도록 지속되었으며, 오늘날에도 비밀스레 전승되어온 여러 치료술과 이름을 떨치는 각종 허브티에 그 이름이 울려 퍼지고 있다.

앞에서 언급한 보양 수프의 레시피도 그녀에게서 비롯하는데, 환상적인 효과를 내는 불꽃놀이라 할 만하다. 예컨대 바질은 성질이 찬데, 힐데가르트에 따르면 열이 날 때 도움이 된다. 또 갑자기 말문이 막힌 사람의 경우 바질 잎 한 장을 마비된 혀 밑에 넣어주면 다시 말문이 트인다. 양강은 성질이 따뜻하고 약성이 있어서 심장이 허약해 고통받는 모든 이에게 도움이 된다. 파슬리는 가벼운 열을 완화해준다. 하지만 우울증에 빠지지 않으려면 이 약초를 사용할 때 주의가 필요하다. 왜냐하면 "이 약초는 정신에 어려움을 준다"[7]라고 힐데가르트가 주의를 주었기 때문이다. 그래서 사람들은 만전을 기하기 위해 정신을 다시 명료하게 해준다는 금잔화도 수프에 넣었다. 그 밖에 금잔화는 좋은 피를 늘려주고, 체액을 정화해주며, 저항력과 시력을 강화한다.

중세만큼 기적과 마법에 대한 믿음이 강하게 소용돌이친 시대는 없었다. 하나님이 행한 기적, 지옥과 악마에 대한 끊임없는 두려움, 부적이나 보석 또는 호신부의 힘 같은 것 말이다. 치병술사, 예언자, 무당, 마녀, 약초에 함유된 마술에 가까운 힘 그리고 다양하게 온도 조절된 음식 등이 극도로 신비주의적인 생활감각 속에 잘 스며들어 빈틈이 보이지 않을 정도다. 이를 두고 대체 의학이라고 할 수는 없다. 의학적으로 볼 때, 약초와 양념의 사용 말고 다른 가능성은 거의 없었기 때문이다. 일상의 마법은 이처럼 수프, 단것 그리고 돼지 뱃살 속으로 파고들었고, 금세 기적으로 발전하기도 했다. 음식이 중세보다 더 영적이고 기적적이며 마술 같았던 시대는 없었다.

11. 훠궈

1200년경 원나라

이웃한 두 나라가 서로 달라도 이렇게 다를 수 있을까. 그 하나는 중국으로, 1200년경 지구상에서 가장 발전한 문명국이었다. 경제는 급속도로 성장했고, 부유한 시민은 값비싼 의상, 가구 그리고 세련된 요리를 좋아했다. 이는 비할 바 없는 예술과 섬세한 감각의 문학을 태동시킨 요람이었다. 도서 인쇄는 호황을 누렸고 도서관 서가는 장서로 가득했으며 최고 수준의 학교도 여럿 있었다. 황실용 자기(瓷器)는 온 나라에서 붐을 일으켰다. 의학 및 자연과학 지식도 풍성하게 갖추고 있었다.

다른 쪽 나라는 몽골이다. 이들은 유목민족으로, 문자도 갖지 못했고, 동물의 털로 짠 천막에서 살았다. 그들은 말 한 마리의 등에 실어

묶을 수 있는 만큼만 소유했다. 먹는 음식이라곤 거의 양고기와 치즈 뿐이었고, 옷은 짐승의 털을 바느질해 만들었다. 그리고 유르트(yurt) 라는 거처를 덮히는 데에 키우는 짐승의 배설물을 주저 없이 썼다. 그런데 중국인에게 중국의 국민음식 휘궈(火鍋/火锅)를 전해준 이가 하필이면 거칠기 짝이 없는 이 몽골 친구들이었다고 한다.

송나라 때의 중국인은 몽골 사람과 비교가 안 될 만큼 지적으로 뛰어났다. 하지만 그 송나라에 제대로 된 군대가 없었다. 군대가 반란을 일으키면 어쩌나 하는 근심에 늘 시달리다 보니 송나라의 권력자는 제대로 된 군대 양성을 포기해버렸고, 오히려 태평성대를 찬미했기 때문이다. 그런데 거칠기 짝이 없는 몽골은 날렵한 전사와 탁월한 기병을 보유하고 있었다. 이들이 송나라에 크나큰 고통을 안겨주었다. 기병은 직접 만든 활로 멀리 떨어진 곳을 향해 치명적인 화살을 쏘아댔다. 말을 타고 질주하면서도 활을 쏘려고 멈출 필요가 없었다. 하지만 송나라에 더 큰 고통을 준 것은 칭기즈 칸(Chingiz Khan, 1167?~1227) 이라는 인물의 등장이었다. 그는 늘 자기네끼리 서로 싸우면서 원수지간이 된 당시의 몽골 사람을 하나로 통일한 뒤 중국을 대대적으로 공격했다. 결국 칭기즈 칸의 손자 쿠빌라이 칸(Khubilai Khan, 1215~1294) 에 의해 중국은 마침내 몽골인의 손에 떨어지고 말았다. 악몽과도 같은 야먼해전[애산(崖山)해전 또는 애문(崖門)전투라고도 하는데, 마카오 서쪽의 강 하구 지역을 가리킴 - 역자 주]에서 몽골 함대는 중국과 비교하면 그 규모가 우스꽝스러울 정도로 작았지만, 유목을 하던 몽골족은 이 전투에서 뛰어난 지략과 무쌍한 용맹을 다시 한번 보여주었다. 송나라의 천 척 넘는 범선 선단이 화염에 휩싸여 불타올랐고, 여인은 몽골인의 손에 잡히지 않으려고 몸에 무거운 돌덩이를 매단 채 바다로 뛰어들었다. 겨우 일곱 살 먹은 어린 황제와 마지막까지 그 자리에 함께 있던 황실 사람도 남중국해 앞바다의 검푸른 물속으로 몸을 내던졌다. 지구상에서 가장 당당하던 한 나라가 멸망한 것이다. 그리고 그 중국이 되살아나 뜨거운 '핫팟(hot pot)'을 뜻하는 훠궈(火鍋)를 먹으려고 오늘날까지도 원탁에 빙 둘러앉아 있다. 그들이 경멸해 마지않던 이들이 끝없이 펼쳐진 제 고향땅 초원지대에서 아득한 옛날 가져왔던 그 뜨거운 화로를 중심으로 말이다. 인간과 음식에 대한 관계는 정말 흥미진진한 양가성을 보여준다.

역사적으로 결코 확실치는 않은 전설에 따르면 몽골 전사는 자신의 투구를 임시로 솥 대신 썼다고 한다. 투구를 불에 올린 다음 국물을 붓고 끓여 작게 자른 양고기를 넣어 익혀 먹었다는 이것이 훠궈의 대원칙이다. 유럽에서는 이를 몽골냄비라고도 부르는데, 기본적으로 알프스 지역의 전통 요리 퐁뒤와 그리 크게 다르지 않다. 투구에 끓여 먹었다는 이야기가 맞는지는 아마 절대 밝혀지지 않을 것이다(하지만 역사 속에서 군인들이 늘 자기 투구를 음식 끓이는 데에 사용했다는 것은 충분히 받아들일 만하다). 어쨌거나 몽골 사람이 양고기를 좋아하는 습관을 중국 북부지역에 전해주었음은 사실이다. 그곳에서는 양고기가 오늘날까지도 커다란 솥에 데쳐 먹을 수 있는 여러 식재료 가운데 하나다. 또 몽골의 유목민이 양고기를 이동식 '솥'에 익혀 먹었음은, 이 솥이 따뜻한 열원이기도 해서 추운 밤이면 그 주위로 사람들이 모여들었다는 점을 고려하면, 충분히 상상할 수 있다. (양 한 마리를 통째로, 조리 용기 없이 익혀내는 또 다른 방법이 있는데, 몽골인은 오늘날까지도 이 방법을 사용한다. 양 한 마리를 잡아 위에서 아래로 배를 가르고 뼈, 살코기 그리고 내장을 조심스레 발라낸다. 살코기, 간, 콩팥은 양념한 다음 뜨겁게 달군 돌멩이와 함께 다시 뱃속에 채워 넣는다. 그러면 살코기가 뱃속에서 불로 굽듯 익는다. 음식을 먹기 전에 둥글게 모여 앉은 이에게 적당히 뜨거운, 기름에 번들거리는 돌을 차례로 건넨다.)

훠궈는 중국에서 급속히 퍼져 나갔는데, 대개는 가운데에 굴뚝이 솟아 있고 이글거리는 석탄이나 땔감을 넣는 둥그런 모양이었다. 이후 이 음식은 각 지역마다 독자적으로 발전해갔다. 남부는 달짝지근한 국물을 좋아했고, 북부는 짭짤한 육수를 선호했다. 동부에서는 시큼한 맛으로 조리해 즐겨 먹었고, 서부에서는 불같이 매운 국물을 식탁 위에서 보글보글 끓였다. 쓰촨 지방의 훠궈는 후추가 들어간 것으로 유명한데, 인기가 많다. 솥 안의 뜨거운 국물은 시뻘건 빛을 내뿜고 국물 표면에는 퉁퉁 분 후추 알갱이, 고추 그리고 몇몇 다른 양념이 떠다닌다.

훠궈 요리는 어쩌면 음식의 가장 중요한 고갱이를 건드리는지도 모른다. 바로 공동체를 만들어주는 것이다(오늘날 중국의 '핫팟' 요리 전문점을 혼자서 가려는 웃기지도 않은 생각을 하는 사람이라면 어쩌면 사람만 한 크기의 복슬복슬한 봉제인형 하나가 혼자 식당을 찾은 이상한 사람을 잘 챙겨주기라도 하려는 듯 제 옆에 앉아 있는 것을 발견할지도 모르겠다). 훠궈는 중국에서 흔히 볼 수 있는 원탁 한가운데에 올려놓고 먹는 것이 가장 좋다. 이 원형 식탁은 중국에서는 전통적으로 조화와 합일을 상징한다. 조리용 솥의 모양이 변화한 것은 당연한 귀결이었다. 가운데의 불쑥 솟은 굴뚝은 없어지고 솥 내부가 둘로 나뉘었다. 한쪽 칸에서는 매운 국물이, 다른 한쪽 칸에서는 부드러운 맛의 국물이 반짝이며 끓는데, 둘을 가르는 부분은 태극 무늬에서 음양을 나누는 선처럼 휘어져 있으며 둘이 합쳐져 하나의 완전체가 된다. 이 솥에 육수를 끓이다가 해산물, 물고기, 육류 그리고 채소를 넣는데, 그 사이로 어쩌면 밀가루 반죽을 주머니 모양으로 빚어 속을 채운 맛난 자오츠(餃子)가 몇 개 떠다닐 수도 있다. 이제 국자, 젓가락 그리고 꼬챙이를 들고 낚시 투어를 할 차례다. 식당을 빙 둘러싼 창문에 김이 서리면 사람들로 붐비는 저 바깥 길거리가 극장의 막이 내려오기라도 한 듯 갑자기 사라져버린다. 오랜 시간에 걸쳐 투입된 온갖 식재료의 풍미가 가득 녹아든 국물이 이제 접시에 담기면 사람들은 마치 기도라도 올리듯 아무 말 없이 그릇을 깨끗하게 비워낸다.

쿠빌라이 칸이 중국의 통치권을 장악하고 난 뒤 오히려 역방향의 동화(同化) 움직임이 일어났다. 몽골의 황제가 가능한 한 중국식을 따르려 한 것이다. 그는 유교의 사당, 불교의 사원 그리고 궁성 하나를 중국식으로 짓게 했다. 그의 맏아들은 중국의 문헌과 유교 경전을 읽으며 공부했다. 또 칸은 평범한 유목민으로 살았던 자신의 과거와는 거리가 먼 사치스러운 중국식 잔치를 자주 벌였다. 그럼에도 불구하고 제도적으로 한족이 크게 성장하지 못하도록 견제했다. 또 호화롭기 그지없는 황궁 정원에 여전히 유르트가 여기저기에 있었고, 그의 신하들은 거기서 잠을 청하기를 가장 좋아했다. 몽골의 원나라는 말하자면 중국 내에서 이질적 존재였던 것이다. 쿠빌라이 칸의 죽음은 곧 중국을 지배하는 몽골 왕실의 신속한 몰락을 알리는 종소리였다. 그렇게 몽골은 다시 역사 속으로 사라지고 말았다. 하지만 훠궈 덕분에 그들은 그곳에 그대로 남아 있다. 이 음식은 비록 오늘날의 몽골 요리에서는 더 이상 특별한 의미를 지니지 못하지만, 중국에서는 뜨거운 화로를 가운데에 두고 둘러앉아 함께 밥을 먹는 일이 몽골의 중국 통치보다 훨씬 더 오랫동안 이어지는 맛난 상차림의 전통으로 남았다.

12. 블라멘지르

1350년경 신성로마제국

음식에 대해 숙고하는 이는 굶주림을 잊어서는 안 된다. 거칠고 무자비한 잔혹성을 본질로 하는 굶주림은 중세 유럽을 살아간 이들을 늘 따라다닌 재앙이었다. 부유한 이도 굶주림을 겪었다. 그 누구도 날씨에 영향을 미칠 수 없었다. 추수는 언제든지 엉망이 될 수 있었고, 가축은 언제든지 병들 수 있었다. 하지만 수확이 풍성하고 가축이 살찌면 인간은 한껏 차려 마구 먹어치우는 방식으로 굶주림이라는 트라우마에 대응했다. 기다란 식탁은 산더미처럼 쌓인 고기와 빵, 제철 채소와 과일로 상다리가 부러질 판이었다. 음식이라는 게 전부 특별히 언급할 만한 미식적 발상 없이 그저 간단히 조리되어 상에 올랐을 뿐이다. 기쁨에 찬 사람들이 식탁 주위로 몰려든다. 함께 음식을 맛나게 먹는다는 것은 중세에도 사교의 중심축이었다. 중세 초기에는 한자리에서 같이 식사한다는 것은 특별히 끈끈한 결속 관계를 의미했다. 예컨대 사업 파트너와 함께 저녁 식사를 한다면 계약이 성사된 거나 마찬가지였다.

중세 전성기와 후기에는 음식 조리가 요리 기술이라고 불러도 될 만큼 일종의 수공업적 기능으로 발전했다. 독어권에서는 1350년경 《훌륭한 음식에 관한 책(Das Buoch Von Guoter Spise)》에 처음으로 여러 레시피가 기록되었는데, 누가 썼는지는 모른다. '좋은 음식'이라는 말과 더불어 사회적 격차도 다시 벌어졌다. 중세 초기에도 가난한 자와 부유한 자의 밥상은 당연히 달랐고, 그 차이는 접시에 쌓인 고기의 높이와 스튜의 양으로 나타났다. 하지만 시간이 지나면서 농부의 아낙은 계속 곡물을 넣고 끓인 멀건 죽을 주로 먹었고 고기는 가끔 맛볼 뿐이었다. 또 그 고기라는 것도 밭에서 나는 허브를 뿌려 고약한 냄새를 덮어야 했다. 반면 영주는 들짐승에 대형 생선인 강꼬치나 대구 같은, 소금에 절인 수입 물고기 그리고 날짐승 고기를 먹었다. 특히 날짐승 고기는 특권의 상징이었다. 왜냐하면 어떤 생산품이든, 높은 곳에서 '거두어들일수록' 더 귀하다고들 여겼기 때문이다. 하늘과 가까운 곳에서 자라고 날갯짓하며 날아다니는 것은 음식의 서열로 보면 땅속에서 자라는 사탕무 알뿌리보다 훨씬 더 높았다. 그뿐만 아니라 이른바 '주인의 밥상'은 온갖 값비싼 향신료로 맛을 냈다. 예전에는 이런 향신료를 십자군 기사들이 오리엔트 지역에 머물다가 돌아올 때 가지고 왔었고 그 이후에는 장거리 무역을 통해 들여왔다. 부자의 밥상에는 사프란, 생강, 설탕, 계피, 정향, 아몬드의 향이 풍겼던 것이다. 영주와 농부의 밥상은 이렇게나 그 품질이 서로 달랐다. 그럼에도 불구하고 농장에서는 함께 모여 식사를 했는데, 당시의 특권층은 하인들과 같이 밥 먹는 자리에서 혼자만 맛난 것을 먹으면서도 전혀 거리낌이 없었다.

어느 대규모 농장. 밥상 차려냈다고 소리를 친다. 여러 개의 식탁이 동심원꼴로 배열된 가운데 중심에 농장 주인과 그의 측근이 앉아 있다. 그 주변으로 주인을 위해 일하는 모든 이가 자리해 있다. 주인과 멀리 떨어져 앉을수록 이 농장의 사회구조 내에서 그 중요성이 덜한 사람이다. 분위기는 자유롭고 생동감이 넘친다. 점잖지 못한 우스갯소리라도 나오면 모두가 껄껄거리며 웃어댄다(허겁지겁 마구 먹는 것도, 상한 음식을 먹는 것도, 그리고 다시 양식이 부족해지는 것도 다 각각에 걸맞은 고통으로 이어진다. 그렇기 때문에 보통의 우스개는 흔히 위-장-질환이라는 별로 점잖지 못한 주제를 다룬다). 주인으로부터 멀리 떨어진 식탁에 앉은 농부들은 검고 딱딱한 빵을 먹는다. 호밀, 보리 또는 귀리 따위로 만든 빵인데 가루를 체로 치지도 않고 만들어 겨가 많아서 씹기도 힘들다. 농부가 먹는 이런 빵은 특권층의 밥상에서도 볼 수 있다. 하지만 이들은 돌덩이처럼 딱딱한 이 납작한 빵을 먹는 것이 아니라 고기를 담는 접시로 쓴다. 어떤 날에는 식사 후에 이 빵을 인심 좋게 맨 뒤쪽의 사람에게 나눠주기도 하는데, 그사이에 맛난 고기 구이 육즙이 빵에 잔뜩 배어 있다.

한복판의 식탁에 둘러앉은 행복한 이들에게 오늘은 특별히 인기 있는 특권층용 음식이 나온다. 바로 블라멘지르(blamensir)라는 디저트로, 흰색의 식재료만으로 만든 푸딩이다[블랑망제(blancmanger)라는 프랑스어 이름으로도 알려져 있다].《훌륭한 음식에 관한 책》에 기록된 모든 조리법이 그러하듯, 블라멘지르도 재료의 분량, 개별 식재료의 조리 방식이나 익히는 시간 등에 대해서 무슨 이유에서인지 아무런 언급이 없다. 저자는 그저 익은 음식에 소금을 치지 말라는 짧은 지시 문구로 이 레시피에 마침표를 찍어버렸다. 이 책을 읽는 대상은 숙달된 요리사다. 그들에게는 잠시 뭔가가 잘 떠오르지 않을 때 그걸 생각나게 해주는 자극만으로 충분하다. 물론 머리말에서 저자는 이 책이 "무지한 요리사를 똑똑하게" 만들어주리라 주장하지만, 그런 숙달된 요리사는 자기 지식을 그 누구와도 나누려 하지 않는다. 결국 이 모든 레시피는, 절구에다 향신료를 넣고 일정한 속도로 절굿공이를 내려치듯 정신없이 이리저리 왔다 갔다 하는 요리사 한 사람이, 저자가 마치 어느 영주의 거대한 성 안에 있는 부엌의 화덕 옆에 서 있기라도 하듯, 그에게어서 요리 준비를 하라고 외치는 느낌이다.

이 책의 레시피에 따르면 블라멘지르를 만드는 방법은 "아몬드 반 파운드와 쌀 4분의 1파운드를 준비하라"이다. 이 레시피에서 정확한 지침은 여기까지다. 쌀은 빻아서 가루로 만들고, 아몬드도 절구로 찧어야 한다. 곱게 가루를 낸 이 두 재료를 찬 염소젖에 넣는다. 그다음

닭 가슴살을 다져 다른 재료와 섞는다. 여기에 돼지기름을 끼얹는다. 이 모든 걸 끓인 다음 "충분히 열을 가한다". 말하자면 푹 익히라는 것이다. 여러 재료가 들어간 이 음식이 끓어오를 것임이 넉넉히 짐작된다. 그런 다음 부엌일 거드는 아이가 화덕 위의 도르래 장치와 연결된 쇠사슬을 잡아당긴다. 솥은 드르륵거리는 소리와 함께 위로 올라가면서 솥에 가해지는 열이 약해진다. 이제 솥 안의 음식은 그저 가볍게 보글거리며 걸쭉해진다(다른 곳에서는 이 음식을 '진한 아몬드유'라고 한다). 이제 솥을 불에서 끌어내린다. 다진 제비꽃을 김이 모락모락 피어오르는 하얀 음식 위로 뿌려준다. 마지막으로 여기에다 설탕 4분의 1파운드를 더 넣는다. 뜨거운 솥 안에서 이제 달콤한 향기가 위로 올라오면 블라멘지르가 완성된 것이다. 이 레시피는 사순절 기간에는 닭고기 대신 강꼬치고기를 써도 된다는 말로 끝난다.

매콤함과 달달함이 뒤섞인 이런 복합적인 맛은 요즘 사람의 입에는 좀 별스럽게 느껴지겠지만 중세의 음식에서는 전혀 드물지 않았다. 음식을 다양한 맛에 따라 분류한 다음 코스 요리 방식으로 각각의 음식을 순서에 따라 상에 올리되, 맨 마지막에야 비로소 달콤한 디저트를 내놓자는 발상이 비로소 '하나의 유행(en vogue)'으로 정착한 것은 19세기였다. 이를테면 사냥해 잡은 들짐승 고기에 후추를 뿌려 먹고 나서 초콜릿 같은 단것도 한 조각 먹었던 것이다. 그렇게 달콤한 음식으로 달콤한 삶을 즐겼다. 오늘날 어떤 사람의 식탁은 마치 점령이라도 한 듯 그런 달달한 음식으로 가득 차 있다.

13. 수박을 깎아
빚은 연꽃

1360년경 태국 수코타이 왕국

19세기 초 태국을 지배한 왕 라마 3세가 시 한 편을 쓴 적이 있다. 시암(Siam) 궁전에서 쫓겨난 어느 왕비에 관한 내용이다. 왕비는 자신의 어려운 처지에 절망해 하녀로 변장하고는 궁전의 부엌으로 갔다. 그곳에서 왕비는 허드렛일을 시작했다. 왕비는 아들과 접촉하려 했다. 아들은 아무것도 모르고 식당에 앉아 있었다. 아들이 먹을 수프에 곧 넣을 채소가 준비되어 있었다. 먹기 좋은 작은 크기로 이미 정성스레 썰어져 있었다. 쫓겨난 왕비는 재빨리 자기가 쓰는 멋진 칼을 손에 쥐고는 채소에 작게 뭔가를 새기기 시작했다. 엄마와 아들이 함께 지내던 시절의 여러 기억과 장면에 관한 것이었다. 왕비는 아주 정교하게 그 장면을 채소에 새겨 넣었다. 그 일을 마치자 왕비는 후식으로 내놓아야 할 과일이 어디 있는지를 둘러보더니, 금방 윤이 반짝거리는 다채로운 색상의 과일 여러 개를 집어 들고는 거기에도 뭔가를 새겼다. 아들의 기억에서 거의 사라진 엄마를 떠올리게 하는 그림이었다.

이런 상황에서 음식이란 곧 소통의 매개체다. 상황은 해피엔딩이다. 어린 왕자가 그 정교한 조각을 보자마자 부엌으로 뛰어 들어가 쫓겨난 왕비를 발견한다. 그리고 엄마가 다시 궁전으로 돌아올 수 있도록 최선을 다한다.

과일 조각술을 태국어로는 '캐사룩(kae sa luk)'이라 하는데, 이 예술 형식은 14세기에 수코타이 궁정에서 처음 생겨났다. 태국 최초의 통일 왕국인 수코타이 왕국은 1300년경 세계 불교의 가장 유의미한 중심지였다. 일렁이는 물결 모양의 지형 위에 널찍한 사원 시설이 사방으로 뻗어 있다. 잡아당겨 길게 늘인 듯한 종 모양의 늘씬한 벽돌 탑이 고요한 물에 비친다. 물 위에는 분홍빛 연꽃이 떠다닌다. 이 신생 왕국의 도공들은 그릇을 빚어 옥빛 반짝이는 유약을 입혔다. 그릇을 보고 감탄하지 않는 이가 없었다. 그들과 마찬가지로 손기술이 아주 뛰어난 여성도 있었다. 낭 노파마스(Nang Noppamas)라는 이름의 궁중 여인이었다. 오늘날까지 태국의 국민 정체성 속에 깊이 뿌리박힌 과일 세공이라는 기법을 고안해낸 사람이다.

여기서도 역사적 서술은 환상적인 전설과 뒤섞인다. 두 가지 전설이 있는데, 하나는 이미 1317년에 죽은 람캄행(Rama Khamhaeng, 1239~1317) 왕 재위 시절의 일이다. 왕이 배를 타고 여행하다 앞서 이야기한 그 여인이 바나나 잎으로 연등 만드는 것을 보았다. 바나나 잎을 아주 정교하게 가공해 한 송이 연꽃 모양으로 빚었던 것이다. 보름달 뜨는 날 여인은 그 연꽃 속에 불붙은 초를 꽂은 다음 물에 등을 띄웠다. 이 광경을 보고 왕은 너무나 감동한 나머지 낭 노파마스를 아내로 맞아들였을 뿐만 아니라 음력 12월 보름날 밤을 불교의 축일로 선포했다(태국에서는 오늘날까지도 '로이 크라통'이라 불리는 연등 축제를 즐기는데, 바나나나무의 굵은 줄기로 작은 뗏목을 만든 다음 이를 촛불, 향, 꽃, 나뭇잎으로 아름답게 꾸며 이날 밤 물 위에 띄운다. 그렇게 하면 작은 등불과 함께 화와 미움도 떠내려 가버린다고 한다.)

캐사룩의 탄생과 관련한 두 번째 전설은 그로부터 반세기 후에 펼쳐진다. 낭 노파마스가 이번에는 수코타이 왕조 후대의 프라 루앙(Phra Ruang) 왕 시대의 궁녀다. 이때에도 이미 일상적인 축제가 된 로이 크라통 축제가 거행되었다. 궁녀 노파마스는 다시 바나나 잎으로 한 송이 연꽃을 닮은 아주 예술적인 배를 만들었다. 하지만 이번에는 과일과 채소를 조각해 놀랍도록 아름다운 등을 만들어 물에 띄웠다. 왕은 그 자그마한 수공예 작품에 넋이 나가 이 캐사룩을 궁정 예술로 승격시키고 모든 귀족 여성으로 하여금 이를 배우게 했다.

두 전설 중 어느 것이 역사적 진실에 더 가까운지는 아직도 분명치 않다. 하지만 이 두 이야기에서 뚜렷이 드러나다시피, 과일 조각(彫刻)은 본질적으로 왕실 예술이며 더 나아가 부처를 받들어 숭배하는 것과 직접 연관되어 있다. 불교 의례로서 연등 축제도, 낭 노파마스가 위의 두 전설에서 부처님의 꽃인 연꽃을 만들었다는 것도 이를 뒷받침한다. 조각 작품을 만드는 일도 깊은 명상 행위다. 마치 필기용 펜처럼 끝이 뾰족한, 얇게 저미는 용도의 작은 칼 하나를 들고 과육에 섬세한 고랑을 파고, 균일하게 모서리를 둥글게 깎아내며, 물결을 그려낸다. 그리고 다시 처음부터 이를 반복한다. 싱싱한 수박의 붉은 속은 바깥으로 갈수록 색을 잃으며 흰색으로, 그리고 그다음에는 푸른색으로 바뀐다. 그래서 커다란 연꽃을 조각하는 데에 특히 더 적합하다. 그렇게 빚어낸 연꽃은 종이처럼 얇은 데다 분홍빛을 잔뜩 머금고 있다. 꽃잎 가장자리는 젖처럼 흰 물감에 푹 담근 듯 환히 빛을 내뿜는다. 꽃은 가운데로 갈수록 소용돌이 모양으로 오그라든다. 달콤한 수박 향기가 점점 더 강하게 퍼지면 그다음 과일을 들고 다시 조각을 시작한다. 둥글둥글한 모양의 온갖 과일이 담긴 바구니는 그렇게 만들어진다. 파파야는 탱글탱글한 장미와 국화로 변신한다. 호박의 단단한 껍질에는 뒤로 휙 젖혀진 잎을 새긴다. 나무와 땅에서 나는 자연의 열매에 조각칼을 쥔 손이 한 바퀴 휙 돌면 인공의 정원 하나가 생겨나는 것이다.

식탁에 올릴 먹을 수 있는 장식품을 만드는 일은 마음을 닦는 수행이 된다. 다시 한 번 음식에 상징적 의미가 부여되는 셈인데, 이 경우 종교적 숭배를 나타낸다. 세속 권력의 과시라는 의미도 있다. 캐사룩이 만들어내는 이 덧없는 여러 예술작품은 수백 년 동안 오로지 왕의 식탁용일 뿐이었으니 말이다(오늘날은 좀 다르다. 이제는 과일과 채소 조각은 요리학교에서 배울 수 있는 하나의 기술이며 시민의 식탁을 꾸미는 데도 쓰여 태국 음식에서 빠져서는 안 되는 미적 요소가 되었다). 이렇게 조각된 각종 과일은 아예 식용보다는 감상용 작품이 되어버릴 때가 종종 있는데, 이는 예컨대 같은 시기에 유럽에서 흔히 볼 수 있었던 눈요기 전용 음식과 비슷하다. 엘리트의 밥상에 오로지 '맛만' 좋은 음식 그 이상의 것을 올리자는 소망이 수코타이에서도 있었던 것이다. 거기서도 계층 격차가 가파를수록 굳이 없어도 되는 음식이 식탁에 올라왔다. 왕도 소화기관을 가진 생명체에 불과해 자기 몸에 먹을 것을 넣어주지 않으면 안 된다는 사실을 일반 대중이 의식하지 못하도록 하기 위해서였다. 또 애당초 없어도 되는 장식용 음식은 그저 아름답고 풍성해 보이기만 할 뿐, 그런 사실을 오히려 가리고 덮어버리며, 지배자를 인간을 넘어서는 존재처럼 보이게 한다. 하지만 이렇게 과일과 채소를 조각해 만든 꽃은 유럽 영주의 잔칫상에 오른, 금빛 나도록 구운 백조와 돼지머리보다 더 정교하고 섬세한 느낌을 준다. 불교 장식은 소박하다더니 그것도 아닌 것 같다.

14. 커리

1500년경 인도

아득한 옛날부터 향신료는 음식을 조리해 먹는 인간에게 하나의 꿈이었다. 페니키아인, 로마인, 그리스인 그리고 중국인은 이미 고대부터 폭풍우에 출렁거리는 바다와 접근하기도 쉽지 않은 황야에 맞서서 배도 타고 고분고분하지 않은 낙타도 타며 인도 남서부 말라바르 해안으로 가서 후추, 생강 그리고 계피를 사오려 했다. 고향으로 가지고 오면 아주 값비싸게 팔 수 있었기 때문이다.

이 향신료 무역에서 우위를 차지하려고 많은 왕국이 서로 싸웠다. 불굴의 항해사는 더 빠른 새로운 항로를 열기 위해 끝 모를 항해에 나섰다. 그들은 믿을 수 없는 일을 많이 경험했다. 크리스토퍼 콜럼버스는 어쩌다가 아메리카 대륙을 발견했고, 바스코 다 가마는 아프리카

남단 희망봉을 돌아가는 항로를 발견했다. 그리하여 대서양이 인도양과 붙어 있음을 증명했을 뿐 아니라 아랍권의 향신료 독점에 뜻밖의 일격을 날릴 수 있었다. 페르디난드 마젤란은 최초로 범선을 타고 세계를 항해했다(아니, 그의 함대라고 하는 게 낫겠다. 마젤란 자신은 항해 도중에 필리핀 제도에서 그곳 원주민들에게 죽임을 당해 남은 선원들이 세계 일주를 끝마쳤으니 말이다). 이 탐험 하나하나는 다 향신료 획득을 기치로 내걸었지만, 당시 세상에 대해 우리가 가진 지식을 근본적으로 바꾸어놓았다. 계피와 강황의 향기 그리고 후추의 알싸한 매운맛에 대한 갈망이 얼마나 컸는지 말도 못 한다. 결국 이 뿌리 깊은 욕망 덕분에 신대륙이 물 위로 솟아올랐고 온 대양이 서로 충돌했다.

이들 향신료의 원산지인 인도에서는 벌써부터 요리에 늘 많은 향신료를 사용했었다. 3천 년도 더 된 산스크리트 문헌에 후추와 강황을 사용했다는 기록이 있고, 무엇보다도 이들 향신료에 치료 효과가 있다고 서술하고 있다. 인도에서도 음식에 치유력이 있음을 알고 있었다는 말이다. 이 모든 것을 인도에서는 '아유르베다'라 불렀다. 커리는 처음에는 그저 밥에 곁들여 먹는 매콤한 향신료를 의미했다면, 이제는 다양한 향신료가 많이 들어간 스튜 같은 채식성 내지 육류 함유 음식을 가리키는데, 아주 오랫동안 끓여야 한다. 다양한 향신료가 들어간 이 커리가 전성기를 누린 때는 나중으로, 16세기부터 19세기까지 인도를 지배한 이슬람 세력의 무굴제국 시대였다.

메디치 가문의 인도 버전이라 할 무굴제국은 예술과 미식을 장려했다. 온 세상 사람이 무굴제국의 대표적 건축물인 타지마할에 놀랐다. 대리석으로 만들어 보석까지 박아 넣은 묘당의 정면을 보고 입이 딱 벌어졌다. 타지마할은 아른아른 달아오른 열기 속에 햇살을 받아 빛을 내뿜으며 반짝거렸다. 황제의 군대와 함께 요리 전담 부대가 온 나라를 돌며 최고 사령관에게 음식을 조리해 올려야 했다. 무굴제국 궁정에서 화려한 잔치가 벌어지면 사람들은 황금 쟁반에 담긴 화려한 색상과 그윽한 풍미를 자랑하는 음식을 먹었다. 순은으로 된 얇디얇은 은박을 그 음식 위에 뿌리기도 했다. 은박은 너무 가벼워 음식에서 올라오는 온기를 타고 허공으로 올라갔다가 반짝거리면서 잔칫상 위로 건들건들 떨어져내렸다. 통치자가 좋아한 음식은 그렇게 군대가 주둔한 모든 작은 성읍 안으로도 들어갔다. 커리도 바로 그런 음식 중 하나로, 해 뜰 때의 온갖 색상으로 빛나는 걸쭉하고 윤이 나는 소스에 담긴 다채로운 음식이었다. 한가운데에는 언제나 고기, 생선이 올라갔고, 좀 되직한 국물에 삶은 채소가 오를 때도 있었다. 국물에는 코코넛, 요구르트, 채수, 물 또는 크림 따위를 넣었다. 하지만 중요한 것은 수많은 사람이 목숨을 바쳐가며 얻으려 했던 바로 향신료다. 인도 커리에는 향신료가 아주 다양하게 들어가는데, 풍미가 서로 다른 스무 가지 정도가 쓰인다. 그중에 많이 쓰이는 것으로 정향, 후추, 계피, 생강, 생강과의 소두구(카르다몸), 고수 씨앗, 커민, 월계수, 호로파(葫蘆巴)가 있다. 커리를 한 입 먹을 때마다 달콤한 맛, 신맛, 부드럽고 쌉쌀한 맛이 동시에 올라온다. 이들 향신료는 조리 직전에 빻고, 볶고, 일부 서로 섞기도 한다. 반면 다른 재료는 푹푹 김을 내뿜으며 끓는 커리에 하나씩 따로따로 넣어주면 된다. 요리사는 제각각 자기만의 특색을 드러내 요리한다. 몇몇 향신료는 나중에 다시 한 번 뜨거운 기름에 한 줌을 볶아 음식에 뿌려주기도 한다. 음식에 더 강한 풍미를 입히기 위해서다.

그다음은 매운 정도다. 인도 음식 하면 떠오르는 것이 바로 이 매운 맛이다. 서양 사람의 혀를 얼얼하게 하고 뜨거울 정도로 화끈거리게 만드는 이 매운맛이 입에 들어가면 숨이 턱 막히고 눈물이 쏟아진다. 실제로 인도 커리는 한마디로 맵다. 대체로 생강과 후추가 들어간 탓이다. 그러다 앞서 언급한 콜럼버스가 아메리카 대륙과 더불어 마침내 고추를 발견했다. 인도와 동남아 그리고 아프리카 음식의 맛에 일종의 역사적 전환을 안겨준 순간이다. 다른 그 어떤 향신료보다도 더 매운 맛을 내는 이 고추를 아프리카로, 근동으로, 태국과 일본으로, 그리고 인도로도 전해준 것은 다름 아닌 포르투갈인이다. 인도는 유달리 매운 품종인 부트 졸로키아(bhut jolokia, 세계에서 가장 매운 고추 품종. 정신이 나갈 정도로 맵다고 하여 유령고추라고도 함 - 역자 주)를 특별히 선호한다. 이로써 커리는 16세기부터 매워졌고, 매운 정도는 지역마다 달랐다. 매운맛이 인도로 수입된 시점에 유럽에서는 음식과 관련한 또 다른 패러다임 전환이 서서히 이루어지고 있었다. 말하자면 매운 향신료가 많이 들어간 음식을 버리고 버터와 크림이 많이 들어간 더 부드러운 음식으로 방향을 바꾼 것이다. 부드러운 음식과 매운 음식이라는 이런 지역 간 대조는 그때 등장해 오늘날까지 그대로 유지되고 있다.

하필이면 인도나 태국처럼 무더운 나라에서 매운맛을 그렇게 즐겨 먹는 이유에 대해서는 몇 가지 설이 떠돈다. 매운맛이 몸을 튼튼하게 해주어 더위를 이겨내게 한다는 설에 대해서는, 방콕의 먼지 날리는 뜨거운 보도에 화덕을 갖다놓고 손님끼리 서로 바짝 달라붙어 앉게 한 다음 음식을 내는 그런 음식점에서 입이 얼얼할 정도로 매운맛을 이미 한 번 먹어본 사람이라면, 누구든 분명 자기 경험을 통해 반박할 수 있다. 일반적으로 매운 고추가 음식 속의 위험한 박테리아를 없애줄 것이라 여기는 설도 있다. 말하자면 고추가 일종의 소독 효과가 있다고 보는 것이다. 물론 고추에 항박테리아 물질이 정말 들어 있기는 하다. 하지만 과학적 연구에 따르면 그 물질은 특정 나라가 매운맛을 좋아하는 이유라기보다는 기분 좋은 부작용의 하나다. 어느 특정 지역이 다른 지역에 비해 매운 음식을 더 좋아하는 까닭이 무엇인지는 어쩌면 결론이 나지 않는 질문일 수 있다. 다만 한 가지 확실한 것은 있다. 신세계가 발견되고 미지의 항로가 새로 열리는 시기에는 가장 이질적인 맛, 문화 그리고 산물이 아주 잠시 만나게 된다. 그런 다음 많은 것들이 다시 서로 분리된다. 그러나 바로 그 순간 커리가, 다채로운 색에 윤기 반짝이는, 불처럼 매운 커리가 갖가지 향신료의 멜로디에 실려 이 세상으로 나왔다는 사실이다.

15. 밥 조금과
포도주 두 잔

1550년경 이탈리아

알비제 코르나로(Alvise Cornaro, 1464?~1566)는 1550년경에 절제된 삶에 관한 논고라는 뜻의 자전적 저서 《Discorsi intorno della vita sobria》를 썼는데, 이 책 제1권에서 그는 무절제하게 먹고 마시는 것의 해악에 대해 글을 쓰기로 결심했다고 밝히고 있다.[8] 그는 15세기 후반 베네치아에서 태어났는데, 이 책을 쓸 무렵 이미 다양한 인생 경험을 한 뒤였다.

강력한 권세에 화려하기 그지없는 운하의 도시 베네치아에서 가장 부유한 어느 가문과 먼 친척뻘이었기에 그는 처음에는 하고 싶은 대로 잘 살았다. 마흔 살이 되도록 그는 르네상스 시대의 쾌락주의 인간이었다. 베네치아에서 무슨 잔치라도 있으면 늘 그의 얼굴을 볼 수 있었고, 그 역시 주저 없이 육체의 향락에 푹 빠졌다. 언젠가부터 그는 엄청난 과체중이 되었고, 관절염을 앓았으며, 당뇨에도 시달렸던 것으로 보인다. 의사는 그가 이제 얼마 못 가 죽으리라고 진단했다. 그의 목숨을 구해줄지도 모를 유일한 처방은 과격한 다이어트였다. '절제의 힘'을 옹호하며 살아간 코르나로의 인생 2막은 그렇게 시작되었다. 남은 평생 그는 하루에 400그램도 안 되는 소박한 씹을 것(달걀, 빵 또는 수프)을 먹었고, 두 잔도 채 안 되는 붉은 포도주를 마셨다. 이런 방식으로 다이어트를 한 그는 건강하게 살았고, 당시로서는 남달리 장수를 누렸다(일부 자료에 따르면 그는 백 살 넘게 살았다고 하며, 그래도 어쨌든 팔십까지는 살았다고 보는 자료도 있다). 그의 논고는 '안티에이징' 분야 베스트셀러로 수많은 언어로 번역되었으며, 19세기까지 많은 독자가 즐겨 읽었다. 그러니 다이어트 안내서의 원조라고 해도 무방하다.

음식과 건강이 서로 직접적 연관성이 있고, 음식이 심지어 치유력을 지닐 수 있음은 이미 고대 그리스 이래로 알고 있는 일이었다. '다이어트'라는 개념도 고대 그리스에서 유래했다. 원래는 '생활방식(lebensweise)'이라는 뜻으로, 몸과 음식 간에 균형 잡힌 관계를 유지하라는 말이었다. 그런데 코르나로 이후 이런 의미에 변화가 일어났다. 오늘날 다이어트라고 하면 음식을 덜 먹는 것을 가리킨다. 그것도 대략 19세기 후반부터는 건강보다는 아름다움을 이유로 말이다. 독일 프랑크푸르트 괴테대학 로베르트 구구처(Robert Gugutzer) 교수는 이렇게 말한다.

"인간의 몸은 철두철미하게 사회적 현상이다. 사람들이 자기 몸으로 뭘 하든지, 자기 몸에 대해 어떤 태도와 어떤 지식을 갖고 있든지 간에 몸의 일상적 행위, 몸에 대한 관념과 평가가 이루어지는 문화, 사회 및 시대의 영향을 받는다." [9]

20세기 말까지만 해도 자발적으로 굶어서 살을 뺀 몸이 그 사회가 규정한 이상적인 아름다움이라고 보는 것은 주요 현상이 아니었다. 어쩌면 그때까지도 우리 인간은 세상 곳곳에서 굶주림과 늘 맞서야 했기 때문일 것이다. 오늘날 다이어트는 풍요롭고 안락한 사회의 현상이기도 하다. 자발적으로 굶주릴 수 있는 사람은 식량 창고에 먹을 것을 잔뜩 쌓아둔 사람들 뿐이다. 당시 남자는 건장하거나 몸집이 커야 하며, 여자는 오히려 통통해야 하나 허리는 유행에 맞게 늘씬해야 했다. 하지만 그렇게 하는 데 필요한 것은 물만 먹는 식의 제로 다이어트가 아니라 코르셋이었다.

우리가 알고 있는 최초의 극단적 사례 몇 가지를 살펴보자. 시인 바이런 경(Lord Byron, 1788~1824)은 일기장에 평생 몸무게를 줄이려고 어떤 애를 썼는지를 꼼꼼하게 적었다. 그의 기록에 따르면 그가 하루 동안 먹는 것은 츠비바크(zwieback, 토스트를 비스킷처럼 바싹하게 구운 것 – 역자 주) 두 쪽을 넘지 않았고, 차는 하루에 한 번 마셨다. 그 외에 그는 배고픔을 억제하려고 사과식초를 마셨고 변비약을 복용했으며 고통스러울 만큼 뜨거운 물에 목욕했다. 일명 시시(Sisi)라 불리는 오스트리아 황후 엘리자베트는 음식은 거부하고 운동을 심하게 함으로써 그 시대의 '가장 아름다운 여인'의 지위를 유지하려 했다. (게다가 당시만 해도 아름다움이란 무조건 여성의 일은 아니었다. 고대에는 남성의 몸이 더 심미적 대상이었고, 18세기 초까지만 해도 아름다움이란 오히려 엘리트 계급의 관심사로, 남녀 모두 점점 더 값비싼 패션을 통해 그것을 표현했다.)

바이런 경과 시시 황후 둘 다 어떤 질병의 징후를 보여주었다. 이 병은 현재 우리 사회에서 그 역할이 갈수록 더 커지고 있다. 1844년에 출간된 아동도서 《슈트룹벨페터(Struwwelpeter)》의 등장인물 줍펜-카스파르(Suppen-Kaspar)는 "나 수프 안 먹어! 안 먹는다고! / 내 수프 나 안 먹어! / 아니, 내 수프 난 먹지 않을 거야!"라며 악을 썼다. 이 책은 이른바 전통적인 억압적 교육 방식인 블랙 교육학(Poisonous Pedagogy)을 아무런 거리낌 없이 써먹었다. 따라서 잘 먹지 않아 자꾸만 야위어가는 남자아이에게 잠자리에서 읽어주는 용도의 이 책은 이렇게 끝난다.

.... 66 ....

"[수프를 안 먹은 지] 나흘째 되는 날 마침내 / 카스파르의 몸은 가느다란 실 한 가닥 같았다. / 몸무게는 아마 반 로트(lot, 밥 반 숟가락 정도)쯤 나갔을 거야. / 그리고 닷새째에 그는 죽었다네."[10]

.... 99 ....

이 텍스트는 한편으로는 밥을 먹지 않는 아이에 대한 엄청난 분노를 보여준다. 굶주림에 대한 공포를 아직 기억하고 있는 어른으로서는 그렇게 먹지 않는 아이란 도저히 이해할 수 없는 존재였다. 다른 한편으로 이 '줍펜-카스파르'를 우리는 새로 등장한 어떤 질병의 초기 사례 연구로도 읽을 수 있다. 저자 하인리히 호프만(Heinrich Hoffmann, 1809~1894)은 정신과 전문의이기도 했다. 1870년, 병적일 정도로 굶는 것에 '신경성 식욕부진(anorexia nervosa)'이라는 이름이 붙었다. 정치적 이유나 가난 때문에 굶는 것이 아니라 몸무게에 대한 지나친 걱정에 떠밀려 굶는 이의 수는 오늘날까지 증가세를 보이고 있다. 살아남기 위해 먹어야 한다는 말은 이 병의 당사자에게는 일상적으로 가해지는 테러다. 음식은 원수가 되고, 몸은 격전이 벌어지는 전쟁터다. 모든 사람이 하루도 쉬지 않고, 어느 전선 가릴 것도 없이 무자비하게 감시의 눈길을 보내는 격전지 말이다.

1900년경 의류에 치수가 도입되면서 몸의 치수를 재어 표준을 만들었다. 그뿐만 아니라 이제 다이어트의 뚜렷한 목표치를 정하는 일이 가능해졌다. 예를 들자면 굶어서 두 치수 낮추겠다, 마침내 38 사이즈로 맞추겠다, XL에서 M으로 줄이겠다는 따위다. 의도적 굶주림의 정도를 이런 식으로 수치화할 수 있게 되었다. 그런 식으로 우리는 두 번의 세계대전 기간만 빼고 20세기 내내 다이어트와 관련한 여러 황당한 발상을 접해왔다. 몸에 묻혀 씻기만 하면 날씬하게 해준다는 비누, 식욕을 억제한다는 전기 자극, 촌충, 위험한 부작용을 일으키는 다이어트 약물, 비소나 스트리키닌을 함유한 자그마한 물병(19세기에 신진대

사를 촉진한다는 이들 독극물을 소량 넣은 알약이나 물이 있었다고 함 - 역자 주),
그리고 무엇을 얼마나 먹어야 하는지에 대해 끊임없이 나오는 새로운
지식 같은 것 말이다. 이런 방법에 비하면, 절제된 생활의 영위라는 코
르나로의 방식은 꽤 합리적이라는 인상을 준다. 그의 다이어트 방식에
따르면 날마다 적어도 적포도주 반 리터는 마셔도 되니 말이다.

16. 가짜
노루고기 구이

1560년경 독일 민족의 신성로마제국

> 비버는 한 마리 짐승으로 / 바다개 같다 / (…) / 그리고 그 녀석
> 은 물속에서는 꼬리를 갖고 있다 / 그래서 그 녀석은 절반은 살코
> 기이고 / 꼬리에 붙은 다른 쪽은 물고기다 / (…) / 그런 걸 자연이
> 그에게 주었다 / 그래서 그 녀석은 뒤로는 물고기처럼 물속에서
> 헤엄친다 /[11]

1559년에 처음 출간된 《요리사와 포도주 관리자(Koch vnd
Kellermeysterey)》에 나오는 내용인데, 저자는 비버를 왜 물고기류에

넣어야 하는지에 대해 압도적으로 명쾌하고 과학적으로 설명함으로써 반박할 수 없게 만들었다. 아니, 물속에서 살고, 몸의 절반, 말하자면 비늘로 덮인 꼬리가 심지어 물고기처럼 헤엄을 치지 않는가. 그러니 상황은 자명하다. 중세 후기 내내 그리고 근세 초기까지만 해도 사람들은 이를 보편적으로 인정하는 사실로 받아들였다. 이유가 뭘까? 순전히 고기가 먹고 싶어서다.

기독교를 믿는 중세 인간의 음식에 대한 관계를 특징짓는 것은 굶주림과 가끔씩 한 상 크게 차려 먹기다. 당시에는 수많은 금지사항과 잔소리 같은 규칙이 있었다. 1년 중 3분의 1은 금식을 해야 했기 때문이다. 부활절 전 40일간의 사순절 기간에, 금요일과 토요일 그리고 주요 성인축일 전야에, 그뿐만 아니라 그리스도 승천 대축일 전 사흘 동안에, 그리고 석 달에 한 번 수요일에는 고기를 먹어서는 안 되었고, 심지어 달걀과 유제품도 금지였다(교황 그레고리우스 1세는 590년 온혈동물의 살코기 섭취를 금지했다. 15세기 말까지는 유제품과 달걀도 금지하다가 1491년부터 완화됨 - 역자 주). 허용된 것은 물고기, 곡물, 채소 그리고 과일이었다. 이러한 교회의 절기는 원래 예수가 광야에서 금식한 고행을 특별한 날에 상기하라고 만들어졌다. 말하자면 금식의 의미는 무척 종교적인 성격을 띠고 있었던 것이다. 하지만 수백 년이 흐르면서 이런 관행은 본디의 의미를 제대로 알지도 못한 채 그저 습관적으로, 그리고 징벌에 대한 두려움 때문에 행하는 무의미하고 경직된 일련의 의례로 퇴색하고 말았다. 이 모든 것은 놀랍도록 창의적인 신학적 재해

석으로 이어졌다. 그 창의성의 원천이 된 것은 인간이 자행해온 수많은 자기 기만의 사례들이었다.

《성경》구절을 기발하게 바꿔서 해석하고 왜곡한 진정한 대가는 가톨릭 수도회 수사들이었다. 이를테면 일단 먼저 철학적으로 물고기라는 게 도대체 무엇이냐고 물어보자. 예를 들어 창조 제5일 차에 하나님은 물과 허공에 사는 짐승을 만들었다. 그러므로 물고기와 새 두 종류는 사실상 동시에 생겨나 같은 무리에 속한다고 별 거리낌 없이 주장할 수 있다. 그렇게 되면 금식 기간에 통닭구이 한 마리를 먹는다 해도 문제될 일이 전혀 없다. 그 밖에도 15세기 초 콘스탄츠 공의회는 물에 사는 것은 어차피 다 물고기로 본다고 확정해버렸다. 따라서 앞서 말한 비버도 그렇지만, 수달 종류, 민물가재, 개구리, 조개 및 바닷새(이는 이제 심지어 두 가지 이유로 물고기에 포함될 수 있다)도 금식 기간 중에 조리해 먹어도 되는 음식이 되었다. 수도원 부엌에서 음식 냄새가 풍기면 거기 사는 이들은 희망에 들떴다. 비버의 간을 갈아 넣은 경단, 민물가마우지 구이 또는 부르고뉴 와인에 졸인 수달이 식단에 올라왔다. 게다가 게살 넣은 소시지와 편육도 있었다. 그런데 몇몇 수도사는 이런 맛난 음식마저도 성에 차지 않았는지, 물에 사는 존재의 개념을 좀 더 확대하려 한다는 소문이 돌았다. 예를 들면 강물로 내몰렸거나 물에 빠져 죽은 돼지를 두고 물짐승이라고 선언할 수 있다는 식의 말이 나왔던 것이다. 또 어느 수도원장이 맛있는 냄새를 풍기는 새끼돼지 구이를 보고는 곧장 그 돼지에게 "Baptisto te carpem(너를 잉어

라고 세례하노라)"라며 물고기 세례를 베풀고 성호를 긋더라는 이야기를
서로 나누기도 했다.

사소한 의미를 트집 잡듯 꼬치꼬치 따지는 이 같은 행위의 저편에
서 적지 않은 요리사가 의도적으로 기만 행위를 저질렀다. 고기를 간
다음 신(神)의 엄정한 눈이 보지 못하도록 그것을 노릇노릇 황금빛 나
도록 구운 파이 속에 넣거나 반죽 피에 속으로 채워 넣어 감쪽같이 감
춘 것이다. 그리고 거장으로서 재료의 한계를 최대한 끌어올려 대응한
진정한 요리 대가들도 있었다. 그런 능력 덕분에 참으로 탁월한 여러
음식이 생겨났다. 예컨대《요리사와 포도주 관리자》에서 '포도주 관리
자(kellermeysterey)' 부분에 강꼬치고기의 레시피가 나오는데, 책에서
는 이걸 네 토막 내라고 되어 있다. 머리 쪽의 첫째 토막은 석쇠 위에
올려 굽고, 둘째 토막은 '포도주와 양념'에 졸이며, 셋째는 속을 채우
고, 마지막 꼬리 부분은 튀겨내라는 것이다. 이어서 토막 내어 조리한
것을 다시 하나로 합쳐 먹는다. 이런 식의 네 토막 물고기는 지나고 보
니 요즘의 미슐랭 별을 획득한 음식점 요리를 일치감치 예언한 선구
자처럼 보인다. 별을 받은 음식점을 대표하는 요리사들은 하나의 식재
료로 여러 다양한 질감 내지 식감을 마술처럼 구현한 다음, 이들을 하
나의 접시에 함께 담아내는 식의 아이디어를 다양하게 바꾸어가면서
늘 되풀이해 활용한다.

하지만 중세의 금식 기간용 음식을 위한 속임수 상자를 파헤치면
더 많은 것이 나온다. 육고기를 물고기로 선언할 수도 있고, 육고기를

눈에 안 보이게 감출 수도 있다. 또 예컨대 완벽하게 그 형태를 위장해 진짜 노루구이처럼 보이도록 모방해 만들어내기도 한다. '포도주 관리자' 부분에 따르면 이 작업은 대략 다음과 같이 진행된다. 무화과와 포도알을 좋은 포도주에 넣어 절인 다음 다진다. 여기에 밀가루, 소금, 허브 몇 가지를 섞어 반죽한다. 젖은 손으로 반죽을 꼬치 하나에 돌돌 말아준 다음 불에 올려 익히면 가짜 구이가 탄생한다. 이 '구이'를 이제 조심스레 잘라 접시에 보기 좋게 담아낸다. 그 위에 아몬드, 아니면 기호에 따라 설탕이나 싱싱한 생강을 뿌려준 다음, 버터까지 녹여 끼얹는다. 물론 버터를 끼얹는 일은 로마로부터 이른바 '버터 편지'를 한 통 받은 지역에서만 가능하다. 지리적인 이유로 식용유가 너무 부족한 지역에 한해 금식 기간 중 버터 사용을 허락하는 편지다.

이 가짜 야생 짐승 구이는 입에 들어가면 사르르 녹는다. 달콤, 새콤, 쌉쌀한 맛이 동시에 입 안으로 퍼진다. 어떤 음식에 양념을 더해 원래의 맛을 모르게 만드는 것은 여전히 널리 행해지는 일이었다. 살림살이가 넉넉한 집일수록 더 이국적인, 말하자면 더 비싼 향신료가 많았다. 손님을 초대한 주인장은 그런 식으로 자신의 부를 과시했다. 손님은 무화과, 생강, 후추, 정향이 들어간 향신료 덩어리를 헐떡거리고 신음을 토해가며 한 입 맛보고는 눈물을 훔치며 그 찌르는 듯한 매운맛을 이렇게 찬미한다.

"고기 맛이 납니다그려. 주인장은 복 받으셔야 합니다. 아멘!"

17. 보르시

1584년 폴란드-리투아니아

새콤하고, 달콤하고, 짭짤하면서 살짝 매콤함. 이 음식의 맛은 그래
야 한다. 흙 맛도 좀 난다. 여기에 마지막으로 진한 생크림과 소회향을
얹어주면 싱그러움이 뚜렷해진다. 채소와 고기를 다닥다닥 붙을 정도
로 냄비 안에 넣는다. 식재료를 가득 넣은 냄비가 끓을 때 그 안에 조
리용 숟가락을 넣으면 옆으로 넘어지지 않고 위로 삐죽 서 있을 정도
가 되어야 한다.

보르시(borschtsch)는 다양한 얼굴을 지닌 음식이다. 레시피가 수
없이 많지만 '이것'이라 할 결정적인 레시피는 또 없다. 그저 할머니가
하시던 대로 조리할 뿐이다. 할머니도 할머니의 할머니 방식을 따랐
다. 어떤 보르시든 그건 각 가정에 전해내려온 상속 자산이기도 하다.

보르시가 끓는 냄비 속의 식재료에는 여러 세대의 역사, 생활공간과 수많은 운명이 담겨 있다. 이 음식이 풍기는 낯익은 향기는 그 기억 속으로 들어가는 문을 열어준다. 우크라이나 남서부에서는 결혼식 후에 사흘째 되는 날을 '도 네비스트키 나 보르시(do nevistky na borshch)'라고 부른다. 대략 '며느리가 보르시 먹으러 오는 날' 정도의 뜻이다. 인생은 스튜(때로는 수프이기도 하다)로 시작하고 스튜로 끝난다. 장례를 치른 뒤 조문객에게 이 스튜를 내놓기도 한다. 보르시는 슬라브 국가 대다수가 끓여 먹는 음식이지만 우크라이나는 이 보르시와 특별한 관계를 유지하고 있는데, 이에 대해서는 곧 살펴볼 것이다. 우크라이나에서 쓰는 대표적인 식재료는 (물론 만화경의 그림이 바뀌듯 늘 다양하게 섞이고 가공될 수 있지만) 어쨌든 육수, 비트, 당근, 양배추, 양파, 감자, 돼지고기 등이다. 지역에 따라서는 돼지고기 대신 소고기나 닭고기를 쓰기도 한다.

보르시는 분명 우크라이나에서 유래했을 것이다. 독일 상인 마르틴 그루네베크(Martin Gruneweg)는 이미 1584년에 당시 폴란드-리투아니아 공화국 영토였던 키이우를 다녀오면서 일기를 썼는데, 루테니아 사람들(Ruthenian, 우크라이나 사람을 가리키는 단어로, 19세기 말까지 사용됨 - 역자 주)은 모두가 자기만의 보르시를 만들어 먹고, 거의 그것만 먹고 사는 것 같다고 기록했다. 처음에는 어수리(미나리과 식물)도 기본 식재료로 사용했다. 아주 무성하게 잘 자라는 이 식물의 줄기와 잎을 일주일 정도 발효시킨 다음 그 발효액을 조리할 때 사용한다. 톡 쏘는 듯한 신맛이 나고 코를 찌르는 냄새를 풍긴다. 이 음식이 가진 기본적인 시큼한 맛은 중세, 다시 말해 중세 동유럽에 존재했던 키예프 루스 공국 시대까지 거슬러 올라간다. 다들 그 시절을 보르시의 진짜 출발점이라고 추측한다. 12세기의 자료에서 키예프 루스의 어수리를 언급하고 있다. 비트는 오늘날 보르시를 연상시키는 대표적 식재료이지만, 한참 뒤에야 이탈리아에서 동쪽으로 유입된 것이 알려졌다. 하지만 비트 덕분에 녹색 수프가 이제 붉은빛을 띠게 되었다. 그래봤자 여전히 흙과 초원에서 난 식재료가 들어간 간단한 음식이었다.

　시큼한 맛이 감도는 이 수프를 동유럽 사람은 너 나 가릴 것 없이 수백 년 동안 온갖 다양한 모습으로 바꾸어가며 끓여 먹었다. 그러다 소비에트 연방이 들어섰다. 슬라브권 부엌이 유럽에서 흘러오는 여러 유행에 희석되지 않도록, 그럼으로써 음식과 관련한 자기 전통을 지키게 해준 것은 적어도 오랜 공산 독재 시절이 안겨준 장점이 아니냐는 목소리가 다소 있다. 또 어떤 이들은 소련이 각자의 개성을 마치 구멍 하나 없는 유리공에 가둔 듯 질식하게 만든 탓에 70년 동안 우리 음식은 다 잿빛에 한 가지 모양이 되고 말았으며 소비에트 방식의 통일성은 모든 야생적이고 속박받지 않은 맛을 억눌러버렸다고 보기도 한다. 소련이 무너지자 연방의 일원이던 나라들이 독립해 자기 정체성을 찾아 나서기 시작했다. 보르시는 보편재이면서 동시에 하나하나가 제 나름의 독자적 모양새를 지닌 자기만의 것이기도 했다. 모든 사람이 보르시로 자기 정체성을 확인했던 것이다. 연방 해체(1991년 12월) 30년 뒤 보르시가 우크라이나-러시아 간의 의미 없는 전쟁 한복판에서 넘쳐흐르는 것은 어쩌면 자기가 누구인지를 뚜렷하게 알려주는 측면이 이 음식에 담겨 있기 때문인지도 모르겠다.

2019년 러시아 외무장관은 보르시가 러시아 민족의 국민음식이라고, 민족음식의 상징이라고 공개적으로 주장했다. 우크라이나는 이 말에 황당해하며 분노로 반응했다. 그들은 이 말을 우크라이나가 독자적 국가임을 인정조차 하지 않으려는 이웃 국가 러시아에 의한 또 다른 점령 행위라고 느꼈다. 하필이면 보르시를, 정서적으로 고향, 가족, 어린 시절과 질긴 인연을 맺고 있는 이 보르시를 자기 것이라며 내놓으라고 하는 짓은 많은 이들의 눈에 그저 악의로만 보였다. 우크라이나의 요리사 예우헨 클로포텐코(Jewhen Klopotenko)는 "보르시는 그저 그런 하나의 음식이 아니라 우리 우크라이나 사람을 우크라이나 사람으로 만들어주는, 마치 우리의 언어와 같은 그 무엇"이라고 말했다. 또 "그들은 우크라이나 사람에게서 많은 것을 빼앗아갔다. 하지만 우리의 보르시는 차지하지 못한다"라고도 말했다.[12] 클로포텐코는 비정부기구(NGO)를 하나 설립했다. 우크라이나 문화 연구소인데, 오로지 보르시에 모든 걸 다 거는 기구이다. 그는 마스터클래스, 페스티벌, 그리고 보르시의 날을 기획하고, 심지어 보르시 이모티콘까지 만들려고 한다. 이 음식이 소통의 기호로 변신하여 직접 우리의 디지털 언어 속으로 들어오게 하려는 것이다. 이 스튜는 결국 시민 저항의 수단이 된다. 클로포텐코는 훨씬 더 큰 행동을 실천에 옮기는 주도자이기도 하다. 우크라이나는 유네스코에 보르시를 우크라이나의 세계 무형문화유산으로 인정해달라는 신청서를 제출했다.

2022년 2월이 되었다. 러시아가 우크라이나를 침공했다. 온 나라가 전쟁터다. 4월에는 러시아 외무부 대변인 마리야 자하로바(Marija Sacharowa)가 카메라가 돌아가는 가운데 기괴한 모습을 연출했다. 우크라이나인이 보르시를 공유하지 않으려고 러시아 요리책을 금지했다고 주장한 것이다.

"그런 문제에 대해 우리는 늘 이야기하고 있습니다. 외국인에 대한 적의, 나치주의, 모든 형태의 극단주의에 대해서 말입니다."

이것이 그녀가 내뱉은 놀라운 결론이었다.[13] 이제 음식은 선전선동의 수단이 되었다. 자하로바의 기괴한 논리에 따른다면, 완강한 우크라이나 사람들이 자기네 국민음식을 고수하기 때문에 러시아가 우크라이나에 국제적으로 침략이라고 판결 난 전쟁을 벌인 셈이다.

전쟁에서는 상징이 관건이다. 2022년 7월 유네스코가 한 가지 결정을 내렸다. 우크라이나의 보르시를 세계 무형문화유산으로 선언한 것이다. 더 나아가 우크라이나의 보르시 조리 문화를 긴급 보호가 필요한 문화유산 목록에도 올렸다. 그것도 신속 처리 절차를 통해서 말이다. 전쟁이 터지고 나서 이 문화를 보유한 사람들이 자기 공동체와 문화 환경에서 쫓겨날 위험에 처해 있음을 유네스코가 이런 식으로 알리려 했기 때문이다. 더 나아가 "환경 및 전통 농업경제가 무너지면, 이 공동체는 보르시를 만드는 데에 꼭 필요한 채소 등의 지역 농산물

을 얻을 수 없게 되기 때문"이라는 점도 언급했다.[14]

"우리 음식을 지켜내면 우리 정체성도 지켜냅니다."

요리사 클로포텐코의 말이다.

"보르시는 우리의 정체성입니다."[15]

보르시가 전쟁을 결판낼 수는 없다. 하지만 보르시를 차지하기 위한 전투에서는 적어도 우크라이나가 이겼다.

18. 백조 구이

1650년경 유럽

유럽 어느 궁전 안의 바로크식 정원. 꽃밭은 기하학적으로 배열되어 있고, 가장자리는 반짝이는 붉은빛이다. 백마 네 마리가 끄는 수레가 여러 개의 분수가 있는 샘 사이로 떠다니듯 오간다. 분수는 건물 높이까지 물을 허공으로 쏘아댄다. 이 모든 장면이 멈추더니 한순간에 얼어붙어버렸다. 꽃밭도, 말도, 샘도, 꽃도 촛불 속에서 비현실적으로 반짝거린다. 여기에 있는 모든 것은 설탕으로 만들어졌다.

벌써 그다음 잔칫상이 손님 앞으로 나온다. 화려하게 꾸며진 음식이 상에 오른다. 날짐승인데, 머리와 날개에 깃털까지 온전히 달려 있다. 이들도 움직이지 않고 뻣뻣한데, 설탕으로 만들지는 않았다. 맨 먼저 뿔닭이 한 마리 나오는데, 점이 박힌 날개에 금박을 입혀 장식했다.

이 뿔닭은 밀가루 반죽으로 만든 바구니에 앉아 있고, 그 옆에는 공작 한 마리가 놓여 있다. 부리와 눈구멍에는 금을 끼웠었고, 날개와 화려한 색으로 반짝이는 꼬리날개가 위로 일어서 있다. 그다음으로 참석자의 열광적인 환호 속에 눈처럼 흰 백조 한 마리가 등장했다. 백조의 날개도 위로 들려져 있었고, 부리는 금빛으로 빛난다. 백조의 휘어진 기다란 목 주위에는 값비싼 목걸이들이 감겨 있다.

백조는 먼저 깃털과 함께 껍질을 다 벗겨낸다. 그다음 살코기는 통으로 구워낸다. 이렇게 먹을 수 있는 상태로 만든 다음 다시 백조에게 모든 바깥 껍질을 덮어씌워 원래 상태로 합체한다. 이때 목과 날개의 형태를 유지하기 위해서, 예컨대 1719년에 간행된《신 잘츠부르크 요리서(Neues Salzburgische Kochbuch)》에 묘사되어 있다시피, 철사를 사용한다. 여기에 더해 속에 뭔가를 채워 넣고 반죽으로 겉을 싼 주머니 같은 음식이 몇 가지 나올 수 있는데, 그 속에서는 살아 있는 새가 날갯짓하며 나오기도 하고 개가 튀어나오기도 한다. 손님이 하는 유머에 따라 키 작은 인간이 튀어나오기도 한다. 이런 것들은 이미 고대에도 있었다.

유럽 바로크 시대의 특징은 이러한 극적인 풍성함인데, 당시 궁정에서는 이와 같은 이른바 '쇼 음식'을 즐겨 먹었다. 이는 중세가 남긴 유산으로, 대개는 코스 음식의 중간에 제공되었다. 이것은 신속하고 효과적인 배경 전환을 중요시하는 요즘의 극장과 비슷하다. 식탁은 무대가 되고, 상 위에 오른 쟁반은 눈을 위한 음식이 되는 것이다.

"쇼 음식이란 무엇이더냐 / 인간의 손으로 만들고 / 보기에 사랑스러우며 먹을 수도 있는 음식이라. 이런 음식은 먼저 보는 이의 눈을 / 그다음으로는 입을 즐겁게 해주며 / 손님이 이미 다른 음식으로 배부르다면 / 대체로 상에 올려놓기만 하더라……"

시인 게오르크 필립 하르스되르퍼(Georg Philipp Harsdörffer, 1607~1658)는 1657년에 발간한 저서 《새로운 작은 요리책(Neues Trenchir-Büchlein)》에서 이렇게 밝힌다.[16] 맛난 음식이라면 아직 배가 고픈 데다 다가오는 식도락의 즐거움에 대한 기대에 젖은 채 식탁에 앉아 있는 바로 그 시점에 먹어야겠지만, 백조 구이는 굳이 그럴 필요가 없다. 그 까닭은 이 위풍당당한 새를 뒤덮고 있는 외피를 벗겨낸 다음 살코기를 자르자마자 분명해진다. 질긴 데다 맛도 별로 대단찮기 때문이다. 설사 작정하고 양념을 하더라도 늙어 지친 몸뚱이 한 조각을 질겅질겅 씹고 있다는 지루한 느낌을 잠재우지는 못한다. 설탕으로 만든 정원과 그 안의 구조물은 나중에 후식으로 먹을까? 특별히 더 세련된 맛이라기보다는 그냥 달콤한 맛일 뿐이지만, 무척이나 공들여 만든 저 예술작품이 혀 위에서 녹는지를 곰곰이 상상하면, 어쩌면 마냥 좋을지도 모르겠다. 하르스되르퍼는 계속해서 '버터 조각상'도 만든다고 서술했는데, 금방 냄새가 나거나 심지어 '슈메르겔른(schmergeln)'(

오래되어 산패한 기름 냄새가 난다는 뜻) 한다는 것 그리고 그 외에도 이 기름 덩어리 조각상이 당연히 아주 빨리 녹아버릴 수 있음을 대놓고 인정했다.

17세기 들어 식탁 의례는 세련된 모습을 띠었다. 동시에 고급스런 식탁 문화를 연출하는 데 필요한 도구도 다양해졌다. 식탁보가 등장했고, 포크와 나이프 따위의 도구가 차례로 사용되었으며, 냅킨도 식탁에 자리를 잡았다. 특히 냅킨은 아주 예술적으로 접어 새, 물고기, 건물 모양을 표현하기도 했다. 한편 식탁보를 물결과 소용돌이꼴로 접어 산지 풍경이나 바다 모습으로 꾸미기도 했다. 이 같은 식탁 풍광(tablescape)용으로 또 다른 값비싼 물건이 동원되었다. 고운 유리잔, 광택 나는 황금 술잔, 접시와 그릇이 식탁 위에서 반들반들 광채를 내뿜었고, 여러 곳에 샘을 만들어 향수 탄 물을 담아놓았으며, 육중한 쟁반이 이 샘 사이에서 위로 솟아 있었다. 상차림이라는 연극에서 쇼 음식이란 화려함을 드러내는 또 다른 소도구로, 말 그대로 쇼를 보는 이들을 깜짝 놀라게 해야 했다. 바로크 시대의 정물화를 보고 그 뛰어난 묘사에 감탄하며 깜박 속아 넘어가듯, 이 쇼 음식에서도 중요한 것은 맛이 아니라, 그 음식을 바라볼 때 그러니까 금칠한 부리, 반짝이는 깃털, 극적으로 펼쳐진 날개 그리고 우아하게 장식된 백조의 기다란 목을 볼 때 그것을 경험할 사람을 압도하는 시각적 체험이다. 다른 '보통의' 음식도 당연히 쇼 음식과 똑같이 매우 정교하게 준비되지만 맛은 그저 그렇다고 생각해야 하는데, 이 시각적 체험이 이런 휘황찬란한 잔치에서 왜 그저 그런 음식 맛을 받아들여야 하는지를 설명해주는 것 같다. 화재의 위험성이 높아서 부엌은 연회장에서 멀리 떨어진 곳에 있으며, 완성된 음식은 여러 거대한 방을 지나서 연회장으로 온다. 부엌에서 연회장으로 이어지는 복도에 보온용 오븐이 갖추어진 성이 여럿 있기는 하지만, 대다수 궁정의 잔치 음식은 일반적으로 기껏해야 미지근할 뿐이다. 손님은 대개 차게 식어버린 음식을 먹어야 한다. 이런 이유에서도 화려한 꾸밈, 여러 거대한 방이 주는 강력한 인상은 잘 만든 요리의 맛보다 더 중요했다.

식용 가능한 재료로 만든 쇼 음식은 1761년 갑작스럽게 종말을 맞이한다. 오스트리아의 마리아 테레지아(Maria Theresia) 황후가 그런 낭비성 관행을 금지했기 때문이다. 하지만 백조, 돼지머리와 공작은 계속 잔칫상에 올랐다. 물론 정교하게 제작된 파양스 도자 제품으로 바뀌어서 말이다. 아울러 놀라울 정도로 진짜처럼 보이는 사보이양배추와 적양배추를 형상화한 그릇도 등장했는데, 사기그릇을 만들 때도 이들의 색상과 정교한 구조의 표면을 부분적으로 모방했다. 또 칠면조와 예쁘게 돌돌 말린 물고기 모양도 식탁에 올랐다. 조각품 같은 이러한 가짜 음식은 속이 빈 그릇으로, 안에는 맛있는 파이나 달콤한 깜짝 먹을거리가 숨겨져 있었다. 이제 두 눈으로만 먹던 시절은 지났다. 바야흐로 맛의 귀환이다.

19. 소스

1651년 프랑스

버터가 모든 걸 바꿔버렸다. 1651년에 세기의 요리책이 나왔다. 《요리사 프랑수아(Le Cuisinier François)》라는 책이었다. 저자는 프랑수아 피에르 드 라 바렌(François Pierre de la Varenne, 1618~1678)으로, 오늘날까지 프랑스에서 가장 중요한 요리사 가운데 한 사람으로 꼽힌다. 그는 당시 유럽 전역에서 일어나고 있던 급격한 '취향 변화'에 주목했다. 이러한 변화를 한마디로 요약하면 '소스'였다. 버터를 잔뜩 넣은, 기름기 많고 걸쭉한 소스 말이다.

당시만 해도 소스는 어떤 의미 있는 역할을 하지 못했다. 소스를 썼다 해도 그 맛은 일반적으로 짭짤하거나 시큼했다. 그 외에도 소스는 걸쭉하지 않고 묽었다. 아무런 질감 없는 물 같았다는 말이다. 이를테면 고대에는 안 그래도 이미 양념 범벅인 거의 모든 음식에 짜디짠 생선소스 같은 것을 몇 방울 떨어뜨려 넣었고, 여기에다 톡 쏠 정도로 쓴 맛의 채소를 곁들였다. 중세에 들어서면서 소스가 제법 걸쭉해지는 예도 있었는데, 소스에 빵 껍질, 견과류, 간 또는 피를 넣어서 그리된 것이다. 그렇지 않다면 소스란 포도주, 식초, 레몬류의 즙 또는 덜 여문 포도 등 시큼하고 묽은 재료로 만들고, 이 모든 것에 다시 향신료를 진하게 더한 것이었다. 이들 소스에는 지방 성분이 들어가지 않았다.

16세기에 미식의 패러다임 전환이 있기 전까지만 해도 향신료를 친 음식은 곧 훌륭한 요리의 전형이었다. 향신료 값이 비싼 것도 그 이유였다. 페르디난드 마젤란 같은 위대한 탐험가는 향신료를 더 빨리 더 많이 손에 넣으려고 자기 목숨을 걸었다. 그런데 이제 그 어디에도 독점이 없는 시대가 되자 생강, 계피, 육두구(너트맥), 온갖 다른 강력한 맛과 향을 풍기는 향신료에 대한 유럽 부자들의 관심이 갑자기 쪼그라들었다.

하지만 소스의 발명은 무엇보다도 버터의 승리였다. 버터를 쉽게 손에 넣을 수 있게 된 것은 대략 14~15세기부터다. 그 무렵 소를 사육하는 일이 점점 더 대중화되었다. 입 속에서 살살 녹는 버터를 사람들이 한번 경험하자, 마치 자글거리며 뜨겁고 기름지게 향기를 내뿜는 용암처럼 버터는 전 유럽으로 퍼져 나갔다. 젖을 생산하는 짐승의 사육이 이제 실제로 또 한 차례 늘어났다. 너 나 없이 누구나 더 많은 버터를 원했기 때문이다. 20세기의 프랑스 역사가로 음식을 깊이 연구

한 장 루이 플랑드랭(J. L. Flandrin, 1931~2001)의 책에는 이런 구절이
있다.

인구, 경제 또는 기술 면에서 그 어떤 변화로 인해 미식혁명이
일어났음을 설명해주는 근거는 보이지 않는다. 미식혁명은 식재료
부족 혹은 과잉 같은 물질적 압박의 차원이 아니라 더 맛있는 것
을 먹겠다는 욕망의 차원에서 나타났던 것이다.[17]

버터는 그냥 맛있다. 이게 전부다. 욕망이라는 양상과 음식에 내재
한 먹는 즐거움이라는 양상이 전면에 등장한 것이다.

앞서 언급한 라 바렌 등 여러 요리사들은 기름기에 대한 늘어난 욕
구에 버터를 버무려 완전히 새로운 소스를 개발했다. 오늘날 선량한
시민이 자기 부엌에서 만들어 먹는 바로 그 소스다. 라 바렌이 비단처
럼 매끄러운 질감의 소스를 만들 때 사용한 마법의 기술은 바로 버터
나 기름에 밀가루를 넣고 갈색이 나도록 볶아 걸쭉하게 만드는 것이
었다. 이를 프랑스에서는 '루(roux)'라고 부른다. 그때까지 아무도 모
르고 있었던 이 걸쭉한 루 덕분에 물 떨어지듯 방울방울 떨어지는 묽
은 소스는 이제 느릿느릿 흐르는 듯한 물성을 갖게 되었다. 베샤멜 소
스가 그 예이다. 만드는 법은 이렇다. 버터를 냄비에 넣고 녹여 끓인

다. 부드럽게 녹은 버터를 잘 저어주면서 밀가루를 뿌려준다. 둘이 엉기면서 되직하고 밝은색의 덩어리가 된다. 여기에 이제 우유를 넣고 계속 휘저어주면 거의 흰색의 소스가 만들어지는데, 묵직하고 걸쭉하며 아주 맛깔스런 향과 맛을 풍긴다. 이 소스는 맛을 더 강하게 하는 게 아니라 소스가 뿌려진 음식의 맛을 떠받쳐준다.

왜냐하면 이것은 맛 변화의 또 다른 일부였기 때문이다. 다시 말해 음식은 더 이상 쌉쌀하고 시큼한 향신료 덩어리여서는 안 되었던 것이다. 이제 유럽의 음식 접시에서는 곱고 부드러우며 싱그러운 향이 감돌았다. 송로버섯, 양송이버섯, 파, 차이브, 샬롯 따위가 크림 같은 소스와 어우러졌다. 게다가 라 바렌은 당시까지만 해도 사람들이 별로 관심을 보이지 않던 채소 레시피를 처음으로 만들었다. 이 새로운 소스를 다룰 때의 관건은 육류와 물고기 자체의 맛을 도드라지게 하면서 맛있어야 한다는 것이었다. 미국에 프랑스 요리를 널리 소개한 미국 요리사 줄리아 차일드(Julia Child, 1912~2004)는 "프랑스 음식의 영광과 훌륭함을 만들어준 것은 소스다. 소스란 뭔가를 감추거나 가면을 씌우는 데에 이용되는 것이 아니다……"라고 썼다.[18] 음식평론가 볼프람 지베크(Wolfram Siebeck, 1928~2016)도 "소스는 감자를 적시는 것이 아니라 고기를 아주 맛있게 하는 데 의미가 있다!"라고 경고했다.[19]

소스를 정확히 규정하기는 쉽지 않지만, 음식의 한 요소로서 곧장 맛의 중심으로 흐르는 액체라 할 수 있다. 다른 모든 요소를 감싸고 도는 버터가 들어간 유동액이다. 음식의 표면에 끼었으면 뜨거운 상태로 반짝이며, 음식 사이사이 빈 공간으로 스며들고, 고기 구이 윗면을 덮어주며, 채소를 푹 적셔준다. 아이들이 음식 접시에서 맨 먼저 숟가락으로 떠먹는 것이며, 맨 마지막에 빵으로 싹 닦아 먹는 것이다. "저 정도면 풍덩 빠져도 되겠네"라는 표현은 머리 처박고 먹을 수 있는 부드럽고 따끈한 소스가 가득 담긴 움푹한 접시를 생각나게 한다. 소스는 음식 중에서 가장 불필요하면서 사람들이 가장 많이 원하는 구성성분이다.

라 바렌의 소스 제조법에는 이른바 다섯 가지 '기본 소스'가 있는데, 이건 모든 요리사가 능숙하게 만들 줄 알아야 한다. 베샤멜, 벨루테, 에스파뇰, 토마토, 올랑데즈 소스가 그것이다. 앞의 세 가지는 버터에 밀가루 볶은 것을 바탕으로 한다. 토마토 소스는 토마토 과육과 토마토 페이스트로 만든 과일 농축물이다. 올랑데즈 소스는 달걀노른자와 버터를 함께 휘저어 만든다. 이 다섯 종류의 소스를 만들 줄 안다면 모든 소스의 모체가 되는 이 부드럽고 매끄러운 액체를 통해 무수한 다른 변형을 조리해낼 수 있다. 거기에서 끊임없이 세련된 새 레시피가 나왔다. 말하자면 프랑스의 어느 아주 엄격한 조리학파를 바탕으로 하여 프랑스의 고전적 요리 기술이 태어난 것이다. 프랑스 요리 기술은 이제 세상에서 없어서는 안 되는 요소가 되었다. 그리하여 라 바렌은 소스만 발명한 게 아니라, 좋은 음식이란 무엇인지도 규정했다.

20. 티타임

1700년경 잉글랜드 왕국

인상적인 어느 멋진 저택. 아마도 사우스햄프턴셔(Southhampton shire)의 어느 곳인 것 같다. 자욱한 안개 속에 부슬비가 내려 길게 뻗은 마찻길을 감싸고 있고, 널따란 잔디밭과 길가에 정확한 크기로 설치된 꽃밭이 촉촉하게 빛을 내뿜는다. 건물 내부를 보니 층고 높은 방들이 한 줄로 늘어서 있고 문은 열려 있다. 값비싼 양탄자는 발걸음 소리를 잡아주고, 여러 진열장 안에서는 크리스털 술병 여러 개가 부드럽게 달그락거린다. 은제 그릇은 오로지 장갑을 끼고서만 만지며, 액자 속에서는 조상들이 웃음기 없는 근엄한 모습으로 방 안을 바라다본다. 저택 안주인이 어느 한 방에 앉아 일에 열중한다. 손님을 위해 차를 내는데, 이 일은 무척 중요하다. 게다가 하인에게 이 일을 맡기기에는 너무 값이 비싸다. 그렇기 때문에 티 캐디(tea caddy), 즉 잎차를 담아두는 전용 보관상자를 여는 단 하나뿐인 열쇠도 안주인이 갖고 있다. 나무로 만든 이 작은 통은 마치 보석함처럼 상감 장식이 되어 있고 반짝반짝 윤이 난다. 그 값비싼 찻잎이 여기에 보관된다.

그 밖에 은 쟁반에 놓인 탕관(湯罐)에서는 막 물이 끓어오르고, 뜨거운 물로 미리 데워둔 찻주전자도 거기에 함께 놓여 있다. 차를 걸러내는 체와 작은 우유 주전자, 설탕통도 있다. 레몬 몇 조각도 작은 유리 접시에 담겨 있다. 안주인이 통을 열고 차를 꺼낸다. 은제 숟가락으로 차를 조심스레 떠서 찻주전자에 넣는다. 한 사람당 한 숟가락 분량의 차를 떠서 주전자에 담고 거기에 다시 한 숟가락을 더한 다음 뜨거운 물을 차에 붓는다. 정신 집중을 한 탓인지 안주인의 얼굴이 잔뜩 긴장해 있다. 이제 온 방이 진지한 의례 분위기에 젖는다. 뜨거운 물방울이 마른 찻잎에 맨 처음 떨어지면서 지지직 소리를 낸다. 차향을 머금은 수증기가 올라온다. 이제 찻잔이 나간다. 중국제 자기로, 꽃과 새가 가느다란 선으로 그려져 있다. 두께도 아주 얇다 보니 맨 먼저 우유를 거기에 따라야만 한다. 끓는 차를 이 깨지기 쉬운 찻잔에 직접 들이부었다가는 찻잔이 그 자리에서 깨져버린다.

.... 66 ....

영국에게 세계를 제패하는 행운이 주어진다면 그것은 곧 애프터눈 티(afternoon tea)와 클럽 체어라는 영국식 안락의자의 세계

제패이기도 할 것이다.[20]

.... 〞 ....

독일 작가 에두아르트 폰 카이절링(Eduard von Keyserling, 1855~1918)
은 한때 이렇게 글에 썼다. 실제로 오후의 차는 신속히 힘을 발휘하여
영국인에게 정체성을 부여했으며, 곧 영국을 대표하는 물건이 되었다.
다른 나라 사람의 시각에서만 그런 게 아니었다. 영국인 스스로 자기
네 라이프 스타일을 이런 의례의 형태로 즐겼다. 그것도 모든 계층의
국민이 두루두루 말이다. 동인도 회사는 이미 1750년경에 차를 대규
모로 수입했다. 19세기 중반에는 차 가격이 엄청나게 떨어져 '노동자
계층'도 감당할 수 있을 정도가 되었다.

이제 차는 엘리트의 음료에서 사회적 평등을 추구하는 오후 간식으
로 발전한다. 이 우아한 '티타임(tea time)'에 곧 제대로 된 먹을거리도
포함하게 된다. 이는 영국 사회에서 여성의 역할이 발전한 것과도 긴
밀하게 연관된다. 포르투갈의 카타리나 드 브라간사 공주는 1662년
에 영국으로 와서 찰스 2세와 혼인한다. 하지만 중요한 것은 그녀가
작은 차 상자를 가지고 왔다는 사실이다. 그리고 모든 일이 이 차와 더
불어 전개되었다. 이때까지만 해도 커피가 독점적인 인기를 누렸지만,
곧 차에 그 자리를 내주고 뒤로 물러났다. 1700년경에는 차가 이미
상류층의 애호 음료가 되었다. 그런데 집안의 안주인은 차를 보관하고
대접하는 일을 자기 집에서만 유일하게 책임지는 존재다. 차도 함께

내놓는 대중적인 커피 가게에 안주인이 앉아 있는 것은 허용되지 않았기 때문이다. 18세기 초에 최초의 찻집이 문을 열었지만, 귀부인들은 뒷문 곁에서 기다릴 뿐, 남자 시종이 매장 안으로 들어가 주인의 음료를 주문한다. 하지만 얼마 안 가 티가든(Tee Garden)이 처음으로 문을 열었다. 찻집 같은 닫힌 공간에 적용되는 엄격한 규칙이 작은 공원 같은 이 시설에는 적용되지 않았다. 여성은 차를 마시려고 이곳에서 서로 만났다. 가정 내 고립이라는 사회적 규범을 벗어나는 엄청난 발전이었다. 세기말 무렵에 이 티가든은 다시 사라진다(이는 영국의 날씨와도 어느 정도 관계가 있다고 상상할 수 있을 것 같다). 하지만 그 무렵, 차와 여성의 '사회화'는 이미 떼려야 뗄 수 없을 정도로 서로 결부되었다. 오후에 자기 집 거실에 앉아 찻잔을 마주하는 것은 일상이었다. 제인 오스틴(Jane Austen, 1775~1817)의 모든 소설에도 이런 모습이 상세하게 묘사되어 있지 않은가! 그리하여 이 뜨거운 음료는 가장 사적인 공간을 결정적인 사회적 상호작용이 일어나는 반(半)공개적인 곳으로 바꿔 놓았다.

오후의 티타임은 다시 한 번 가치의 격상을 경험하는데, 이건 그리 놀라운 일이 아니다. 빅토리아 시대, 그러니까 대략 1840년경부터는 차에 소소한 간식거리도 곁들여 제공되었다(이것 역시 한 여성이 생각해낸 아이디어로, 왕비의 궁정 귀부인인 베드포드 공작 부인이 창안했다). 작은 샌드위치, 스펀지케이크, 잼을 가득 넣은 베이크웰 타르트 그리고 당연히 스콘 또한 이제 세심하게 관리되어온 영국 왕실 의례의 일부가 되었다.

그러다 마침내 오후 다섯 시의 차(five o'clock tea)는 독자적인 식사가 되어 나름의 규범과 관례를 갖추었다. 이리하여 예컨대 티타임 전용 의상인 차 드레스가 생겨났다. 코르셋 없이 입을 수 있는, 편안하게 재단된 가운 같은 옷이다. 영국 여성이 처음으로 집 밖에서 수많은 끈으로 허리를 칭칭 조이지 않고 입은 드레스이다. 오후 다섯 시의 차가 독립적인 식사로 발전함에 따라 이러한 별도의 티타임 복장이 생겨났다.

인류사를 보면 식사에는 늘 의례가 따른다. 이것이 잘 작동하는 것은 인간이 생존하려면 일단 먹어야 하기 때문이기도 하다. 식사는 우리의 실존과 무척 긴밀하게 연결되어 있기에, 이 식사가 늘 반복되는 과정을 가리키는 하나의 의례로 도약하는 것은 그리 큰일이 아니다. 완벽한 케이크 조각과 값비싼 뜨거운 음료의 섬세한 향이 함께하는 '애프터눈 티'에는 이런 탄탄한 결속 관계가 없다. 이 차는 오히려 음식 섭취라는 일상사 너머로 나아갔다. 제공되는 것이 식료품이라기보다는 결국 기호품이기 때문이다. 차 마시는 시간은 원천적으로 절대적인 사치 의례로, 제국으로서 위풍당당함을 갖추고 등장한 한 나라를 위한, 정체성을 부여하는 힘을 지닌 음식인 것이다. 카이절링은 다른 곳에서, 이런 안락은 영국인의 국민 자산이라고 말했다. 그는 영국인이 환경과 관습을 형성할 때 불굴의 완벽성을 동원한다는 사실을 기술하며 그것을 "삶의 균형을 가져다주는 장치"라고 부르는데 이것이 영국인의 일상에서 지나치리만큼 큰 비중을 차지한다고 지적한다.[21] 애프터눈 티, 은제 우유 주전자, 차 담는 통 그리고 안락의자의 그야말로 세계 지배다. 그들은 이 지배를 무엇보다 사적 영역에서 오늘날까지 계속 향유하고 있다. 이렇게 영국인은 국가적 자부심을 확보한 가운데 고요히 사색의 시간을 누린다.

21. 껍질 깐
감자

1770년 프로이센 왕국

비가 그칠 줄 모르고 내린다. 지겨우리만큼 단조롭게 하늘에서 물이 쏟아진다. 습한 여름 내내 들판은 곤죽이 되어 있고 곡식은 넋 나간 듯 진창 속에 쓰러져 있다. 그러다 혹독한 겨울이 들이닥친다. 온통 얼어붙어 사방에서 달그락달그락 얼음 부딪는 소리가 난다. 하얗게 눈 덮인 세상은 봄까지도 이어진다. 다시 그 끔찍한 여름비가 들이닥친다. 씨앗은 눈 녹은 진창 속에서 죽어간다. 그러다 다시 기나긴 겨울이 들이닥치고 다시 한 번 비만 내리는 여름이 찾아온다. 하늘은 흐리멍덩한 잿빛이다. 기상 이변으로 인해 재앙은 3년간 계속됐다. 온 유럽이 비에 흠뻑 젖어버렸다. 서쪽 프랑스에서 동쪽의 우크라이나까지, 또 북쪽의 스칸디나비아에서 남쪽의 스위스에 이르는 유럽 전역에서 농사를 완전히 망쳐버렸다. 똑같은 기상 이변으로 인해 중앙아메리카, 인도 및 아프리카 대부분 지역이 극심한 가뭄에 시달렸다. 수백만 명이 제대로 먹지 못해 굶어죽었다. 전염병이 터졌다. 거리마다 고통과 폭력이 난무했다.

유럽에서 감자가 태어난 건 바로 이 같은 말세의 시나리오가 기습적으로 인간에게 들이닥친 때였다.

그래도 어쨌든 처음부터 살펴보자. 남아메리카로 간 스페인 정복자는 1520년부터 잉카제국 정복에 들어갔다. 유쾌하게 '탐색여행'이라 이름 붙은 초기의 약탈 전쟁에서 이들 스페인 사람은 동심원꼴로 만들어진 거대한 테라스와 마주쳤다. 이 테라스는 부분적으로 높은 산 속으로까지 이어져 있었다. 그 흙 속에는 기묘하게 아름다운, 주먹 크기의 덩어리가 들어 있었다. 모양도 색도 천차만별이었다. 짙은 자줏빛에 골이 진 공 모양, 황금빛 나는 홀쭉한 뿔 모양, 소시지를 연상시키는 짙은 갈색 형상, 분무기로 물을 뿌린 듯 붉은 물방울 같은 반점이 있는, 옹이처럼 생긴 솔방울 모양에, 줄무늬나 반점을 가진 덩어리도 있었다. 잉카 사람은 스페인 사람 눈에 낯설기 짝이 없는 이 식물을 파종하기 전에 그 밭에서 큰 비용을 써가며 의식을 치렀다. 그들은 제의용 그릇을 이 둔탁한 열매 모양으로 빚었다. 감자는 수확 후에 산 높은 곳에 깔아놓는다. 감자는 얼어서 단단한 돌처럼 된다. 잉카 사람은 이렇게 언 감자 덩어리를 발로 다져 물기를 빼낸 뒤 햇볕에 말린다. 이렇게 처리하면 구근은 15년까지 보존된다. 이는 영양 풍부한 식료품이자 여행용 식량으로 무척 적합하다. 놀랍게도 정복자들은 이 미지의 식물 몇 개를 견본으로 챙겨 고향으로 돌아갔다. 감자가 유럽으로 건너간 것이다.

유럽에 온 감자는 우선 이국에서 온 별난 먹을거리로 상류층 식탁에 올랐다. 수십 년에 걸쳐 연구와 재배가 이어졌다. 그러다 어느 시점에 재배하기가 복잡하지 않으며 서늘하고 비가 오는 날씨에 잘 견디는 품종들이 발견되었다. 하지만 이들 초기 품종은 맛이 그리 좋지 않았다. 그때까지만 해도 여전히 주로 호밀과 귀리로 만든 딱딱한 빵과 멀건 죽으로 끼니를 때워 변변한 입맛을 갖추었다고 할 수 없는 일반 대중에게조차도 마찬가지였다. 유럽 최초의 감자는 그렇게 시큼하고 물컹했던 것이다. 그 밖에 이 감자를 먹으면 뭔가가 목구멍을 긁는 것 같은 느낌도 들었다.

문제가 시작된 것은 바로 그때였다. 사람들은 이 감자를 좋아하지 않았지만 긴 안목을 가진 학자와 나라의 우두머리들은 이 구근의 잠재력을 알아보았다. 수확량이 극도로 많을 수 있는 데다 심각한 기상 조건에서도 별문제 없이 재배할 수 있었기 때문이다. 몸에도 좋고 배도 불려주는 데다 값도 쌌다. 어쩌면 근세 최대의 위협 중 하나인 기근을 감자라는 이 작물이 세상에서 몰아내줄지도 몰랐다.

프로이센 사람도 극도의 불신감으로 이 감자를 대했다. 이미 증조부 프리드리히 빌헬름의 지시로 이 식물의 재배가 베를린 궁전 앞 루스트가르텐(Lustgarten, 쾌락의 정원)에서 시작되고 나서 국왕 프리드리히 2세는 이 '타르토펠'[tartoffel, 감자를 가리키는 독어 단어는 카르토펠 (kartoffe)이나, 당시 프로이센 등 일부 지역에서는 타르토펠이라고도 불렀음 - 역자 주]이 얼마나 중요한 역할을 할 수 있을지 진작부터 알고 있었기에, 온갖 저항을 무릅쓰고 백성으로 하여금 이 감자를 좋아하게 만들기로 결심했다. 프리드리히 대제와 그의 '감자 칙령'은 식량 조달이 사회정치적 주제가 될 수 있음을 보여주는 최초의 사례다. 이 점에서 프리드리히 대제는 공동의 이익을 국가의 의무라고 본 계몽 군주다. 그럼에도 불구하고 이 계몽의 감자는 곧 짜증거리가 되었다. 처음에는 프리드리히 대제의 계획이 현실에서 별로 쓸모가 없었기 때문이다. 프로이센 시대의 항해가이자 개혁가인 요아힘 네텔벡(Joachim Nettelbeck, 1738~1824)의 자서전에는 1740년대까지만 해도 감자 확산이라는 사명이 얼마나 험난한 길을 걸어가야 했는지가 잘 그려져 있다.

·················· 66 ··················

커다란 짐마차가 감자를 가득 싣고 장터에 다다르더니 성 내외를 돌며 종을 쳤다. 황제 폐하께옵서 특별한 호의를 베푸시니 정원 있는 이는 누구든 특정 시각까지 시청 앞으로 오라고 두루 알린 것이다. 시의 높은 분들은 사람들이 제 눈으로 한 번도 본 적 없는 이 새로운 과일을 몰려든 군중 앞에 내놓았다. 그러고는 감자를 어떻게 심고 어떻게 경작해야 하는지를 장황하게 일러주었다. (…) 그곳에 모인 양민은 그 대가로 높은 분들이 찬탄해 마지않던 구근을 놀란 눈으로 손에 나눠 받고는, 냄새도 맡아보고, 맛도 보고 핥아도 보았다. (…) 감자를 잘라 그 자리에 있던 개 앞에 던져주기도 했다. 그러자 개는 킁킁거리며 냄새를 맡아보더니 그냥 내버려 두었다. 그곳 군중에게는 그게 곧 감자에 대한 판결이었다.[22]

.... ,, ...

초기의 감자 재배는 그렇게 이리 기우뚱 저리 비틀거리며 진행되었다. 프리드리히 대제는 감자를 완강히 거부하는 신민에게 화를 내며 이렇게 말했다.

"조상이 먹지 않았다는 이유로 감자를 안 먹겠다고 거부하는 백성들의 고집 때문에 감자 재배에 진척이 없다고 들었노라."[23]

감자 칙령은 그런 연유로 나오게 되었다. 칙령은 "백성이 감자 먹기를 거부하기 때문에 배포하는 회람"이라는 제목이 붙은 명령서이자 통지 문건이었다.[24]

프리드리히 대제는 "농부는 자기가 알지 못하는 것은 먹지 않는다"라고 말했는데, 그 말은 어쩌면 좌절감에서 나왔을지도 모른다. 이 말은 오늘날 하나의 속담으로 쓰인다. 동시에 식사는 곧 많은 사람에게 신뢰 그 자체라는 근본 현상을 가리키는 말이기도 하다. 사람들은 낯선 음식을 종종 불신으로 대하는데, 이는 어쩌면 진화와 관련되어 있기 때문일 것이다. 말하자면 이 낯선 구근이 독성 식물일 수 있다는 것이다. 사람들이 낯선 음식을 진정으로 받아들이는 일은 비교적 큰 인간집단이 그 음식을 어떤 형태로든 문화적으로 자기 것을 만들었을 때 비로소 가능해진다. 잉카라는 먼 나라에서 온 알뿌리 모양의 감자도 결국 그런 과정을 거쳐야 했다. 그 촉매가 된 것이 바로 앞에서 언급한, 1770년부터 1772년까지 이어진 참혹한 대기근이었다. 그런 상황에서도 감자 몇 알을 심은 이들은 그나마 유일하게 먹을거리를 수확할 수 있었다. 사람들은 거기에서 큰 인상을 받았고, 그 뒤부터는 독일에서 감자를 재배하라는 호소가 잘 먹혀들었다. 감자를 추가로 수확하게 되자 곳곳에서 기근이 사라졌다. 또 수천 년 동안 먹어오던 단한 가지 음식인, 씹을 것도 없는 묽은 곡물죽으로부터 독일 백성은 벗어날 수 있었다. 기아 위기 직후 백성이 이제 감자를 즐겨 먹으며 특히 빵 한 조각에 버터를 바르고 여기에 껍질을 깐 따뜻한 감자를 곁들여 먹는 방식이 인기라는 보고에 프리드리히 대제는 흡족해했다. 흙 맛이 섞인 살짝 달콤한 맛이 기름진 버터의 부드러운 맛과 잘 어우러졌다. 하지만 1785년에 출간된 친절한 백과사전은 일하는 사람들에게는 저녁에만 감자를 제공할 것을 권한다. 아침과 점심때도 주려면 감자 까는 데 시간을 많이 쏟아야 하기 때문이다. 어디에나 예상치 못한 문제가 있기 마련이다.

22. 피크닉

1790년경 그레이트브리튼-북아일랜드 연합왕국과 프랑스

화창한 봄날이다. 아마 1789년쯤이었으리라. 들판에서는 야생화가 향기를 내뿜고 그 위로 벌 떼가 웽웽거린다. 작은 물레방아가 찰싹거리며 돌아간다. 삐걱거리는 소리와 함께 문이 열리자 젊은 여인 하나가 들어온다. 평범한 농사꾼 복장이지만 걸친 저고리는 그래도 꽤 멋지게 여인의 몸을 감싸고 있다. 프랑스 왕비 마리 앙투아네트다. 그녀는 베르사유 궁전 한복판에 작은 양치기 마을을 만들게 했다. 자그마한 농가 몇 채에 시골풍 정원이 있는 그림 같은 자그마한 마을이다. 왕비는 이곳에서 가장 친한 친구들을 만났다. 자연과 하나가 된, 이른바 더 소박한 삶 속에서 모두 똑같이 목동과 농부 차림새로 나날을 즐겼던 것이다. 모인 이들 모두 문명 비판자인 장 자크 루소(Jean Jacques

Rousseau, 1712~1778)의 책을 읽었다. 루소가 누군가? 현대인이 자연과 너무 동떨어져 있다고 확신한 사람이 아닌가 말이다.

왕비가 그러는 동안, 물론 이런 농부 흉내는 나중에 마리 앙투아네트와 동류의 귀족 무리에게 무척 불리하게 작용하게 되는데, 궁전 저너머에서 살고 있는 진짜 농부는 굶주림에 시달리다 못해 봉기를 준비하고 있었다. 파리에서도 시골에서도 사람들은, 겉 표정과는 달리 속으로 분노하면서, 세상모르는 젊은 왕비의 꿈의 세상인 저 베르사유 궁전 야외에서 우아한 연회가 벌어지며 그 어디에서도 볼 수 없는 음료와 먹을거리가 성내 주방에서 만들어져 상에 오른다고들 원성을 쏟아냈다.

프랑스 혁명이 터지자 많은 귀족이 파리를 빠져나가려 했고, 탈출에 성공한 이들은 대개 영국으로 도망갔다. 그들은 자신들이 즐기던 것도 함께 가지고 갔다. 바로 '피크닉'이다. 당시 피크닉이란 특별한 격식 없이 즐기는, 참가자 각자가 일을 좀 거들기도 하며 성내나 야외에서 벌이는 식사 자리를 일반적으로 가리켰다. 1801년 런던에서는 '피크닉회(Pic Nic Society)'가 결성되었다. 프랑스식이라면 사족을 못쓰는 젊은 영국 남성의 모임인데, 이들은 런던 중심의 토트넘가(街) 곳곳에 모여서 먹고 마시고 놀았으며, 늘 연극 한 편을 공연했다. 각 회원은 음식 한 가지와 작은 포도주 여섯 병을 가지고 왔다. 어떤 음식을 가지고 올지는 뽑기를 통해 정했다. 상쾌한 곳에서의 피크닉, 즉 자연 속에서 바닥에 깔개를 깔고 그 위에 앉아 바구니에 담아 온 음식을 가운데에 펼쳐놓고 함께 먹는 식사는 곧 빅토리아 시대의 영국에서 하나의 유행이 되었다. 귀족만이 아니라 '더 평범한' 노동자 계층도 여기에 환장했다. 누구보다 이들은 스모그로 부옇게 되어버린 런던과 지옥의 아가리 같은 공장에서 벗어나 소박한 음식을 싸들고 푸른 빛깔이 완연한 대자연으로 들어가서 쉬는 날을 즐길 수 있어서 기뻐했다. 그들은 어쩌면 식물 채집통도 하나 들고 가서 장식에 쓸 양치류 이파리를 몇 장 따오려 했을 것이다. 이런 채집은 빅토리아 시대에 나타난 또 다른 기발한 아이디어였다.

피크닉은 인간 역사상 민감한 한 시점을 규정해준다. 그것은 인간이 자연으로부터 크게 소외되었다는 것, 그리고 동시에 그 사실을 완전히 의식하게 된 최초의 순간이었다. 인간은 산업화에, 공장에서 생산된 물건이 물결처럼 밀어닥치는 것에, 또 스모그로 시꺼멓게 더러워진 런던 하늘의 모습에 지쳐버렸다. 그래서 피크닉 가서 자리를 깔고 몸을 누웠다. 땅바닥에, 햇살로 따뜻해진 흙 바로 위에, 풀대가 솟아 있고 개미들이 돌아다니는 땅에 누워 젠체하지도 않고 격식의 굴레에서도 벗어나 음식을 먹었던 것이다.

그런데 하필이면 아무런 잘못도 없는 이 피크닉이 19세기에는 점점 더 거대한 연출의 대상이 되었다. 예를 들면 회화에서 특히 프랑스 인상주의는 야외로 나가 하늘 아래에서 하는 식사가 인기 모티브가 되었다. 거기에는 없는 게 없었다. 하늘거리는 차양 모자에 밝은 색상의 옷을 입은 귀부인도 있고, 군데군데 햇살이 들이비치는 푸른 숲속에 자리 잡고 앉은 사람의 무리도 있으며, 고운 깔개 위에는 다양한 프랑스식 빵과 각양각색의 과일 등 맛나 보이는 음식도 정물화처럼 놓여 있다. 에두아르 마네(Edouard Manet, 1832~1883)의 〈풀밭 위의 점심 식사(Le Déjeuner sur l'herbe)〉는 엄청난 스캔들로 이어졌다. 이 피크닉 그림에는 옷을 다 차려입은 신사 두 명이 앉아 있고, 그 곁에는 홀랑 벗은 귀부인 둘이 숲의 바닥에 앉아 있는 게 아닌가! 버찌와 브리오슈 몇 개가 든 작은 바구니는 옆으로 나동그라져, 그 맛난 것 일부가 바구니 밖으로 굴러 나와 있다. 하지만 아무도 이 성가신 일을 정리하려 하지 않는다. 빅토리아 시대의 발명품인 영국식 피크닉 바구니였다면 이런 사태는 결코 일어나지 않았으리라. 섬세한 의례를 포기하지 않고도 대자연 속에 자리 잡고 앉을 때 유용한 인기 있는 도구가 바로 영국식 피크닉 바구니였다. 바구니 안에는 은제 수저류와 크리스털 잔 그리고 도자기 접시는 물론 소금통과 후추통, 멋진 설탕통까지 모든 게 지나치다 싶을 정도로 가지런히 배열되어 있을 뿐 아니라 바구니 덮개 안쪽에 단단히 고정되어 있었다.

당시 상당한 영향을 미친 《비턴 부인의 살림살이 교본(Mrs. Beeton's Book of Household Management)》(1861년 초간)이라는 요리책에서 저자 비턴 부인은 피크닉을 성공적으로 하려면 무엇을 가지고 가야 하는지 그 목록을 열거했다. 개략적으로 말하면 많은 양의 육류, 구체적으로는 소고기 구이, 갈비, 통닭, 햄, 혓바닥고기, 여러 가지 파이류 그리고 그 외에 송아지 머리고기 삶은 것 등이다. 바닷가재라고 왜 몇 마리 들어가면 안 되겠는가? 여기에 샐러드가 추가되고, 살짝 데친 과일은 병에 밀봉하여 가지고 가면 된다. 싱싱한 과일, 과자류와 케이크, 푸딩도 있다. 차에 곁들일 버터 바른 빵도 당연히 가지고 간다. 차는 이동식 화로에 물을 끓여 우려낸다. 다시 문명이 우리와 함께하는 것이다. 예컨대 이제 연례 경마대회가 벌어지는 애스콧 경마장에서도 때깔 나게 피크닉을 할 수 있게 된 것이다.

프랑스에서도 '피크-니크(pique-nique)'는 벨 에포크 시대(Belle Époque, '아름다운 시절'이라는 뜻으로, 1890~1914년까지 프랑스 제3공화국의 중산층 시민계급이 귀족의 기능을 대신한 안정적 시대 - 역자 주)의 모든 사회계층이 좋아하는 활동으로 발전했다. 일요일이면 시민은 불로뉴 산림공원(Bois de Boulogne)으로 쏟아져 들어와 크게 붐볐다. 말 탄 멋쟁이와 마차 행렬은 공원 내 도로와 오솔길 위를 누볐다. 이때도 부자들은 기발한 아이디어를 절대로 사장시키는 법이 없었다. 말 한 마리가 끄는 멋진 마차를 타조나 낙타로 하여금 끌게 한 것이다. 그 사이사이로 사람들은 풀밭에 자리를 잡고 그런 쇼를 보면서 빵과 치즈에 와인을 곁들여 피크닉을 즐겼다. 이는 꾸밈없는 자연과 계획된 연출의 동시성이자 근대 인간이 지닌 이중성을 생생하게 보여주었다.

23. 통조림 고기

1810년경 프랑스제국

곳곳에서 구경꾼이 몰려들었다. 마치 느릿느릿한 강물이 일렁이듯 관람객이 전시장 이곳저곳으로 몰려다닌다. 머리 한참 위쪽으로 유리 천장이 햇살을 받아 이글이글 타오르는 것 같다. 유리와 쇠를 이용해 궁전처럼 지은 이 건축물은 관람객, 나무, 크리스털 분수대, 조각상 등 모든 것을 뒤덮고 있다. 삐걱거리며 돌아가는 거대한 기계, 품종 개량된 소와 말, 텔레그래프라는 이름을 가진 완전히 새로운 종류의 기계가 있고, 또 다른 스탠드에는 숨도 못 쉴 만큼 팽팽한 침묵 속에서 통조림 하나가 열린다. 그해는 1851년으로 런던은 그야말로 난리가 난 듯한 분위기였다. 새로 지어진 크리스털 궁전에서 만국박람회가 개최되고 있었다. 전시물 중에는 온갖 혁신 제품도 있었지만, 통조림통이 세상의 굶주림을 해결할 진정한 구원자임을 궁극적으로 입증해주는 증거도 제시되었다.

몇 년을 더 거슬러 올라가 보자. 19세기 초 프랑스의 제빵 장인 니콜라 아페르(Nicolas Appert, 1749~1841)가 과일과 채소, 고기를 더 오래 보존하는 방법을 발견했다. 식료품을 병 가장자리까지 채워 넣는다. 병은 마치 샴페인 병처럼 두꺼운 유리로 되어 있다. 아페르는 코르크로 병을 밀봉한 다음 물속에 담가 가열했다. 식료품의 신선도가 그대로 유지되었다. 보존이 된 것이다. 프랑스 해군은 이 밀봉된 병을 테스트했다. 몇 개 깨지기는 했지만, 해군은 비교적 오랜 항해 후에도 먹을 수 있는 음식을 사실상 확보하게 되었다. 나폴레옹 군대가 직면했던 모든 식량 보급 문제가 해결된 듯 보였다.

1810년 프랑스 정부는 감사의 표시로 아페르에게 선택권을 주었다. 병조림에 대해 발명특허 신청을 해도 좋고 이 성과를 공개해 상금을 받을 수도 있다고 했다. 아페르는 후자를 선택했고, 곧이어 영국인은 그의 방법을 이용해 기쁜 마음으로 곧장 식료품의 장기 보존 처리에 들어갔다. 그들이 사용한 것은 철판에 아연 도금을 한 함석이었다. 덕분에 유리병처럼 쉽게 깨지지 않았다. 아페르도 캔으로 방향을 틀어 자기 공장을 설립했다. 그가 만든 통조림 하나가 만든 지 40년 만에 런던 만국박람회에서 수많은 관람객이 지켜보는 가운데 마침내 열렸다.

이 통조림은 여러 면에서 타임캡슐이었다. 이 통조림을 가득 채운 아페르는 10년 전에 사망해 이미 저세상 사람이었던 것이다. 하지만 통조림 속은 마치 시간이 멈춘 것 같았다. 내용물은 어제 만들어 넣은 듯 아직도 싱싱했다. 시간이라는 가장 큰 문제를 인류가 해결한 것이다. 이제 인류는 더 이상 계절에도, 그 계절에 수확할 수 있는 산물에도 구애받을 필요가 없었으며, 공급 경로가 굳이 짧아야 할 이유도 없었다. 또 소를 한 마리 잡는다면 여러 해 동안 그 고기를 먹을 수 있었다. 물론 인간은 벌써부터 양식을 저장해놓고 먹기는 했지만, 앞으로 통조림식 보존법으로 모든 식료품의 신선도를 유지할 수 있었다. 그것도 지금까지는 상상도 못 하는 엄청난 양을 말이다.

통조림에 든 음식은 정복자와 탐험가에게 날개를 달아주었다. 이제 먹을 것을 확보한 이는 정복 전쟁에 나선 군대만이 아니었다. 인간은 이제 배낭에 통조림을 싸 넣고는 미지의 땅으로 점점 더 깊이 들어갈 수도 있었다. 예컨대 1845년에 존 프랭클린 경(Sir John Franklin)이 이끄는 야심 찬 북극 탐험대가 원정에 나섰는데, 이들이 계획한 탐험 기간은 무려 3년이었다. 탐험대를 실은 배가 영국 항구를 떠날 때 실제로 선상에는 이 기나긴 시간 동안 먹을 저장용 식량이 실려 있었다. 통조림으로 된 신선한 고기 7,105kg와 거의 5,000kg에 달하는 감자 및 채소 통조림도 있었다. 그러나 아페르 통조림이 관람객의 환호 속에 개봉되고 얼마 지나지 않아 탐험에 나선 129명 모두가 사망했다는 비극적인 사태가 사실로 확인되었다. 그 원인의 하나로 납중독이 꼽힌다. 당시 통조림을 밀봉할 때 납땜을 했던 것이다. 그 뒤에 있었던 조지 워싱턴 드 롱(George Washington De Long, 1844~1881)이 이끈 북극 탐험에서도 통조림에 든 토마토를 먹다가 작은 납 알갱이를 씹었다는 보고가 있었다. 하지만 그들은 아무것도 모른 채, 총 맞은 토마토라며 우스개를 주고받았다. 물론 그건 사실이 아니었지만, 그 대신 통은 늘 총검으로 땄다. 그렇게 하지 않고서는 두툼한 통을 딸 도리가 없었다. 아직 통조림 따개가 발명되기 전이었다. 망치와 끌을 사용하기도 했다. 많은 가정에서는 음식 만드는 부인네가 납땜 된 곳을 흔히 인두로 지져 녹이기도 했다. 이런 어려움과 치명적 역습에도 불구하고 보존용 통조림의 승리 행렬은 이제 막을 수 없었다. 20세기로 넘어갈 무렵 통조림은 이미 대량생산에 들어갔다.

1962년 앤디 워홀은 식품회사 캠벨이 생산한 통조림 32개를 그렸다. 구매 가능한 수프 통조림을 종류마다 하나씩 그림으로 그려낸 것이다. 이를 도무지 이해하지 못하는 대중을 위해 그는 자신의 통조림 그림을 마치 슈퍼마켓 진열대의 상품처럼 서가 위에 일렬로 세워 전시했다. 통조림 음식이 오래전에 소비사회의 상품이 되었음을 표현한 것이다. 이제 완제품 음식도 통조림에 담겨 나왔다. 통조림은 빨리 딸 수만 있으면 되고(그사이 통조림 따개도 개발되었다) 그 안에 든 내용물은 쉽게 데울 수만 있으면 그만이었다. 인간의 일과가 수천 년 동안 거의 전적으로 양식을 마련하고 음식을 차리는 일 중심으로 돌아갔다면, 이제 현대인은 자기 시간의 아주 일부만 거기에 쓰면 되었다. 그리하여 시간은 절약했지만, 맛의 다양성은 희생되고 말았다. 통조림 수프는 종류가 서른두 가지나 되지만 그 음식은 공장에서 물건 만들듯 조리해 통에 담은 것으로, 각 통조림의 맛은 다 거기서 거기였다. 그 결과 영양 섭취가 통일되어버렸다. 워홀은 자신이 날마다 똑같은 점심을 먹었다고 말했다. 통조림 수프를, 그것도 한 20년은 먹었다는 것이다. 그는 이런 획일성을 예술의 원리로 내세웠지만, 그것은 동시에 산업화 시대의 획일화된 맛에 대한 비판이기도 했다. 양철통 안에는 언제나 똑같은 분량이 밀봉되어 있다. 그 어떤 빛이나 공기도 통의 가장 깊숙한 안쪽으로 들어가지 못한다. 그러다 따개로 따기 시작하면 살짝 피식 하는 소리와 함께 마침내 통조림 뚜껑이 열린다. 강력한 냄새가, 거의 불쾌함을 안기는 응축된 냄새가 새어 나온다. 익히지 않은 통조림 음식에서는 서서히 끓어오르는 수프 같은 매혹적인 냄새가 나지 않는다. 뭉근하게 익어가며 기름이 좌르르 감도는 고기의 향취 같은 것도 전혀 풍기지 않는다. 그저 딱딱하게 굳어버린 듯한 향신료 풍미만 허공으로 번질 뿐이다. 통조림 음식은 데울 때만 비로소 직접 조리한 음식이라는 느낌이 든다.

요즘 고급 음식점에서는 보존 처리를 직접 한다. 이런 경우 공장 통조림이라 하지 않고 직접 병입 내지 직접 보존 처리라고 말한다. 맛과 향이 강한 제품을 부드러운 육수에 재운 통조림이다. 그리하여 제철이 서로 다른 과일과 채소를 조합함으로써, 있을 수 없는 맛이 나는 역설적 음식이 생겨난다. 예를 들면 쌉쌀한 겨울 양배추와 여름의 상큼함을 간직한 딸기가 서로 만나는 것이다. 그리고 갑자기 이 통조림에 낭

만이 감돈다. 도시 외곽의 돼기밭과 자급자족의 꿈이 그것인데 요즘처럼 힘겨운 시대에 희망을 가져다준다. 통조림은 처음에는 승승장구하며 인간을 세상 속으로 밀어 넣었지만, 이제는 그 세상으로부터 인간의 전면 철수를 가능케 한다. 독일연방 안전방재처는 비상시에 대비하여 열흘 치의 식량을 늘 비축해두라고 조언한다. 통조림으로의 도피다.

24. 수제 초밥(니기리 스시)

1830년경 일본

고개를 잠깐 끄덕이더니 남자 둘이 숨을 크게 들이마시고는 거대한 참치를 위로 번쩍 들어 올린다. 두 사람은 밧줄 여러 개로 참치를 기둥에 묶어놓았다. 옷자락에 걸려 군중 속으로 엎어지는 사태가 일어나지 않도록 하늘거리는 기모노를 움켜쥔 채 두 남자가 다가오자 이 바다짐승은 요동을 치며 두 사람의 몸에 부딪힌다. 머리 위로 큰 바구니가 매달려 흔들거린다. 거기에는 도미와 전복이 가득 들어 있다. 문어 발은 아래로 축 처져서 마치 구슬 꿴 발의 늘어진 끈 같다. 갑자기 수도 없이 많은 작은 종에서 날카로운 종소리가 울려 어부의 웅성거림과 상인의 외침을 뒤덮어버린다. 아침 여섯 시, 이렇게 하루가 시작된다. 어시장 건너편, 당시 세상에서 가장 거대한 도시 중 하나로 꼽히던

에도의 거리도 잠에서 깨어난다. 오늘날의 도쿄다.

사무라이 왕조인 도쿠가와 막부가 1603년 권력을 장악하자 얼마 안 가 섬나라 일본의 기나긴 혼란의 시대가 막을 내린다. 동시에 참으로 이상한 결정이 내려진다. 온 세계가 변화를 겪고 있으며, 새로운 땅을 개척하고, 거대한 해상 교역로를 열어가는 이 시점에 일본은 바깥세상에 완전히 문을 닫아버리기로 한 것이다. 이후 200년 넘도록 그어떤 외국인도 일본 땅을 밟지 못했고, 일본 사람 그 누구도 바다 건너다른 나라로 갈 수 없었다. 몇 안 되는 장사꾼과의 유일한 접촉은 나가사키항 앞에 흙을 쏟아부어 만든 인공 섬에서만 이루어졌다. 그곳 말고는 보호막 속에 머물기를 일본은 고집했다.

이렇게 지속적으로 외부의 영향으로부터 차단된 나라는 어떻게 발전했을까? 스스로 만든 폐쇄 사회는 실제로 예상을 뛰어넘는 에너지를 내뿜었다. 특히 미식의 측면에서 볼 때 에도 시대(1603~1868)는 오늘날까지도 일본 문화의 개화기로 통한다. 같은 시기의 중유럽 농민은 아직도 그 지긋지긋한 멀건 곡물죽을 먹었지만, 벼농사를 짓던 에도의 농부는 보드라운 장국에 메밀국수를 적셔 먹었고, 장어구이에 달콤한 '가바야키 소스'를 발라 먹었으며, 고소한 향을 풍기는 덴푸라, 즉 생선튀김이랑 채소튀김을 즐겼다. 육고기를 먹는 것은 불교 국가인 일본에서는 금지되어 있었다. 그 밖에도 외세의 영향이 없었던 이 완전한 독자적 통치 시기에 생겨난 음식이 또 하나 있었으니, 당시 세상 그 어디서도 볼 수 없고 먹을 수 없었을 독특한 음식, 바로 '스시'였다.

일본에는 애당초 발효를 시키는 특별한 방법이 하나 있었다. 이미 6세기에 일본은 생선을 소금에 절여 이를 밥과 함께 싸서 항아리 속에 저장했다. 수백 년 뒤 밥은 쌀 식초로 대체되었다. 이 쌀 식초를 생선과 함께 나무 틀 안에 넣어 눌렀던 것이다. 이렇게 만든 초기 초밥은 에도 시대에 이미 인기를 끌었다. 주로 길거리에서 이 초밥을 팔았다. 미니어처 집처럼 나무로 작은 가판대를 만들어 거기서 초밥을 판 것이다. 가판대는 없는 곳이 없었다. 길 가장자리에도, 네거리에도, 많은 이가 찾는 목욕탕 앞에도 있었다. 그것도 수천 개나. 밤이면 물결치는 사람들 무리에 둘러싸여 가판대의 종이 등롱이 반짝였다. 가판대에서는 서서 초밥을 먹었다. 한 입 거리 초밥을 커다란 공용 접시에 담긴 간장에 찍어 입에 넣었다. 먹고 나서는 곧 가판대에 걸어둔 부드러운 수건으로 손을 닦았다. 그래서 이 수건에 때가 가장 많이 묻어 있는 가판대가 인기 있는 집이었다.

그러다 에도 시대가 끝날 무렵 스시는 다시 한번 그 형태를 바꾼다. 쇄국을 시작한 지 대략 200년쯤 지난 뒤인 1830년경 요헤이라는 이름의 초밥 장인이 '니기리 스시(握り寿司)'를 개발한 것이다. 유리 덮개 보호막을 덮어쓴 에도의 결정체 같았다. 밥에 식초와 설탕을 넣어 손으로 조물조물하여 타원형의 작은 덩어리로 만들었다. 말하자면 밥을 말아 쥔 손 내부가 잘 찍힌 형상이다. 이 밥덩이 위쪽에 와사비를 얇게 바른다. 그리고 그 위에 아주 매끈하게 잘라낸 생선이나 해산물을 한 층 올린다. 처음에는 절이거나 익힌 생선을 올렸지만 나중에는 날생

선을 그대로 썼다. 일본 문화는 채식을 주로 했기에, 기름진 맛과 진한 육향에 대해서는 어느 정도 거부감이 고착되어 있었다. 따라서 에도의 음식은 정갈한 맛을 요구했다. 또 음식에 들어간 모든 식재료의 맛을 느낄 수 있어야 했다. 그런 이유로 니기리 스시에도 양념은 거의 하지 않았다. 마치 미니멀리스트풍의 아름다움을 지닌 반짝이는 보배 같은 이 한 입 거리 스시는 처음에는 에도 전역으로 퍼지더니 점차 전 일본으로 확산되었다.

인쇄 문화의 활황도 요리 기술이 일본 내에서 신속하고도 정확하게 전파되는 데 분명 크게 이바지했다. 예를 들면 누구나 다 아는 채색목판화도 에도 시대의 인쇄술 발달로 생겨났다. 그림 속에는 물 흐르듯 아래로 늘어지는 화려한 색상의 기모노를 입은 무사와 여인네가 등장하고, 후지산은 향기로운 벚꽃에 둘러싸여 있으며, 눈 덮인 마을도, 미닫이문을 경이로운 정원 쪽으로 활짝 열어젖힌 다실 모습도 보인다. 또 에도 시대의 우키요에 화가 가쓰시카 호쿠사이(葛飾北齋, 1760~1849)의 저 유명한 (니기리 스시와 같은 시기에 제작된) 대표작 〈가나가와 해변의 높은 파도 아래〉도 있다. 이 목판화를 보면 파도의 뾰족한 끝이 거친 물결을 벗어나 마치 새처럼 날아가는 것 같다. 바로 이 호쿠사이가《에도 류코 료리쑤 타이젠》, 즉 '에도의 미식가를 위한 우아한 음식 편람'(江戸流行 料理通大全, 한글 표현은 원저자의 독일어판을 옮긴 것이다. - 역자 주)이라는 요리책도 썼다. 물고기 한 마리가 책 한쪽 너머로 미끄러지듯 헤엄치고, 야생 버섯은 종이에서 무성하게 자라나는 듯

하며, 무의 풍성한 이파리는 책 주름 저편의 글자를 붙잡기라도 하려는 듯 죽 뻗어 있다. 이쯤 되면 요리책은 종합 예술작품이다.

스시 제조법은 계속 전승되다가, 일본이 1853년 강제로 개항했을 때 마침내 온 세상 속으로 퍼져 나갔다. 그런데 갈수록 더 높은 완성도를 추구한 탓인지 오늘날까지도 스시는 그 정점에 이르지 못한 상황이다(이 모든 것은 음식을 금방 차려 내는 식당에서 덜거덕거리며 움직이는 작은 컨베이어벨트 위에 올라 손님에게 제공되는 패스트푸드 스시와는 아무런 관계가 없다). 스시 장인을 키워내는 교육과정을 보면 가부장제의 엄정함이 잘 드러난다.

스시 도제는 첫해에는 마치 가구인 듯 말없이 움직이지도 않은 채 한쪽 구석에 가급적 장인에게서 멀리 떨어져 앉아서 구경만 한다. 그렇게 여러 해를 보낸 뒤 도제는 이제 장인의 자리 가까이로 아주 조금 자기 자리를 옮긴다. 관찰의 단계가 지나면 칼 가는 기간이 몇 해 이어진다. 장인은 칼을 열 자루 갖고 있는데, 그를 거드는 보조 요리사에게는 어쨌든 세 자루의 칼로 일하는 것이 허용되어 있다. 언젠가 도제가 처음으로 쌀을 손에 쥐어도 되는 위대한 날이 온다. 그는 이제 쌀을 씻으면서 온전하지 않은 낟알을 전부 골라낸다. 이런 유쾌한 속도로 교육은 계속된다. 그러다 15년쯤 지나서야 장인이 되려고 배우는 이는 제법 먹을 만한 스시를 만들 수 있다. 현재 가장 유명한 스시 장인 지로 오노(小野 二郞, 1925~)는 언젠가 "자기가 하는 일과 사랑에 빠져야 한다"라고 말했다. 타협을 모르는 이러한 완벽주의는, 깊은 잠에 빠져

세상과 단절되어 있던 숲속의 미녀처럼 여타 세계로부터 오랫동안 고립되어 자기만의 문화를 꽃피운 일본이 만들어낸 가장 창의적인 유산이다.

25. 피시앤드칩스

1860년경 그레이트브리튼-북아일랜드 연합왕국

부글부글 끓고 사방으로 튄다. 기름 솥 여러 곳에서 기름이 끓는다. 뜨거운 기름거품이 솟구치면서 좁은 주방의 허공 속으로 기름이 튀어 오른다. 기다리는 이의 머리카락과 옷에 이 기름이 내려앉는다. 자그마한 가게는 영국의 한 타운하우스 밀집지역에 자리해 있다. 좁은 길은 사방으로 길게 뻗어 있고, 퍼레이드라도 하듯 늘어선 붉은 벽돌집이 그 거리를 에워싸고 있다. 볼품없는 계산대 뒤에서 연필처럼 길쭉하게 썬 감자가 끓는 기름 속으로 떨어지면 기름 솥은 곧장 반갑다는 듯 지지직거리며 반응한다. 그다음은 생선인데, 육질 단단하고 흰 해덕 대구(schellfisch, 영어: haddock)나 대서양 대구(kabeljau, 영어: cod) 같은 것을 쓴다. 얇게 저며 납작한 접시에 담아둔 생선은 우유, 달걀,

밀가루를 섞은 묽은 반죽에 넣어 능숙한 손놀림으로 한 번 굴린 다음 끓는 기름 속에 넣는다. 뜨거운 생선튀김 향내가 비에 젖은 저 바깥 길거리까지 멀리멀리 퍼진다. 많은 사람이 거기서 차례를 기다리며 서 있다. 금요일 저녁이다. 이곳 사람들은 남녀노소를 가리지 않고 가족과 함께 수십 년 수백 년 동안 '생선 먹는 금요일(Fish Friday)'마다 이들 가게 앞에 서 있다. 몇 실링에 전통적인 포장음식(takeaway)을 받아가기 위해서다.

재바른 손이 못 쓰는 신문지 한 장을 펼친 다음 뜨겁게 튀겨낸 생선과 칩스를 아주 자연스럽게 그 위에 수북이 담아낸다. 거기에 소금을 뿌리고, 감자에는 엿기름 식초(맥주를 발효시켜 만들며, 보통의 식초보다 더 달콤하고 부드럽다. - 역자 주)를 마치 시큼한 향수 뿌리듯 후루룩 뿌려준다. 영국에서는 "Todays headline, tomorrow's fish and chips wrapping(오늘의 헤드라인은 내일의 피시앤드칩스 포장지)"라는 말이 있다. 그렇다. 신문의 기사 제목은 사라진다. 종이에 인쇄된 검은 잉크가 기름기에 분해되어 글자가 서로 뒤엉겨 사라진다. 대신 황금빛 튀김옷 여기저기에 검은 흔적이 남는다. 신문지 포장은 1990년에 건강상의 이유로 금지되었다. 하지만 그 옛날의 그리움에 빠진 이는 오늘날까지 피시앤드칩스(fish and chips)는 신문지로 포장해야 가장 맛나다고 주장한다. 영국인의 마음에 깊이 뿌리박고 있는 이러한 감성은 영국의 평범한 가정의 식탁에서 볼 수 있는, 시끌벅적한 기사가 인쇄된 선정적 신문사의 신문지 위에 펼쳐진, 검정 잉크 묻은 이 음식에 맞추어져 있다. 음식과 추억, 그리움과 정체성, 바로 이것들이 이 소박한 음식과 그 역사에서 큰 역할을 하는 대표적 개념이다.

더 많고 더 빠른 교역로, 보존음식의 발명 그리고 산업화도 당연히 뒤따르면서 이제 식료품은 비교적 긴 수송기간 동안 냉장 상태로 보존하는 것이 가능해졌다. 19세기 후반에 이르러 인간은 제철음식과 로컬푸드에 점점 덜 의존하게 되었다. 먹을 수 있는 식료품의 범위가 넓어졌고, 이는 덜 부유한 사람에게도 마찬가지였다. 이런 새로운 다양성 덕에 한 문화나 특정 지역 주민을 상징하는 음식도 메뉴에 오를 수 있었다. 시간이 흐르면서 이들 음식이 다시 그 부분 문화를 위해 대량으로 생산되었다. 피시앤드칩스는 노동자 계층의 음식이었다. 그런데 이 음식이 나라 전체로 급속히 퍼져 나갔다. 영국에서 생선 거래가 번창했고 운송 가능성이 개선되었기 때문이다. 말하자면 국가 차원의 성공의 역사였던 것이다. 어느 정도였는가 하면, 오로지 피시앤드칩스만 만들어 파는 가게가 대략 2만 5천 개소나 되었다. 대개는 가족이 함께 운영하는 소규모 음식점이었다. 이 음식의 맛에 영국 노동자는 몸으로 감응했다. 하지만 이 새로운 음식의 레시피가 탄생한 것은, 수많은 여느 '국민'음식이 그러하듯 문화 교류 덕분이었다. 생선튀김은 포르투갈과 스페인에서 건너온 유대계 이민자가 가져다준 것이고, 가늘고 기다란 감자튀김은 프랑스나 벨기에 사람 덕분이었다. 이 두 가지 음식을 한 접시에 담아낸 사람이 누구인지는 오늘날 밝혀지지 않았다. 하지만 1860년대에 이 음식은 이미 런던의 노동자 거주구역은 물론 잉글랜드 북서부 랭커셔 지역에서도 아주 잘 팔려나갔다. 식초를 넣어 새콤짭짤해진 맛은 냉장생선을 담은 박스와 함께 해안에서 수도 런던으로 밤새도록 달린 철도가 날라다준 대서양의 거친 숨결이었다. 튀김옷은 바다에서 온 생선을 부드럽게 감싸 안았다. 옷을 입혀 튀겨 낸 생선을 한 입 베어 물면 헐렁한 튀김옷 속에 들어 있던 뜨거운 김 이 훅 빠져나온다. 고소한 향과 함께 하얀 생선살이 입 속으로 녹아든 다. 여기에 칩스가 더해지면, 몇 시간이 지난 뒤에도 입술에 감자튀김 의 쌉싸름한 기름 맛이 남아 있다.

물론 영국에는 이미 티타임이라는 국가 차원의 애호 음식이 있었 다. 이 음식은 콧대 높은 한 왕국에게는 정체성을 확인하는 수단이었 다. 한 손에 찻잔을 든 채 그들은 세계에서 가장 확고부동한 민족이라 는 명성을 여러 식민지로 실어 날랐다. 얼마 지나지 않아 가정부조차 도 이 왕실 음료를 감당할 정도가 되기는 했지만, 어쨌든 애프터눈 티 라는 의례는 그런 호사를 누릴 충분한 여유가 있는 상류계층에서 생 겨났다. 먹어도 별로 배부르지 않은 그런 차와 스콘 따위를 먹으려고 자리 잡고 앉을 수 있는 공장 노동자가 얼마나 있었겠는가? 그러나 튀 긴 생선에 바삭바삭한 감자를 곁들인 음식은 제대로 된 맛 좋고 값싼 식사였기에 대번에 저들의 마음을 사로잡았다. 저들이란, 정형화된 의 례와 관행에 젖어 숨결처럼 고운 찻잔을 손에 들고 혓바닥에 살살 녹 는 과자를 곁들여 차를 마시는 귀족에 맞서 어느 날 저항에 나설 사람 들이었다.

그런 까닭에 두 번의 세계대전 동안 영국 정부는 달걀, 설탕, 잼, 육류 등 거의 모든 식료품에 대해 배급제를 시행했지만 피시앤드칩스 공급은 생선 값이 엄청나게 올라가도 절대 중단하지 않았다. 다른 경우라면 아마도 영국 국민의 도덕성이 크게 무너지지 않을까 심각하게 우려했을지 모른다. 이 음식은 전용 공급차량에 실려 피난민이 있는 시골로 운송되었다. 심지어 전쟁 지역에 있는 군대에도 이 애호 음식이 보급되었다. 참호와 전선 사이의 너른 전쟁터 그곳에서 이 피시앤드칩스는 국민에게 정체성을 부여하는 음식으로 신격화되는 일도 일어났다. 목숨을 구해주는 음식이 된 것이다. 단지 배를 불려주기 때문만은 아니었다. 영국군은 이 음식을 타지에서 누가 친구인지를 알려주는 암호로 썼다. 영국군 부대가 먼 곳에서 다른 알지 못하는 부대와 조우하면 곧 "피시(fish)!"라는 말이 황량한 들판 너머로 울려 퍼진다. 잠깐 적막이 흐른다. 겁에 질린 채 귀를 쫑긋 세운다. 그러다 "칩스(chips)"라는 대답이 울리면 다들 안도감에 젖는다.

26. 비스마르크라는
이름이 붙은 여러 음식

1880년경 독일제국

　도시는 어지러울 정도로 빠르게 거대해진다. 신전 같은 상가 건물에는 세상의 온갖 먹을거리가 넘쳐나고 그윽한 커피와 초콜릿 향기가 감돈다. 프로이센 군대의 사기는 하늘을 찌르고, 제국 수립이라는 꿈 같은 이야기는 모든 것을 압도하는 강력한 빛을 내뿜는다. 독일제국이 번영 일로에 들어섰다. 이 시기에 전 독일인의 존경을 한 몸에 받은 찬란한 인물이 있었다. 도드라진 콧수염의 소유자로 풍성한 식사에 무척 집착한 건장한 체구의 제국 총리 오토 폰 비스마르크(Otto Eduard Leopold von Bismarck, 1815~1898)다. 비스마르크 숭배가 정점으로 치닫자, 현대의 영웅 숭배가 흔히 그러하듯, 할 수만 있으면 모든 것에 그의 이름을 갖다 붙였다. 비스마르크 색도 있고, 남태평양에는 비스마르크 군도도 있고, 비누, 전함 그리고 수많은 음식에도 그의 이름을 내걸었다.

물어보지도 않은 채 이 정치가의 이름을 갖다 붙여 품격을 드높인 이들 음식은 비스마르크 자신의 미식 애호와도 어느 정도는 관련이 있을 것이다. 이들 음식은, [헤트비히 하일(Hedwig Heyl)이 1888년에 간행한 저서 《요리의 가나다(ABC der Küche)》에서 언급했다시피, "지방은 몸이라는 기계를 데우는 난방 재료"였기에][25] 19세기 음식에 일반적으로 나타나는 묵직한 식재료의 거리낌 없는 사용과 무척 독일적인 남성성을 지니고 있다. 그 좋은 예로 '비스마르크 오크(Bismarck oak)'가 있다. 본디 이 음식은 롤케이크인데, 겉에 버터크림을 바르고 그 위에 카카오가루를 뿌려 갈색을 낸 다음, 눈속임용으로 작은 네모꼴로 썰어 설탕에 절인 레몬 껍질이나 피스타치오를 박아 넣었다. 그러면 롤케이크는 마치 이끼로 뒤덮인 오돌토돌한 참나무 모양 같았다. 빵집에서는 참나무를 잘라 바닥에 깔아둠으로써 빵 진열대를 장식하기도 했다. 그뿐만 아니라 비스마르크식이라는 뜻의 '알라 비스마르크(alla Bismarck)'라는 것도 있는데, 본디 스테이크나 저민 살코기 구이에 반숙 달걀을 고명으로 얹은 것을 일컫지만, 오늘날엔 오히려 이탈리아 음식에서 흔히 볼 수 있는 조리법이다. 이것보다 더 비싼 음식으로는 '포를 떠 익힌 비스마르크식 넙치(seezungenfilets à la Bismarck)'가 있다. 이 생선살을 돌돌 말아 송로버섯을 뿌린 파르스(farce, 생선살, 빵 부스러기, 달걀흰자, 크림 등을 넣고 비빈 다음 고기 다짐기로 갈아낸 것 - 역자 주)로 속을 채운 음식인데, 여기에 굴, 섭조개, 가재꼬리를 추가한 다음 마지막으로 백포도주와 올랑데즈 소스를 살짝 조합해 이 해산물 요리에 끼얹어준다. 철의 재상을 경배하는 한 무리의 창의적 요리 가운데 집단의 기억에 남은 것은 '비스마르크 청어(Bismarckhering, 청어 초절임)'뿐이다. 이 음식은 전날의 만취 상태를 다음 날 아침이면 싹 없애주는 해장음식으로도 유명하다.

19세기는 연전연승의 통치자와 정치가에게 바치는 이런 미식 찬가가 넘쳐났다. 나폴레옹이 승리한 어느 전쟁에서 이름을 따온 '풀레 마렝고'(poulet marengo, 1800년 6월 14일 나폴레옹이 이탈리아 마렝고 마을 근처에서 오스트리아 군대를 물리친 것을 기념하기 위해 만들어졌다. - 역자 주)가 있는가 하면, 그에게 반격을 가해 워털루에서 승리한 웰링턴에게 헌정된 '필레 웰링턴(filet wellington)'도 있는데, 버터를 듬뿍 넣은 페이스트리 반죽으로 고기를 감싼 음식이다. 비스마르크식이라는 이름이 붙은 다른 창의적인 음식도 그렇지만, 이 두 음식과 관련된 일화도 도무지 종잡을 수 없기는 마찬가지다. 음식과 관련된 일화가 사실인지 전혀 밝혀지지 않은 것이다. 그러므로 이들 음식은 저녁마다 귀족과 시민계급이 식탁에 앉아 프로이센식의 수다스런 대화를 맨 처음 열어갈 때 훌륭한 이야깃거리가 되었다. 예컨대 전해지는 이야기에 따르면, 필레 웰링턴은 워털루 전투에서 이긴 직후 그 현장에서 처음으로 제공되었으며, 패전의 불행 속으로 빠져든 프랑스군이 탄 말의 살코기로 만들었다고 한다. 이 이야기에서 우리는 프로이센 장교 한 명이 기분 좋아하면서 승리의 소고기를 한 접시 더 달라고 요구하는 장면을 충분히 상상할 수 있다.

아이돌급 정치가의 이름을 따서 음식 이름을 짓는 것은 그 사람을 차지하고 심지어 그와 합일하는 행위이기도 하다. 예를 들면 비스마르크식 넙치를 요리해 먹음으로써 사람들은 자기 영웅의 배 높이 정도까지 다가가는 것이다. 비스마르크의 이름을 딴 여러 음식은 1880년경 문자화되어 다수의 요리책에 수록되었고, 이들 요리책은 오로지 궁정의 전문 요리사만이 아니라 예전과는 달리 점차 시민계급도 그 대상으로 삼았다. 이 과도기에 특별히 찬란한 이정표가 된 것이 1858년에 처음 출간된 요한 로텐회퍼(Johann Rottenhöfer, 1806~1872)의 요리책이다. 그는 뮌헨 비텔스바흐궁의 국왕 시종장(Haushofmeister)이었다. 그는 저서《고급 요리 기술 지침(Anweisung in der feinen Kochkunst)》이 궁정 요리사와 시민계급 가정주부를 위한 책이라고 뚜렷이 밝혔다. 하지만 이론적으로 딱딱한 설탕 반죽과 볶은 아몬드를 이용해 개선문을 온전하게 만들 수 있는 방법을 제시한 그의 말도 안 되는 빵 레시피가 뮌헨의 셋집에 사는 이들의 부엌에서도 활용되었을지는 좀 의심스럽다.

앞서 언급한 헤트비히 헤일의 경우 그 정도로 심히 들뜬 모습은 보이지 않았지만, 그녀의 저서에도 만들기 까다롭고 들어가는 재료도 많은 음식이 적잖이 수록되어 있다. 800쪽 넘는 이 책에는 여러 가지 파이, 들짐승 요리, 해산물 그리고 심지어 식용 얼음 만드는 법도 담겨 있다. 환자용 음식까지 고려하여 적포도주 수프, 따뜻하게 데운 코냑우유 그리고 송아지 뇌로 만든 퓌레는 자리보전해야 하는 환자에게 특히 좋다고 쓰여 있다. 그러나 무엇보다도 중요한 점은 레시피 모음 앞에 들어간 서문에서 밝혔듯이 그녀가 시민의 살림살이를 최신 과학 기술의 성과까지 포함하는 까다로운 직업의 하나로 격상시켰다는 것이다. 여기에서 시민계급의 음식은 새로운 자신감을 얻었고, 귀족계급 요리와의 경계도 점차 흐릿해졌다. 그리하여 비스마르크 청어를 아침으로 먹고 치킨 마렝고를 저녁 식사로 먹음으로써 이제 사람들은 전에는 귀족만이 누리던 것을 서서히, 그러나 확고하게 빼앗아왔다.

27. 단식투쟁

1882년 차르 치하 러시아제국

먹을 것과 인간의 관계는 극도로 양가적이다. 우리 몸은 살아남기 위해서 먹고 마시는 일을 하지 않으면 안 되며, 동시에 그 일은 숨쉬기나 심장 박동처럼 저절로 되지도 않는다. 늘 먹을거리를 어떻게든 마련해서 그걸 섭취해야 한다. 이를 인간은 수천 년 넘도록 고통스럽게 반복해왔다. 예컨대 수확을 망쳐버리기도 했고, 전쟁 때문에 식량 공급이 끊기기도 했으며, 너무 가난한 나머지 먹을거리를 사지 못할 때도 있었다. 원치 않은 굶주림을 겪는 이에게 음식이란 공포를 유발하는 귀신이며, 절절한 갈망이자 사악한 운명이다.

동시에 비교적 행복한 이에게 음식이란 향락이며, 육체의 만족이자 열정이다. 음식은 배부름을 가져다주고 몸을 온전하게 만들어준다. 추억을 불러내고 공동체 형성을 부추긴다. 한편으로 죄악과 유혹이기도 하다. 음식을 손에 넣을 수 있으면서도 스스로 그걸 잘 조절한다는 것은 자제력이 있다는 증거다. 여기에서 한 걸음 더 나아가 외부의 강제 없이 자발적으로 굶으면서 온갖 먹을 것으로부터 몸을 완전히 떨어뜨려놓는 것은 몸을 병들게 할 수 있으며 정치적일 수도 있는 좀 과격한 행위다.

"우리는 되돌릴 수 없는 재앙적 기후 위기를 그래도 아직 막을 수 있는 마지막 세대입니다. 그렇기에 우리는 무기한 단식투쟁에 들어갑니다."

2021년 '최후의 세대'(Letzte Generation, 기후 위기에 적극 대응해야 한다고 주장하는 독일의 시민단체로, 전국적 조직을 갖추고 있다. 이 단식투쟁으로 올라프 숄츠 총리와의 공개 대화가 이루어졌다. - 역자 주)라는 한 무리의 사람들은 이렇게 공표했다. 공개적으로 음식을 먹지 않겠다고 선언하는 것, 즉 의도적인 단식은 정치적 투쟁 수단이 된다.

부당한 처우를 세상에 알리고 이를 없애려 한 최초의 단식투쟁이 벌어진 곳은 시베리아의 강제수용소다. 때는 1882년, 다수의 정치범이 참으로 비인간적 조건 속에서 손바닥만 한 감방에 갇혔다. 그래서 그들은 러시아어로 굶주림을 뜻하는 '갈라돕카(golodofka)'에 들어갔다. 차르 시대에 연구를 위해 러시아를 여행한 미국 탐험가 조지 케넌(George Kennan, 1845~1924)은 이 러시아어 개념을 'hunger strike(단식투쟁)'로 번역했고, 단식투쟁이라는 개념이 세상에 알려졌다. 케넌은 단식투쟁 중인 수감자들이 자신의 방문을 희망하여 그들을 방문했다. 러시아 횡단 여행을 하면서 그는 많은 기사와 책을 써서 국제적으로 크게 주목받았는데, 특히 러시아의 강제수용소에 큰 관심을 가졌다. 말하자면 그런 저항이 전혀 쓸데없지는 않았음을 알려준 완벽한 확성기 역할을 했던 것이다. "정부가 수감자를 그리도 무자비하게 다루면서 왜 그들을 그냥 죽게 놔두지 않는지 나는 도무지 이해할 수 없다. 정치적 이유로 수감된 사람들이 그렇게나 자주 단식투쟁이라는 수단을 거머쥐고는 아주 단호한 태도를 보이면 정부는 그들에게 굴복했다. 이것은 러시아 사법체계가 가진 많은 모순 중 하나다. (…) 러시아 정부는 정치범이 자발적 단식으로 죽어가는 것은 원치 않으면서도, 그들이 실리셀부르크 지하 감옥의 석벽 뒤에서 서서히 파멸해가는 것은 일말의 머뭇거림도 없이 그냥 내버려 둔다"라고 캐넌은 자신의 책에 써 내려갔다.[26] 이는 모든 단식투쟁이 건드리는 바로 그 아픈 곳, 즉 아킬레스건이다. 말하자면 자발적 굶주림이란 투쟁 대상인 상대방이 굶주리는 이를 먹여 살릴 책임이 있는 경우에만 유효한 저항이 된다는 것이다.

단식을 바라보는 눈길은 1900년경 급격히 선회했다. 산업화 시대가 되자 여러 혁신 덕분에 전 세계 많은 지역에서 적어도 이론적으로는 굶주림 문제가 해소되었다. 그 이전까지만 해도 굶주림은 일반적으로 신의 형벌 또는 각 개인의 무능으로 해석되었다. 그것이 이제 변한 것이다. 굶주림은 사회적 주제가 되었다. 이제부터 가난한 나라의 굶주림은 인도주의의 문제였다. 그리고 산업화된 나라에서는 식량을 확보해 시민에게 공급하는 것이 이제부터 국가가 해야 할 일이 되었다. 그렇기 때문에 단식투쟁은 일반적으로 굶지 않아도 되는 사람이 사는 나라에서만, 아니면 간디 시대의 인도처럼 부유한 열강의 식민지가 되어버린 나라에서만 유효했다. 먹는 음식은 이제 정치적 수단이 되었다. 음식 섭취를 거부하는 활동가라면 누구든 국가에게는 하나의 딜레마였다. 국가가 시민을 그냥 굶주리게 내버려 둘 수는 없는 노릇이기 때문이다. 코에 줄을 꽂아 강제로 영양분을 주입하는 것은, 대중의 공감은 거의 얻지 못했지만, 이 문제를 해결하는 첫 해법이었다. 이 방법은 1970년대까지 시행되었다. 하지만 잔인하고 비인도적이라는 이유로 이후 금지되었다. 여기에 또 다른 요소가 나타났다. 음식 섭취의 자발적 거부란, 훌륭한 음식을 배터지도록 먹을 수 있고 몇 미터나 되는 긴 상을 가득 채운 맛난 요리 중에서 뭐든 마음껏 골라먹을 수 있으며 최고급 음식점에서 즐겨 시간을 보낼 수 있는 그런 나라에서는, 많은 사람으로부터 믿을 수 없을 정도의 경탄을 얻어내는 수단이었다. 아무것도 먹지 않는 것은 한마디로 순교 행위였다. 또 정치적 순교자는 국가 통치세력에게는 늘 엄청난 골칫거리였다.

그다음으로 20세기 초 영국 여성운동가들이 차르 시대의 러시아 강제수용소 수감자들이 행한 방식을 이용했으며 그것을 공개적으로도 언급했다. 여성 선거권 쟁취를 위해 애를 쓴 활동가들은 투쟁 도중 수시로 체포당했다. 스코틀랜드의 작가이자 미술가 매리언 월리스 던

롭(Marion Wallace Dunlop, 1864~1942)이 그 첫 번째였다. 그녀는 91시간의 단식투쟁 끝에 예정보다 일찍 구금 상태에서 풀려났다. 여성인권운동가의 단식투쟁은 폭발적인 효과를 가져왔다. 이들 여성에 대해 국제적으로 동정과 공감이 일어난 것은 무엇보다도 그들이 당한 강제 영양 주입에 대한 끔찍한 묘사 때문이었다. 차를 마시는 시민계급 여성들이 영국 감옥에서 굶어죽을 수도 있다는 상상은 대중에게 너무나 충격적인 데다 그들이 쟁취한 모든 근대적 휴머니즘 가치와 절대 양립할 수 없어 보였다. 이러한 이유로 정부는 늘 반복적으로 이들 활동가에게 굴복해 풀어주지 않을 수 없었다.

다음으로 음식 섭취를 거부한 이들은 IRA(아일랜드의 무장단체) 단원들이다. 저항치고는 단식이 너무 여성적 형태일 수 있다는 초기의 우려가 나온 뒤에 일어났다. 골수까지 다 빨려버린 듯한 IRA 단원의 고통스런 몸은 처음에는 여성인권운동가와 긴밀하게 연관된 듯 보였다. 하지만 아일랜드 민족주의자들은 곧 자신들만의 방법을 찾아냈다. 금식하는 순교자와 고통받는 육체는 결국 근원적으로 가톨릭의 주제이기도 했던 것이다.

IRA의 성공적 행위를 다시 소환한 것은 인도의 청년 독립운동가 바가트 싱(Bhagat Singh, 1907~1931)과 자틴드라 나트 다스(Jatindra Nath Das, 1904~1929)의 단식투쟁이었다. 정치적 동기로 시작한 단식은 이제 국제적 현상이 되었다. 마하트마 '불편한 이(der Unbequeme)' 간디는 자신의 수많은 단식투쟁을 '진리의 고수'를 뜻하는 사티아그라하(satyagraha)라는 자기 인생관의 일부로 여기고 그걸 실천했다. 그의 사티아그라하에서 중요한 것은 진리 추구와 비폭력이다. 간디의 단식은 다양한 모습을 지녔다. 엄청난 단식 행위와 더불어 그는 평소에도 엄격한 금욕 생활을 했기에 음식을 거의 익히지 않은 채 향신료도 일절 넣지 않고 먹었다. 그렇게 함으로써 간디는 음식이 지닌 유혹적이고 자극적인 측면을 완전히 무시해버렸다. 말하자면 사람을 사로잡는, 그래서 더 많은 이들이 가지려 하는 맛을 차단해버린 것이다. 이와 같은 향락을 거부함으로써 그는 자신을 제어하는 힘을 얻었으며, 이는 분명 정치적 의미도 들어 있었다. 여기서 저항은 진정으로 저항하는 것을 의미한다.

28. 캐비아와
텃밭 채소를 곁들인 안심 스테이크

1883년 파리와 콘스탄티노플

　한밤중이다. 승객은 비단 이불로 온몸을 휘감은 채 푹신푹신한 침대에 누워 있다. 광택제로 가죽을 닦았는지 약과 가죽 냄새가 공기 중에 희미하게 배어 있다. 여러 객실 중 한 곳으로 잠깐 불빛이 떨어진다. 불빛은 벽을 장식한 고블랭 양탄자 위로 깜박이더니 제노바산 벨벳을 씌운 안락의자를 비춘다. 의자에는 길게 쓸린 자국이 있다. 기차를 처음 타보는 승객이 경탄하면서 손으로 벨벳의 보드라운 결과 어긋나는 쪽으로 의자를 쓰다듬은 탓이다. 몇몇 승객은 잠에서 깬 채 침대에 누워 귀를 기울인다. 덜거덕덜거덕, 칙칙 푹푹. 단조로운 기차소리가 들린다. 약하지만 균일하게 선로와 부딪히는 소리도 느낄 수 있다. 오리엔트 특급열차가 첫 운행에 나선 것이다. 파리에서 콘스탄티

노플까지 가는 열차다. 수많은 서유럽 여행객에게 이 열차여행은 오리엔트라는 꿈의 세계로 들어가는 출입구였다(물론 이 경로의 마지막 구간에서는 아직 선로 공사가 끝나지 않아서, 페리도 타고 다른 열차로 환승도 해야 여정이 끝났다).

벨이 울린다. 만찬(diner, 제공되는 음식을 정해진 자리에 앉아서 먹는, 가장 고전적이고 격식 있는 만찬을 gesetzte diner/dinner라 하고, 칵테일파티처럼 제공한 음식을 손님이 이리저리 오가며 먹는 방식을 flying dinner라 함 - 역자 주) 시간이 되었다는 뜻이다. 승객은 아주 편안한 하루를 보냈다. 잘 차린 식사에, 차 마시며 수다도 떨었고, 도서실에서 신문도 읽었으며, 자기 객실로 돌아와 푸근하게 담배도 한 대 피웠다. 그런데 저녁 식사는 하루의 대미를 장식하는 또 다른 정점이다. 식당 칸 천장은 열대지역에서 나는 값비싼 목재로 꾸몄다. 거기에 팔 네 개짜리 가스등이 매달려 있다. 식탁 위에는 두툼한 흰색 천으로 만든 식탁보가 깔려 있고, 그 위에 은제 수저, 금빛 테두리 접시 그리고 크리스털 잔이 놓여 있다. 모든 게 튼튼하고 묵직해서 기차가 갑자기 덜컹거린다 해도 식탁에서 떨어지지 않을 것 같았다. 이 첫 운행에서는 열 가지 음식이 코스로 나왔는데, 그 뒤에도 승객은 미식 체험을 몇 번 더 할 수 있지 않을까 싶어 계속 자리에 앉아 있었다. 오리엔트 특급열차를 운행하는 국제 침대열차 회사(Companie Internationale des Wagons-Lits)는 승객에게 식사를 어떻게 제공해야 하는지에 대해 아주 분명한 규칙을 정해놓았다. 예컨대 전식은 식탁으로 내가기 15분 전에 접시에 담아서는 안 되었다. 음식의 맛난 모습을 잃지 않기 위해서였다. 또 생선 요리는 항상 통째로 상에 올려야 했다. 육류는 커다란 덩어리를 접시에 담아낼 경우 미리 그 덩어리에서 떼어낸 부위도 함께 내야 했다. 그래야 음식이 '비교적 풍성한 모습'을 지니기 때문이란다. 만찬 시간에 웨이터는 푸른색 연미복을 입고 흰 장갑을 껴야 했다. 식사는 사실 세심하게 만들어낸 연출의 일부였다. 승객으로 하여금 선로 위에서의 흔들림에 신경 쓰지 않도록 한 배려였다.

호화롭게 치장하고 대양을 누비는 증기선과 사치스럽게 꾸민 열차에서 볼 수 있듯, 19세기 사람들은 과거 그 어느 때보다도 더 빠를 뿐 아니라 전대미문의 우아한 여행을 했다. 이와 같은 안락한 '사이언스 픽션'을 글로 풀어낸 가장 위대한 작가는 틀림없이 쥘 베른(Jules Verne, 1828~1905)일 것이다. 총 68권의 모험 관련 장단편 소설집 〈놀라운 여행(Voyages Extraordinaires)〉 시리즈는 오리엔트 특급열차처럼 세상이 거대하다는 생각에서 나온 작품이다. 이 시리즈 중 네 번째인 《지구에서 달까지》에서는 신사 세 명과 개 두 마리가 로켓을 타고 달나라로 질주한다. 이 로켓은 마치 편안한 방 같다. 벽은 쿠션을 덧대어 푹신하고, 원형의 방을 빙 둘러가며 소파가 놓여 있고 가스레인지가 있어서 함께 가져간 육수를 데울 수도 있었다. 여기에 더해 달의 낯선 풍광을 보며 즐기라고 최고급 프랑스 와인도 몇 병 실었다. 그러나 가장 미친 짓이라 할 수 있는 것은 바다 밑 2만 리나 되는 곳을 누비는 잠수함 '노틸러스(Nautilus)'인데, 잠수를 하면 마치 영주의 저택

이 물에 잠기는 것 같다. 잠수함 내 식당은 파리 시내 고급 빌라에서나 볼 수 있을 법한 화려한 공간이다. 참나무로 만든 그릇장에다 아름답게 채색된 파양스 식기(fayence, 이탈리아 파엔차식의 채색 도기. 주석이 함유된 유약을 사용해 다양한 색상 구현이 가능하며, 자기보다는 낮은 온도에서 구워내 그보다는 한 등급 아래의 도자기로 인정받는다. - 역자 주), 비단 벽지와 그림으로 장식되어 있고, 식탁에는 고운 도자기 접시와 은제 수저가 놓여 있었다(식사로는 바다거북의 저민 살과 돌고래의 간이 있었고, 주인장은 몸소 작살을 들고 잠수해서 '야생 바다짐승'을 잡았다). 도서관에는 자단나무에 구리판을 덧댄 서가가 있었고, 거기서 네모 선장과 그의 승객들은 주름진 커튼으로 곱게 장식한 파노라마 창을 통해 엄청난 크기의 대왕오징어를 관찰할 수 있었다.

다시 현실로 돌아오자. 그런데 그 현실도 동화 같은 모험 이야기일 수 있겠다. 오리엔트 특급열차에서 나오는 메뉴는 아주 부유한 승객이 이미 유럽 최고의 레스토랑에서 맛보았던 그런 음식이었다. 이 열차에서 음식이란 라이프 스타일의 수준이 어느 정도인지를 보여주는 지표였다. 식탁에는 굴이 올랐고, 푸아그라와 바닷가재가 나왔다. 주요리로 상에 오르는 음식은 텃밭 채소를 곁들인 안심 스테이크였다. 흰 장갑을 낀 웨이터가 부드러운 고기가 담긴 접시를 보여주는데, 고기는 선박 내 주방의 석탄 오븐에 넣어 딱 알맞게 익혀냈다. 여기에 알록달록한 채소가 세트로 나오는데, 길이를 똑같이 맞추어 썬 다음 접시에 예술적으로 담아냈다. 그러면서도 차창 뒤로 손님 곁을 휙 지나가는 낯선 풍경에도 잘 어울리게 음식을 냈다. 첫 운행에서는 오리엔트 특급열차가 특정 나라를 지날 때마다 거기에 맞는 음식을 식탁에 올렸다. 도나우강에서는 철갑상어를, 루마니아에서는 캐비아를, 그리고 열차가 튀르키예에 다다르자 커민 향 풍기는 필라프가 접시에서 모락모락 김을 피워 올렸다. 때로 위험하게 느껴지기도 하는 저 열차 밖의 낯선 것은 이런 식으로 한 입에 들어가는 맛난 음식이 되어 소비되었다. 여행에 나서기 전에 승객은, 오스트리아-헝가리 국경을 넘어가면 열차강도의 습격을 배제할 수 없을 터이니 늘 무기를 지니고 있어야 한다는 말을 들었다. 하지만 거친 동쪽은 멀리 떨어져 있고, 열차는 시속 60마일(대략 96킬로미터)이라는 귀신 같은 속도로 땅 위를 질주했다. 누에고치 같은 우아한 열차 객실에 둘러싸인 채 말이다.

19세기 후반처럼 기술 혁신으로 인한 일상의 변화를 많이 견뎌내야 한 적은 없었다. 여기 이 새롭기 짝이 없는 기차 안에서 멋진 물건과 훌륭한 음식이 가져다주는 안락함은 마음을 진정시키는 전략의 일부처럼 작용한다. 고삐 풀린 기술을 신뢰감 주는 환경으로 가리는 것이다. 그 모든 것에 사람 마음을 진정시키는 마법이 들어가 있다. 장미목과 아름다운 패턴의 다마스크 냅킨을 이용한 마법이다. 마음을 진정시키는 음식을 보면 달을 향해 날아간 우주비행사도 생각난다. 오리엔트 특급열차로부터 100년쯤 지난 뒤 우주비행사는 실제로 우주를 향해 날아갔다. 그들은 수분 빠진 우주 식량이 든 비닐봉지 속에서 닭고기 수프나 다진 고기 소스로 버무린 스파게티 같은 낯익은 음식을 발견하기를 원했다. 그것은 무중력 상태에서 정신력을 지탱해주는 수단이었다.

그러나 오리엔트 특급열차가 주는 안락함과 참된 음식은 비록 오늘날 우리의 시각에서는 순전한 향수에 지나지 않아 보이지만 꼭 그렇지만은 않다. 노틸러스를 보라. 파노라마 창 뒤로 거대한 대왕오징어가 헤엄치고 선내 조개박물관에는 바깥의 저 무시무시한 바다 세계가 예쁘고 해롭지 않게 유리 진열장 속에 들어가 반짝이지 않는가? 그것처럼 오리엔트 특급열차도 정복자의 위업, 문명화된 우아함의 승리, 근대 인간의 압도적 우월성을 표현한다. 잘 알다시피 우리 인간은 사람의 눈을 사로잡는 혁신을 구현했을 뿐 아니라 지나치다 싶을 정도로 온갖 기물을 다 장착한 문명의 결정체를 만들어냈음에도 타이태닉호라는 악몽을 경험한다. 인간의 오만함에서 생겨난 저 거대한 배가, 배에 깔린 푹신한 카펫이 갑자기 빙산에 갈기갈기 찢겨나가면서 장면은 말세라도 도래한 듯 침몰 상황으로 뒤집힌다. 그 직전까지만 해도 사람들은 굴과 푸아그라 요리에, 부드러운 소고기 안심 스테이크를 즐겼는데 말이다.

29. 파스트라미 샌드위치

1900년경 미국

영국 작가 로알드 달(Roald Dahl, 1916~1990)의 단편소설 〈돼지(Pig)〉에는 어린 꼬마가 등장한다. 아이는 뉴욕에서 태어났고 젖먹이일 때 엄마 아빠를 잃었다. 그래서 아빠의 아주머니뻘 되는 아주 별난할머니 한 분이 아이를 자기 집으로 데려가 키운다. 할머니는 블루리지 마운틴 산자락의 작은 오두막에서 혼자 은거하듯 살고 있었다. 철두철미 채식만 하는 할머니는 어린 꼬마에게 고기 맛이 얼마나 역겨운지를 마치 불을 토하듯 이야기해주었다. 아이는 점점 자라 상상력넘치는 탁월한 채식 요리사로 성장했다. 열 살 때 아이는 밤 수플레,옥수수 커틀릿, 민들레 오믈렛 그리고 불타오르는 솔잎케이크를 식탁에 올렸다. 아이가 열일곱 되던 해 할머니가 갑자기 돌아가셨다.

낯선 세상에 혼자 남은 아이는 큰 도시로 떠나지 않을 수 없었다. 그곳 대도시에서 아이는 뭘 좀 먹으려고 맨해튼 지역의 어느 자그마한 식당에 들어갔다. 아이 앞에 나온 음식은 지저분한 부엌에 유일하게 남아 있던, 양배추를 곁들인 돼지고기 구이였다. 음식이 한 입 들어가자마자 아이는 완전히 무장해제 되어버렸다. 지금까지 먹어본 음식 중 최고의 맛이 아닌가! 웨이터는 우리 어린 영웅을 요리사에게로 데려갔다. 조금 전 저 식탁에서 자기가 먹은 게 무엇이냐는 아이의 질문에 요리사는 음흉하게, 그게 아마 돼지고기였을 텐데 고기라는 게 늘 도축장에서 곧장 배달되기 때문에 정확히 무엇이라고 말할 수는 없다고 설을 풀었다. 그러면서 도축장은 누구나 견학할 수 있으니 언제든 방문해보라고 아이에게 일러주었다.

얼마 뒤 아이는 거대한 벽돌건물 마당에 서 있다. 그곳 공기에는 묵직하고도 달콤한 냄새가 깔려 있었다. 돼지 다리에 쇠사슬이 감기고, 지나가는 케이블이 곧 그 짐승을 들어 올리는 광경이 보이더니, 돼지는 이내 아이의 눈에서 사라져버렸다. 그다음 순간 아이의 발목 관절 주위로 쇠사슬이 감기면서 기계가 아이를 번쩍 들어 올렸다. 겁에 질려 소리를 지르는 가운데 아이는 쇠사슬에 묶인 채 컨베이어벨트에 실려 점점 더 위로 올라간다. 드디어 돼지 잡는 사람 앞에 놓였다. 그는 아이에게 다정하게 인사를 건넨 뒤, 아이의 경동맥을 칼로 끊어버린다. 이야기는 끓는 물 가득 든 거대한 솥과 피를 뺀 짐승이 그 솥에 잠기는 모습으로 끝이 난다.

그의 소설을 읽으면 우선 부조리한 참상에 말문이 막히기는 하지만, 거기서 언급하고 있는 몇 가지 항목은 고기 먹는 사회가 (적어도 그 사회가 비판적 논의에 대해 개방적이라면) 늘 되풀이하여 직면하는 것들이다. 먼저 도살장에서 나오는 고기라는 게 도대체 정확히 무엇인가? 그게 꼭 인육이어야 할 필요는 물론 없겠지만, 우리가 슈퍼마켓 냉장고에서 꺼내 드는 그것, 다시 말해 얇은 비닐로 깨끗하게 포장되어 있는 희멀거니 불그스름한 대리석 무늬의 네모꼴 식재료는 시각적으로나 정서적으로나 식용으로 죽임당한 생명과는 분리되어 있다. "무시무시한 것은 죽음이 아니라 그 죽음이 공장 속에서 보이지 않게 되는 것"이라고 베를린 훔볼트대학 문화학과 교수 크리스티안 카숭(Christian Kassung)은 지적했다.[27] 짐승이 고기가 되는 순간이 대다수 우리 눈에 보이지 않는 것이다.

19세기에는 인구가 급격히 증가하면서 육류 소비가 폭발했다. 곳곳에서 거대한 공장이 맨땅에서 솟구쳐 올랐고, 수많은 노동자 무리를 공장 안으로 빨아들였다. 마치 기계에 연료를 넣어주어야 하듯 공장 노동자는 고기를 많이 먹어야 일을 제대로 할 수 있다는 것이 당시의 굳건한 믿음이었다. 말하자면 더 많은 고기, 더 저렴한 고기가 필요했으며, 고기는 더 가공되어 통조림으로, 주사위꼴의 국물내기용 고기로, 농축진액으로 만들어졌다. 조리할 시간이 없는 이를 위해 가능한 한 많은 단백질과 지방이 작은 형태로 압축되어야 했던 것이다. 이것이 가축 대량사육, 도축장의 대형화 및 육가공 산업화의 시작이었다.

이는 맨 먼저 동물 복지에 재앙적 결과를 가져왔다. 따라서 동물보호 운동의 조직화도 이 무렵 이루어졌다. 영국은 이 분야에서 가장 앞서서, 1822년에 이미 최초로 동물보호법, 즉 말과 양 그리고 대형 동물이 학대받지 않도록 보호해주자는 법을 의결했다. 동물 괴롭힘에 맞서겠다는 단체가 이 시기에 점점 더 많이 결성되었다. 산업화된 신세계의 인간이 자기가 먹는 것에 대해 책임도 져야 한다는 성찰의 결과였던 것이다.

그러나 몇몇 공동체에게는 이것이 전혀 새롭지 않은 발상이었다. 예컨대 유대 사회에서는 수천 년 전부터 짐승의 목을 따서 피를 다 빼내는 방식의 전통적 도살 관행이 있었다. 여기에는 위생 측면 외에 해당 짐승에 대한 존중의 뜻도 있었다. 이를 셰히타(Schechita)라고 부른다. 유대 사회에서 짐승을 죽일 때 사용해도 되는 유일한 방법으로, 단 한 번의 칼질로 중단 없이 기도와 식도를 절단하여 짐승의 의식을 즉각 잃게 만드는 도살 방식이다. 칼은 미리 완벽하게 벼려져 있어야 한다. 도살할 수 있는 이를 히브리어로 쇼헤트(schochet)라고 하는데, 랍비에게서 도살과 관련한 모든 규칙을 미리 교육받아 자격을 갖추어야 했다. 그래서 유대인은 수백 년 동안 그런 식으로 짐승을 도살했다. 반면에 다른 이들은 그냥 때려잡거나, 돌로 쳐 죽이거나, 칼로 찔러 죽이거나, 물에 빠뜨려 죽였다. 1900년경에는 예컨대 돼지 같은 짐승은 도살하기 전에 마취를 해야 한다는 법규가 이론적으로는 일찍이 존재했지만, 실제로 늘 그렇게 하지는 않았다. 기계를 이용하면 마취를 통해 즉각적이고도 고통 없는 도살이 가능했고, 더 나아가 대량도살까지 편하게 할 수 있었지만, 그때만 해도 그런 시도는 전혀 성공하지 못했다. 대규모 도살장에서는 여전히 곤봉을 손에 들었다. 그렇다고 도살 담당자 모두가 곤봉을 정말 제대로 잘 다룰 줄 아는 것도 아니었다. (짐승을 가장 빨리 마쳐시킬 수 있는 곳은 신경절이다. 어떻게 하면 존중의 마음으로 짐승을 잡을 수 있느냐는 문제가 늘 이와 관련하여 돌아간다. 현대에는 유대 방식의 도살이 몇몇 예외적인 경우를 제외하면 금지되어 있다. 그 이유는 도살 전 마취를 하지 않기 때문이다. 그러나 1900년경은 기술 상태가 완전히 달랐다.)

다시 뉴욕으로 돌아가보자. 유대인은 세기말의 뉴욕 전체 인구 중 30퍼센트가량이었고, 그곳에 자리 잡은 정육점 절반을 유대인이 운영했다. 맨해튼 남동쪽의 로어 이스트 사이드에는 유대 율법에 부합하는 음식, 즉 코셔(koscher)를 파는 빵가게와 식당과 더불어 유대계 서점이 몰려들었다. 그리고 오늘날까지 남아 있는 가족기업, 예컨대 카츠 델리카테센(Katz's Delicatessen)에는 육류 문화에 대한 의식이 그대로 살아 있다. 코셔란 해당 육류가 무척 많은 검사를 통과해야 한다는 뜻이기도 하다. 그래서 예컨대 파스트라미(pastrami)는 의례에 맞게 도살된 소의 어깨나 가슴 쪽 살코기를 경건한 마음으로 떼어내 저민 것이다. 먼저 고깃덩이를 매운맛과 후추를 친 소금물에 염장한다. 거기에 무척 쌉쌀한 양념, 예컨대 육두구와 정향 따위를 친다. 그런 다음 훈연한다. 얇게 저민 불그스레한 고기는 마치 접시에 올려놓은 정교한 직물 같다. 하지만 비유대계, 예컨대 아득히 멀리 떨어진 베를린 같은 대도시의 가정에서 일요일에 먹는 고전적 스테이크도 대량사육으로 얻어낸 농축 진액을 먹는 것과는 완전히 다른 형태의 육식이다. 이 스테이크는 한 주에 한 번뿐인 휴일에 먹는 음식이기에 신경을 많이 쓰고 공을 들여 만들며, 이를 위해 사람들은 정육점에 가서 특별한 부위를 구입한다.

이처럼 저품질 육류를 소비하는 행위는, 산업화된 도살장이 생겨나던 시기에 이미 상품에 대한 비교적 사려 깊은 태도와는 거리가 멀었다. 그래도 이 상품을 위해 한 생명이 죽임당했다는 것, 이 사실은 변함없다. 동시에 소리 없는 망각 속에 늘 되풀이하여 덮어버린다. 이는 육식 사회가 갖는 영원한 양극성이다.

30. 작은 잔에 든
검은 액체, 커피

1900년경 오스트리아-헝가리 왕국

　오스트리아 빈에서는 커피를 우려내지 않고 끓여냈다. 커피집에서는 원두를 직접 볶았고, 커피 끓이는 사람마다 저마다의 블렌딩 비법을 갖고 있었다. 커피를 마치 검은색 먼지처럼 곱게 간 다음 부글부글 끓는 물에 털어 넣어 끓어오르게 한다. 커피 향이 퍼진다. 뜨거운 커피를 도자기 주전자에 따라 담는다. 자그마한 일인용 흰색 주전자들이 뜨거운 김이 피어오르는 열탕 속으로 들어가 서로 달그락거리더니 마침내 때가 되어 임무에 투입된다. 지배인이 손님에게 다가간다. 막 도착한 손님은 둥근 대리석 탁자 곁에 자리를 잡고 앉는다. 부잣집 집사 같기도 하고 주인 같기도 한 지배인은 손님에게 정중하게 인사를 하더니 사근사근하게 몇 마디 말을 건넨다. 지배인은 풀을 먹여 빳빳한 흰색 셔츠 차림인데, 목에 두른 검정 나비넥타이가 무척 도드라져 보인다. 지배인이 색상판 하나를 내민다. 거기에는 갈색 계열의 온갖 색상이 칠해져 있다. 거의 속이 비칠 정도의 베이지색부터 따뜻한 캐러멜 색조, 그다음으로 다양한 견과류 색을 거쳐 맨 끝에는 끝 모를 깊이의 검은색이 빛을 발한다. 손님이 자기가 원하는 색 하나를 가리키자 지배인은 사라진다. 지배인에게 교육을 받고 있는 견습 웨이터가 김이 모락모락 나는 음료를 가져온다. 커피와 우유의 비율을 손님이 원한 대로 맞춘 밀크커피다. 설탕이 추가로 따라 나온다. 화려한 장식의 은쟁반 위에 도자기 잔이 자랑스레 자리 잡고 있다. 그 옆에는 빈의 맑은 수돗물(1873년에 4년 공사 끝에 준공된 95킬로미터의 수로를 통해 알프스의 고산지대에서 나는 위생적인 식수를 빈 시내까지 공급했다. 이 식수는 당시로서는 빈 시민만 누리는 호사였다. ─ 역자 주)이 담긴 유리잔 하나가 놓여 있다. 이제 손님 혼자다. 바스락거리는 신문지가 다른 손님과 자신의 자유로이 떠다니는 온갖 생각 사이로 끼어들어 벽처럼 막아준다. 그는 신문지 뒤에서 만족스레 생각에 잠긴다.

"커피집에는 혼자 있으려는 이들이 앉아 있지만 그렇게 하는 데에도 동행이 필요하다"라고 칼럼니스트 알프레드 폴가르(Alfred Polgar, 1873~1955)는 말했다.[28] 빈의 커피집은 현대인의 삶이 응축된 곳이었다. 주변의 사람들이 끊임없이 밀집되는 가운데서도 고독과 개성을 추구한다. 커피는 나홀로주의자들의 공동체를 부추겼다. 커피집에서도 뭘 먹기는 했지만 사교적인 큰 연회석에서처럼은 아니었다. 거기에 있는 먹을 것이란 주전부리, 그러니까 간식이다. 이를테면 자그마한 소시지나 유리잔에 담겨 나오는 살짝 익힌 달걀 두 개 정도다. 달걀에 작은 찻숟가락을 쑥 밀어 넣으면 버터처럼 부드러운 노른자가 터져 스르르 흘러나온다. 막대 모양 빵 잘츠슈탕에를(salzstangerl), 길쭉한 빵 베케를(weckerl), 브리오슈(brioche) 또는 버터가 많이 든 뿔 모양의 작은 빵 부터키페를(butterkipferl) 따위를 한 손으로 집어 들고서는, 다른 한 손으로는 다루기 만만찮은 신문철을 거머쥔 채, 부스러기를 흘려가며 먹는 것이다. 19세기 말 무렵의 사람들은 빵집에서는 토르테(torte)와 달콤한 디저트를 미친 듯이 먹어댔고, 커피집에서는 커피가 시간처럼 존재처럼 흘러 다녔다.

커피는 이미 17세기부터 튀르키예에서 오스트리아로 찰랑찰랑 밀려들어 왔다. 아라비아반도에서 커피를 마신 것은 15세기 중반부터였고, 그 직후부터 이미 오스만제국에서도 커피를 마셨다. 그런데 빈의 커피집을 하나의 확립된 제도처럼 만든 요소가 셋 있었고, 이 제도는 저 위대한 세기말 시기에 전성기를 누렸다. 먼저 당구다. 처음에는 거대한 게임탁자 형태였으며, 바닥에 나사로 고정되어 있었다. 공이 구멍 속으로 떨어지면 작은 종이 울려 소리가 났다. 두 번째는 커피였다. 빈은 튀르키예의 아주 진한 모카커피와는 다른 방식으로 커피를 우려냈다. 가라앉는 찌꺼기도 없고 우유와 설탕을 타서 먹었다. 달콤한 부드러움을 머금은 커피에는 뭔가 둥글둥글하고 유쾌한 것이 들어 있었다. 빈 사람에게는 이게 훨씬 더 입맛에 맞았다. 가장 중요한 발상이

자 진정으로 성공적인 레시피는 셋째, 즉 갓 인쇄된 국제적 신문들이었다. 이런 각종 신문이 커피집에 인심 좋게 깔려 있었던 것이다. 신문은 마치 잠에 겨운 종이 고양이처럼 의자, 탁자 그리고 외투걸이 옷장을 차지했다. 손님은 신문을 들여다보며 긴 시간 내내 자리를 뜨지 않는다. 잉크가 묻어 거뭇거뭇해진 손으로 커피 잔을 들고서 입을 다문 채 미동도 없이 저 바깥 어디에선가 일어나고 있는 뉴스와 이야기 속에 푹 빠졌다.

그런데 이런 커피집에서도 갖가지 혁신이 펼쳐졌다. 예컨대 산업디자인의 탄생이 그런 사례다. 토넷(Thonet) 형제는 14번 의자(Stuhl Nr. 14)를 개발했는데, 이 의자는 우아하게 굽은 아치 두 개가 겹쳐져 등받이 역할을 한다. 이런 디자인은 나무를 곡선 형태로 굽히는 새로운 가공 방식 덕분에 가능했다. 식당용 의자의 본보기라 할 수 있는 장식이 풍성한 이 의자는 곧 모든 커피집으로 다 들어갔다. 여섯 부분으로 분해되므로 공간 낭비 없이 다른 곳으로 보내 어디서든 다시 조립할 수 있었다. 대량생산되면서 파리의 식당이나, 빈을 본받아 오스트리아-헝가리 이중 제국 전역에서 생겨난 모든 커피집에도 들어갔다. 이를테면 헝가리의 소도시 어디를 가더라도 토넷 의자와 대리석 탁자로 가득한 빈 스타일의 커피집을 볼 수 있었다. 커피 향 감도는 진열장 같은 커피집으로 들어간다. 어쩌면 금빛 반짝이는 곡선 테두리가 장식된 거대한 로코코 양식 거울을 하나 지날 수도 있다. 마치 다른 세계로 들어가는 것 같다. 그렇게 자리를 잡고선 몇 시간 동안 상상하는 것이다.

나무를 덧댄 외벽 저 너머에서 관광객용의 우아한 쌍두마차가 순환도로를 덜거덕거리며 달린다고 말이다. 찻잔 가장자리가 지평선이 되고, 그 너머에서 우리의 상상은 시작된다.

14번 의자는 풍성하게 차린 음식을 먹을 때보다는 잠깐 앉아 멜랑주(mélange, 여러 가지를 섞은 것이란 뜻으로 오스트리아 커피집에서는 우유가 든 커피를 가리킴 – 역자 주)를 홀짝거릴 때 앉기 위한 용도다. 이 의자는 가볍고 이리저리 옮기기에 좋아 냉큼 손으로 들어 이 탁자에서 저 탁자로 이동할 수 있다. 그러다 보니 커피집 안에서는 늘 뭔가가 왔다 갔다 움직인다. 19세기 빈에서는 상인들이 사업상의 친구나 동업자를 '자신의' 커피집으로 불렀다. 사무실에서 대화를 나누는 것은 오히려 거만한 짓으로 간주되었다. 그러나 무엇보다도 이들 커피집에서 자기만의 세계를 만들고, 토론하고, 싸우고, 관찰한 이가 있었으니 바로 보헤미안이다. 오스트리아 빈의 커피집을 주 활동무대로 삼은 문인은 어디에도 빠지는 법이 없어서, 세기말 대리석판에 위대한 이름을 남겼다. 예를 들면 카를 크라우스(Karl Kraus), 헤르만 바르(Hermann Bahr), 아르투어 슈니츨러(Arthur Schnitzler), 후고 폰 호프만스탈(Hugo von Hofmannsthal), 프란츠 베르펠(Franz Werfel), 요제프 로트(Joseph Roth), 로베르트 무질(Robert Musil), 에곤 프리델(Egon Friedell) 등이다. 작은 잔 속 검은 액체 한 잔은 하루 종일 이곳에서 시간을 보내기 위한 입장권으로 손색이 없었다. 불안한 리듬으로 끊임없이 열리는 출입문, 이리저리 오가는 손님, 대화, 낯선 이와 낯익은 이의 오고 감, "지배인"하고 부르는 소리 등은 흔히 볼 수 있는 그들 문학의 도드라진 점이었다.

작가 페터 알텐베르크(Peter Altenberg, 1859~1919)는 자기 명함에 집주소를 빈 1구역에 있는 호화로운 '카페 첸트랄(Café Central)'이라고 적었다. 그는 얼핏 스쳐 지나가는 영상 같은 이런 배경을 전보(電報)투 문체로 묘사했다.

<hr />

66

그라모폰 전축판. 독일 그라모폰 주식회사. C2-42 531. 슈베르트의 〈송어(die Forelle)〉.

음악으로 실현된 자그마한 지층수, 바위와 가문비나무 사이에서 수정처럼 맑게 중얼거리다. 송어, 매력적인 야수, 밝은 잿빛, 붉은 반점이 박혀 있고, 숨어서 먹잇감 오기를 기다리며 서 있고, 물 흐르듯 헤엄치고, 갑자기 툭 튀어나오고, 아래로 위로 사라지다. 우아한 살해욕![29]

99

<hr />

그리고 그렇게 자기가 앉았던 작은 의자에서 어느 순간 힘겹게 몸을 일으킨다. 지배인에게 작별 인사를 건넨다. 출구에는 돈 받는 여직원(커피숍의 유일한 여성인 여직원을 두는 것은 1840년까지 빈 커피숍의 전통이었으며, 여성 손님이 커피숍에 드나든 것은 1856년부터였다. - 역자 주)이 있다. 달

그락거리는 창구에 홀로 앉아 손님이 그냥 나가는 걸 막는다. 작은 잔에 든 검은 액체의 값으로 치른 몇 푼 안 되는 동전을 여직원은 꼼꼼히 헤아린다. 그런 다음에야 손님은 휘청거리며 세상 속으로 뛰어든다. 하지만 얼마 지나지 않아 저녁이 되면 다시 그곳을 찾아온다.

31. 루타바가 잼

1917년 독일제국

제1차 세계대전. 20세기 들어 처음 겪은 참혹한 대혼란이다. 1917년 이라는 해는 독일인의 눈앞에 대립적 모습으로 펼쳐졌다. 그 이상 더 격렬한 대립은 없을 것 같았다. 그들은 한편으로는 완전히 새로운 종류의 전쟁, 그러니까 최신 군사 기술 중에서도 무엇보다 통신 기술을 활용한 미래의 전쟁에 빠져 있었다. 사령관은 전화로 명령을 내렸다. 그는 전선에서 멀리 떨어진 곳에 앉아 지도를 내려다보면서 명령을 내리기도 하고 온갖 가용 채널을 통해 정보를 받기도 했다. 그런 정보는 군용 전화기나 무선통신 또는 전보를 통해 전달되었다. 전화기에는 "통신보안! 적이 감청한다!"라는 문구를 적어두어 통신 감청의 위험성을 끊임없이 상기시켰다. 이 위험성은 파악하기가 어렵고, 그래서 그

만큼 더 무시무시했다. 사람들은 최초로 현대적 미디어 전쟁의 한복판에 있었던 것이다.

다른 한편으로 1917년이라는 해는 완전히 다른 측면도 보여주었다. 말하자면 인간은 인류세가 시작된 이래 늘 그랬다시피, 식량이 충분하지 않으면 존재할 수 없으며, 이 식량은 생각보다 더 빨리 없어질 수 있었다. 예를 들면 잘못된 결정, 악천후 또는 난마처럼 얽힌 혼란스런 행정 따위로 인해 그렇게 될 수 있었다. 그러면 한순간에 새로운 차원을 맞닥뜨리게 된다. 그런 건 산업화를 통해 사실 극복한 줄 알았는데, 그렇지 못했던 것이다.

그 결과, 독일제국은 변변한 식량도 저장해두지 못한 채 헛된 희망에 사로잡혀 비틀비틀 지옥의 전쟁 속으로 빠져들었다. 전쟁이 터지기 전까지만 해도 독일은 러시아에서 보리를 들여와 넉넉할 정도로 많은 돼지를 키웠다. 그런데 러시아가 전쟁 발발과 함께 적국이 되어버렸다. 돼지에게 먹일 사료는 얼마 지나지 않아 동나버렸고, 다른 비축 사료도 점차 줄어들었다. 그리하여 제국 통계청은 계산상 돼지 500만 마리를 잡아 살코기를 통조림으로 저장하는 것이 더 좋으리라 예측했다(통계청의 이런 수치에는 농부의 일부 거짓된 진술도 반영되었다. 자기 감자를 조국에 바쳐야 할지도 모른다는 두려움 때문에 감자 재고량을 더 줄여서 진술했던 것이다). 그런데 이게 웬일인가! 쇠붙이란 쇠붙이는 몽땅 군수산업에 써야 했기 때문에 통조림에 쓸 쇠붙이로는 질 나쁜 재료밖에 없었던 것이다. 그 결과 통조림에 든 고기 대부분을 못 먹게 되었다. 이미 대량도살이 이루어진 탓에 새로 잡은 싱싱한 육류가 희귀해졌다.

그다음으로는 감자밭에 뿌려주어야 할 퇴비가 없었다. 그렇지 않아도 칠레에서 수입하던 감자는 영국의 해상 봉쇄로 인해 더는 들여올 수 없었다. 1916년 가을에는 비마저 그칠 줄 모르고 내렸다. 그나마 밭에 있는 얼마 안 되는 감자조차 땅이 젖은 탓에 썩어버렸다. 이런 잇따른 불행의 대미를 장식한 것은 완전히 작동불능 상태에 빠져버린 행정 체계였다. 제국이 동맹국과 피점령국에서 확보한 얼마 남지 않은 저장용 식량이 나라 전체가 아니라 일부 지역에만 국지적으로 배분된 것이다.

마침내 고향에 남은 생산물이라고는, 재배하기에 까다롭지 않고 독일 전 지역에서 자라나서 누구나 가질 수 있는 단 하나뿐이었다. 그 농산물은 열량이 많지 않지만 비타민이 풍부했다. 돼지 사료로 쓰던 작물인데, 조리를 하면 고약한 냄새가 났으며 맛은 써서 역겨움을 불러일으킬 때도 있었다. 누구도 그걸 먹으려 하지 않았다. 하지만 이제 그것만이 굶어 죽는 것을 막아주는 먹을거리가 되고 말았으니, 그게 바로 순무처럼 생긴 루타바가(steckrüben, 영어: rutabaga)다. 출발점은 이렇듯 그리 보잘것없었지만 그 덕분에 오히려 엄청난 아이디어가 터져나왔다. 수많은 요리책이 그걸 증명했다. 냄새 고약한 루타바가 말고 달리 먹을 게 없다면 하다못해 다양한 조리법이라도 끝없이 생각해내는 것이 인간이다. 이따금 이렇게 결핍이 촉매가 되어 어처구니없는 다양성이 생겨나기도 한다.

1916년 늦가을쯤 각 도시마다 나붙은 정부 측 포스터에는 다음과 같이 쓰여 있었다.

> 루타바가를 제대로 다루는 방법이 도시 주민 사이에서 일단 자리 잡고 나면, 지금까지 이 채소에 대해 갖고 있던 불신은 점차 사라질 것입니다.

이 글 뒤에는 감자 수확 실패에 대한 설명이 몇 줄 이어졌다. 운명의 역설이라고나 할까. 150년 전에는 아무도 독일 땅에 감자를 심으려 하지 않더니, 기근이 닥치자 갑자기 주민의 생각이 뒤바뀌었다. 그런데 이제는 감자만 먹으려 할 뿐 루타바가는 거들떠보지도 않는 판에 다시 굶주려야 하는 상황이 들이닥쳤다. 이제 다음과 같은 말이 다시금 나돌았다.

> 따라서 이 루타바가는 안 먹고 놔두면 크게 상해서 맛이 없어지는데, 이걸 이제 국민음식으로 활용할 필요가 있습니다. 봄철 동안 이걸 먹으려면 말리거나 자우어크라우트처럼 만들어 보존성을 높여 저장해야 합니다.

그리고 마지막에 다음과 같은 희망 섞인 호소가 뒤따랐다.

훌륭한 우리 독일 주부는 이번에도 가만히 보고만 있지 않을 것 입니다.

자, 이제 어떻게 되었을까? 시큼한 자우어크라우트(sauerkraut)와 말린 채소 말고도 사람들은 이 채소로 수프, 샐러드, 채소튀김, 경단, 아우플라우프(auflauf, 대개 납작하게 썬 감자나 파스타면 위에 치즈를 얹어 오븐에 구워낸 음식 - 역자 주)까지, 심지어 사탕을 만들기도 했다. 아니면 루타바가를 무르도록 푹 삶은 다음 여기에 자우어크라우트를 곁들이기도 했는데, 이 자우어크라우트라는 게 다름 아니라 루타바가를 강판에 갈아 꽤 오랫동안 초절임해둔 음식이다. 우와! 로컬푸드 한 가지로 서로 다른 질감의 두 가지 음식을 만들어 접시 하나에 담아냈으니 이거 야말로 채식 중의 채식이 아닌가! 아이들은 간식 시간에 빵 대신 루타바가를 아작아작 씹어 먹었다. 아침에는 루타바가 수프, 점심때는 루타바가 스테이크, 그리고 저녁 식사는 루타바가 케이크였다. 실제로 이 루타바가를 얇게 저며 오븐으로 말린 다음 커피분쇄기에 넣어 갈기도 했다. 어이쿠, 그러면 벌써 커피가 되었다. 그런데 갈아서 커피로 마시는 게 아니라 직접 파이프에 넣어 담배처럼 피우기도 했다.

루타바가를 오븐에 익히고, 냄비에 삶고, 모카커피 주전자에 끓이는 동안 사람들은 루타바가 4파운드, 오렌지 세 개 그리고 구할 수만 있다면 레몬도 한 개 마련해 분쇄기에 넣어 간 다음, 이 반죽에 설탕과 물을 섞어 졸였다. 그러면 잼이 되었다. 이 레시피를 만든 이름 모를 이는 "이 잼에 과일즙을 넣으면 더 훌륭한 잼이 된다"라고 조언하기도 했다. 이로써 그는 루타바가의 어쩌면 가장 훌륭한 면모를 건드렸는지도 모른다. 왜냐하면 이 알뿌리꼴의 루타바가는 끓여서 저장하면 거의 모든 풍미를 지닐 수 있기 때문이다. 예컨대 루타바가에 사과를 조금 넣어 끓이면 오히려 많은 양의 압펠무스(apfelmus, 사과를 으깨 끓여서 죽처럼 만든 음식. 잼보다는 묽은 상태 - 역자 주)가 된다. 여기에 셀러리나 당근을 넣어 끓이면 셀러리 요리나 당근 요리에 물을 좀 더 넣은 듯한 음식 비슷해진다. 루타바가라는 보잘것없는 채소가 다른 채소 조리법을 흉내 냄으로써 기적이 일어난 셈이다. 그런데도 '루타바가로 연명하던 그해 겨울'은 수백만 독일 사람에게 심리적 충격이었다. 30년도 채 지나지 않아 똑같은 탄내 비슷한 무 냄새가 포탄 맞은 집의 마루판자 사이로 퍼져 나오면서 다시 그 트라우마가 의식의 표면으로 올라온 것이다. 이처럼 음식은 고통스러운 기억이기도 하다.

32. 슈탐에센

1920년경 바이마르 공화국

> (이 건물은) 1922년부터 대학교 구내식당으로 쓰였습니다. 당시에는 분명 필요성에 충분히 부응했지만, 오늘날 이 구내식당은 독일에서 가장 오래 묵은 최악의 식당이라고 해도 과언이 아닐 정도입니다.

1959년 독일 내무부에 제출된 청원서는 이런 문장으로 시작했다. 괴팅겐의 게오르크-아우구스트대학 학생회는 자기 학교 구내식당의 비참한 상태를 이렇게 아주 명징한 말로 표현한 것이다. 그사이 학생

수가 2,700명으로 늘어났는데도 구내식당의 좌석 수는 350석 정도
에 불과하다고 학생회는 지적했다.

> 66

허기진 학생들은 배식구에서부터 건물 앞까지 길게 줄을 서서
기다려야 합니다. (…) 그리고 지하실에서 날마다, 심지어 일요일
에도 1톤 내지 1.5톤의 감자를 까는 저 불쌍한 여성들의 노동여건
은 더 언급할 필요도 없을 것입니다.

> 99

식당 공간의 여건에 대한 끔찍한 묘사를 계속 이어간 끝에 글쓴이
는 이렇게 단언했다.

> 66

식사 인원수가 엄청나서 도저히 감당이 되지 않는 상황입니다.
식사 공급을 어느 정도만이라도 제대로 하려면 늘 특별히 애를 써
야 하고, 초과근무를 해야 할 뿐 아니라 (…) 많은 운도 따라야 합
니다. 그럼에도 불구하고 학생들은 자신이 밥을 먹어야 하는 식당
공간뿐만 아니라 음식에 대해서도 비판합니다. 그리고 그 비판은
전적으로 옳습니다.[30]

> 99

독일은 오래전부터 특히 학업 기간 중에 돈이 거의 없는 대학생들을 사회로부터 뒷받침을 받아 마땅한 구성원이라고 여겼다. 그런 까닭에 1920년대까지만 해도 이른바 '무료 급식'이라는 게 있었다. 재단이나 개인 자선가가 기부한 식탁인 셈인데, 관내 행정관청, 식당 또는 부유한 가정에도 그런 자리가 마련되어 있었다. 수혜자로 선발된 대학생은 날마다 거기서 끼니를 해결할 수 있었다. 그 덕분에 대학생이 정신적으로 처리해야 하는 일 중 끼니 해결이라는 걱정은 애당초 없었던 것이다. 그러다 생겨난 것이 멘자(mensa. 라틴어로 '식탁', '식사'를 의미하며, 독일에서 대학 구내식당을 가리키는 말 - 역자 주)이다. 괴팅겐대학은 이로써 대학생이 저렴하게 식사할 수 있을 뿐만 아니라 학문 공동체 내에서 서로 소통도 하고 긴장을 풀고 즐길 수 있는, 멘자를 겸한 공간 하나를 독일 대학 중에서 처음으로 갖추게 되었다. '슈탐에센(stammessen)'이란 수프, 주식 그리고 후식으로 구성된 영양가 많은 세트메뉴다. 세트메뉴를 어떻게 구성해야 하는가는 늘 반복되는 논란거리다. 두 차례 세계대전이 끝나자 독일 사람들은 전선에 나갔던 대학생들의 기력을 먼저 재충전해주어야 했다. 그들은 급작스런 영양 결핍과 잘못된 영양 섭취 그리고 중증 질환의 후유증과 싸워야 하는 처지였다. 이 시기에 멘자는 난방을 가동하여 종종 몸을 데울 수 있는 방역할도 했다. 학생복지단은 대학생의 건강관리도 책임지고 있었는데, 나중에는 학생들이 상대적으로 운동은 별로 하지 않으면서 매우 까다로운 정신활동에 몰두한다는 사실에 어떻게 대응할 것인지를 되풀이

하여 고민했다. 어떻게 하면 위장에 그리 큰 부담을 주지 않으면서 머리에 영양을 공급할 수 있을까를 연구한 것이다.

멘자는 여러 정치적·사회적 충격이 학생 내부에서 어느 정도인지를 측정하는, 말하자면 일종의 바로미터였다. 예컨대 내무부 장관에게 보내는 서한은 밥 먹을 자리가 부족하다는 이유로 행하는 단순한 불평 행위가 절대 아니었다. 그 서한은 정치 세력화한 한 무리의 학생이 존재한다는 증거였다. 괴팅겐에서는 대학생이 아주 보수 진영이었다가 점차 좌파 쪽으로 바뀌었다. 그 과정에서 학생들은 갈수록 더 비판적이 되었고 행동에도 적극적으로 나섰다. 사악한 인간이라면 당연히 이런 상황을 비틀어서, 괴팅겐대학 학생은 멘자의 식사가 너무 나쁘기 때문에 그 어떤 불편도 용납하지 않는 비판적 정신을 펼친다고 말할 수도 있을 것이다.

1960년대 들어 독일은 대학 멘자를 개축하고 개혁했다. 학생 수가 급속히 불어난 탓이었다. 멘자는 시간이 흐를수록 함께 밥을 먹을 수 있는 별도의 거대한 건물로 발전했다. 이제는 자동화하지 않고는 일을 처리할 수 없을 정도다. 컨베이어벨트가 등장했고 기계를 이용해 엄청난 양의 감자를 깎고 채소를 썬다. 1950년대만 해도 멘자에는 흰 식탁보와 제복 입은 웨이터가 있었다. 이제는 모든 게 셀프서비스와 기능 위주로 바뀌었다. 하지만 사람이 바글바글한 곳이라거나 그저 '배나 채우는' 곳이라고 규정되는 일은 꼭 피해야 했다. 그런 이유로 강당 비슷하게 생긴 다수의 신축 멘자는 가벽을 통해 공간을 분할했다.

그러면 공간 크기가 더 작아져서 공장 같은 분위기를 덜 풍겼다. 항의와 소요가 일상이던 1970년대 말 사회심리학자 알렉산더 미체를리히(Alexander Mitscherlich, 1908~1982)는 브레멘대학에 대해 본보기가 될 만한 평가서를 작성했다. 그의 머리에서는 계층성이 사라진 공간으로서 멘자의 미래 모습, 대학 구성원 모두가 같은 눈높이에서 즉흥적으로 서로 만나고 학제적 교환에 대해 늘 열려 있는 이상적 캠퍼스가 아른거렸다. 그뿐만 아니라 폐쇄적인 학문 사회는 개방되어야 하고 멘자는 대학 구성원이 아닌 이에게도 문을 열어야 한다고 주장했다. 거의 혁명적이라 할 만했다. 여기서도 보수적 가치는 반권위주의를 주장하는 민주화로 인해 추락한 것이다. 68세대는 이런 민주화를 환영했다. 그리고 다시, 공동의 식탁에서 서로 만나는 공동체는 식사 문제를 두고 고민하고 논의했다.

멘자 그리고 거기서 제공되는 식사에서 우리는 대학이라는 학문 공동체의 정치화 및 정체성 형성 그리고 신념과 유행까지도 읽을 수 있다. 예컨대 아우크스부르크대학 멘자는 1984년 여름, 최초로 건강식 주간을 제안해, 채식 식단을 포함한 식사를 제공했다. 그러다 1990년대의 멘자는 다양한 국제화가 두드러졌다. 파리 카페식 닭고기 스테이크, 아메리카식 돼지등심 스테이크, 중국식 찹스테이크 그리고 멕시코식 밥 요리 등을 잔뜩 담아 접시 무게 때문에 쟁반 이동용 받침대가 밑으로 휠 지경이었다. 1990년대 말에 벌써 지역 내 재배 농산물로 만든 친환경 세트가 있었다. 2016년에는 갑자기 환경보호를 상징하는 또 다른 운동 하나가 불타올랐다. 프라이부르크에서 다수의 대학생이 멘자의 컨베이어벨트 옆에 모였다. 사람들은 이들을 '컨베이어벨트파(Bänderer)'라 불렀다. 벨트 위에는 잔반이 담긴 쟁반이 퇴식구를 향해 미끄러지듯 이동하고 있었다. 잔반은 그렇게 버려졌다. 그들은 고물 수집이라도 하듯 잔반 쟁반을 집어 들고 가서 먹어치웠다. 마흔 명 남짓한 컨베이어벨트파 학생은 이런 식으로 식료품 낭비에 반대한다는 뜻을 드러냈다. 학생복지단은 곧 가리개를 이용해 컨베이어벨트를 빙 둘러싸는 벽을 세워 이 행위를 중단시켰고, 이는 다시 즉각 뜨거운 논쟁으로 이어졌다. 채식주의자를 위한 칠리 신 카르네[chili sin carne, 원래 이름은 칠리 콘 카르네(chili con carne)로 다진 고기와 강낭콩, 양파, 토마토 등과 매운 칠리소스를 넣고 푹 끓인 음식 - 역자 주]가 적외선 식품 온열기 아래에서 서서히 땀을 흘리는 동안 학생들의 감정은 끓어올랐다.

33. 바우하우스 슈니첸과
카르네플라스티코

1930년경 유럽

슈슉, 딸랑, 덜그럭! 슈슉, 딸랑, 덜그럭! 1929년 2월 근대 독일의 예술학교 바우하우스에서 '금속 축제'가 열렸을 때 들을 수 있었던 소리다. 그다음 손님은 철판으로 무장했다. 옷에 철판을 붙이거나 금속제 옷에 몸을 끼워 넣은 채 은빛으로 반짝거리는 거대한 미끄럼틀을 타고 연회장 안으로 '슈슉!' 미끄러져 들어온 것이다. 바우하우스의 한 여학생은 튜브 모양의 하얀 철판으로 만든 고치 속에 마치 애벌레처럼 들어앉아 종과 방울이 매달린 계단을 뒤뚱거리며 걸어 내려간다. 딸랑딸랑, 덜그럭덜그럭 소리가 난다. 몸에 철판을 붙였는데 나사가 느슨해져서, 그걸 꽉 죄어줄 다른 친구를 찾아 나선 것이다. 금속 소재에 빛이 반사되어 학교 건물 전체가 어지러이 번쩍거렸고, 둥글게 휜 철판 위로 전위파 예술가의 춤추는 모습이 뭉개진 채 스르륵 미끄러졌다.

축제는 종합 예술작품 프로그램의 일부였다. 바우하우스에는 그런 종합 예술이 살아 있었다. 모든 것을 포괄하는 이런 라이프 스타일을 이 잔치에 제공되는 음식도 피해갈 수는 없었다. 물론 여기서 만들어낸 것이 부르주아 메뉴는 아니었다. 그 대신 상에 오른 것은 카나페 같은 것이었다. 빵을 네모꼴로 작게 잘라 그 위에다 치즈 및 여타 얇게 저민 식재료를 고명처럼 얹어 똑같은 모양으로 늘어놓고, 그 사이에 레물라드 소스(remoulade, 마요네즈에 허브 등을 섞은 소스)나 완두콩을 작은 피라미드처럼 넣기도 하는데, 모든 걸 다 기하학적 장식처럼 배열해놓았다. 굳이 이름을 붙이자면, 빵 조각에 넋이 나간 3화음 발레(triadisches ballett, 오스카 슐렘머가 창안한 발레로, 의상-동작-음악, 공간-형태-색채, 높이-넓이-깊이, 기본 기하학 모양인 원-네모-세모, 삼원색인 빨강-노랑-파랑 등 삼위일체의 원리에 기초하여 3막이고 출연자도 3인이다. - 역자 주)라고나 할까. 그 사이로 생강빵 같은 형상이 왱왱거린다. 섬유예술가 군타 슈퇼츨(Gunta Stölzl, 1897~1983)의 작품이다. 근육질의 표범 한 마리와 말벌 같은 허리에 체조선수의 팔을 가진 여성 무용수 형상인데, 마치 그녀의 카펫과 텍스타일 작품처럼 몸을 움직여 찬란한 환상계로 숨어드는 것 같다.

모든 전위예술가들이 주방에서 그렇게 얌전하지는 않다. 예컨대 이탈리아 미래주의는 오히려 뭔지 모를 복잡한 미식 창조물(음식)

을 바탕으로, 미래의 여러 정치적 전망을 담은 종합 프로그램을 그려냈다. 예컨대 필리포 톰마소 마리네티(Filippo Tommaso Marinetti, 1876~1944)는 1930년 12월 〈미래 부엌 선언(Manifesto della Cucina Futurista)〉을 발표해 이탈리아를 두려움과 당혹감 속에 빠뜨렸다. 민족주의 성향의 미래주의자 마리네티가 파스타를 없애려 했기 때문이다. 국민음식 파스타가 사람을 약하게, 또는 염세적으로 이끈다는 게 그 이유였다. (애당초 그가 문제 삼은 것은, 파스타용 반죽이 외국 밀의 수입에 의존한다는 사실이었고, 따라서 이탈리아에서 쌀 생산을 지원하는 것이 더 애국적이라고 주장했다). 동시에 그는 화학적 합성 음식을 만드는 식당을 여는 꿈이 있었다. 사람 몸에 영양을 충분히 제공해줄 알약 한 알을 만들어내는 그런 식당이었다. 여기서 한 발 더 나아가 가까운 미래에 라디오가 영양 전파를 송출할 수 있다면 더 좋을 것이라고 말했다.

그리고 마리네티는 타닥타닥 소리를 내며 뜨겁게 끓어오르는 자신의 마술 냄비에서 더 많은 놀라운 일을 끄집어냈다. 이 선언이 나오고 얼마 지나지 않아 미래주의자들은 토리노에 첫 레스토랑 라 타베르나 델 산토팔라토(La Taverna del Santopalato, 거룩한 입천장 식당)을 열었다. 이 식당에서 제공하는 음식은 아방가르드적 예술작품이나 퍼포먼스와 순전한 미치광이 짓 사이를 오락가락했다. 예를 들면 이른바 카르네플라스티코(carneplastico), 즉 고기로 만든 조형작품인데, '이탈리아 풍경에 대한 합성적 해석'이라고 이름 붙인 이 음식은 다진 송아지 고기를 원기둥 모양으로 만들어 구운 빵빵한 초대형 미트볼이다. 이

미트볼은 열한 가지 채소류로 속을 채웠으며 맨 위에는 꿀을 마치 얼룩처럼 끼얹었다. 그런 다음 바닥에 소시지 구이를 반지처럼 원형으로 두르고 그 위에다 이 기하학적 형체를 얹는다. 그 주위로 공처럼 만든 황금빛 닭고기 경단 세 개를 놓았다. 생크림과 함께 먹는 훈 피아트(huhn fiat, 피아트 치킨이라는 뜻으로 피아트 자동차를 음식과 연관시킴 - 역자 주)의 경우 먹을 수 없는 것의 경계선을 이미 슬쩍 건드렸다. 닭의 뱃속을 쇠공으로 가득 채워 피아트 공장에 봉헌한 것이다. 기술과 군대에 대한 무시무시한 열광은 '공기 음식(Luftspeise)'의 바탕에도 깔려 있었다. 이 음식은 퍼포먼스와의 경계선을 완전히 뛰어넘었다. 검정 올리브, 회향 알뿌리 그리고 배추가 담긴 접시 하나가 상에 오르면 손님은 이걸 오른손으로 먹어야 한다. 그사이 왼손은 '만지기용 직사각형'을 쓰다듬어야 한다. 손가락이 사포, 붉은 비단 및 검정 벨벳 표면을 차례로 쓰다듬으면 오싹한 기분이 등줄기를 타고 흘러내린다. 그러면 뒤쪽에서 웨이터가 나와 손님에게 정향 에센스를 뿌려준다. 그러는 동안 부엌에서는 바흐의 음악과 요란한 비행기 엔진소음을 뒤섞은 소리가 귀 따갑도록 시끄럽게 파고든다. 이 음식은 예술인가? 먹어도 되나?

종합 예술작품의 한 부분으로서 바우하우스 음식이 오히려 일시적 장식이었다면, 미래주의자에게 음식이란 이미 그들의 열정적 비전을 실어 나르는 운송수단이 되었다. 수십 년 뒤, 스위스의 다니엘 쉬퀴리(Daniel Spoerri, 1930~)는 먹기 예술(Ferran-Art)을 창시했는데, 여전히 계속 아방가르드적 방식이었다. 그가 중요시한 것은 맛을 미학적으로 체험하는 일인데, 이것은 체험과 동시에 해체되어버린다. 쉬푀리는 1970년, 그러니까 스페인 요리사 페란 아드리아(Ferran Adrià, 1962~)가 피펫과 액체질소를 상에 올리기 20년쯤 전에, 바나나트랩 디너(bananatrap dinner)라고 이름 붙인 잔치를 벌였다. 맨 처음 나온 음식은 모카커피 잔에 담겨 나온 자라 수프였고, 맨 마지막에는 수프 그릇에 담은 커피가 나왔다. 혼동을 불러일으키려는 가벼운 놀이였는데, 음식의 맛과 그 음식에 대한 우리의 기대 사이의 관계를 묻는 시도였다. 말하자면 모카커피를 기대하고 있으면 수프 맛이 다르게 느껴지는가를 물은 것이다.

다시 한 세대가 지났다. 조리사 과정을 이수한 요리사이기도 한 예술가 카이 죌트너(Kai Söltner)는 '지적 사건을 우리 몸의 일부로 만들기'라는 테마를 또 다른 뜻밖의 차원으로 끌어올렸다. 어느 다다이즘 행사에서 그는 요란한 소음 속에서, 또 그 소음보다 훨씬 더 큰 여러 솥 속에다 책을 넣고 끓인 것이다. 그가 끓인 책은 프랑스 시인 로트레아몽(Lautréamont, 1846~1870)의 《말도로르의 노래(Les Chants de Maldoror)》와 독일 작가 아힘 세판스키(Achim Szepanski)의 《자본화 제2권(Kapitalisierung, Band 2)》 등이었다. 그렇게 끓인 책 수프를 그는 다시 보드카 위에 한 방울씩 떨어뜨렸다. 한 모금 짜릿하게 들이켜고 나면 초현실주의의 급진적 시작이 몸과 하나가 된다. 건배!

음식은 늘 예술에서 끊임없이 일정한 역할을 한다. 이때 곧장 떠오르는 것은 17세기 네덜란드의 정물화다. 이들 그림은 탁월하여 관람객에게는 맛난 눈 호강이다. 요리 분야에 대한 전위예술적 접근이 요구하는 것은 이와 달리 더 구체적이다. 음식이 설사 맛이 없을 수 있겠지만 그래도 거기서 그 음식의 아름다움을 맛보라는 것이다. 그리고 어쩌면 씹고 맛보면서 예술의 존엄성에 상처를 낼 수도 있을 것이다. 마치 파블로 피카소처럼 말이다. 그의 입체주의는 선술집에서 생겨났으며 그를 매료시킨 것은 부엌에 있는 가장 단순한 물건들이었다. 그래서 그는 그런 물건을 반복적으로 그려냈다.

66

압생트 잔 위에 올려둘 숟가락, (…) 포도주, 익히지 않은 햄, 살진 닭고기. 이렇게 회화를 신화로부터 끄집어내면 일상이 장엄해지고 실생활의 맛이 드러난다."[31]

99

34. 랑구스테
벨 아로르

1933년 프랑스 공화국

리용의 어느 날 밤. 방 안에 우아하게 차려입은 이들로 가득하다. 환하게 빛을 발하는 대형 전등 아래 긴 식탁이 여럿 놓여 있다. 식탁에는 검은색과 흰색이 엇갈린 바둑판 무늬 식탁보가 깔려 있고 그 위에 유리잔이 올라가 있다. 흰색 정장을 갖춰 입은 웨이터는 지칠 줄 모르고 그 잔을 가득 채운다. 기대에 찬 눈길이 문 쪽을 향한다. 문 뒤에는 부엌이 있다. 수증기가 얇게 내려앉은 격자창과 흰색 타일 사이에 힘센 여인 하나가 커다란 프라이팬과 솥을 저어주고 있다. 버터와 크림 향이 주방에 묵직하게 배어 있다. 드디어 음식이 나온다. 풀라르드 앙 드미되이(poularde en demideuil)라는 닭고기 요리다. 바삭바삭한 껍질 아래에는 얇게 저민 송로버섯이 빽빽이 박혀 있는데 마치 보드라운 천으로 만든 상장(喪章) 같다. 뭉근하게 익힌 강꼬치고기로 덩어리를 만들고 그 위에 치즈를 얹어 그라탱처럼 표면을 노릇노릇하게 익힌 크넬(quenelle)은 바다처럼 펼쳐진 걸쭉한 베샤멜 소스 위에 올라가 있는데, 게와 버터 그리고 크림도 바다 위를 떠다니듯 소스 위를 떠돈다. 랑구스테 벨 오로르(langouste belle aurore)도 당연히 있다. 코냑과 크림 1리터를 섞은 다음 거기에 랑구스테(왕새우)를 삶는데, 이렇게 익힌 랑구스테를 원통형의 파이 속에 넣어 볼로방(vol-au-vent, 생선이나 고기 따위로 속을 채운 파이 - 역자 주)을 만들어 먹는다. 이 볼로방을 이제 나이프로 쓱 가른다. 거의 투명한 부드러운 파이껍질이 바삭거리며 으스러져 향기로운 소스 속으로 사르르 떨어진다. 웨이터들은 계속 옷자락 스치는 소리를 내며 바삐 돌아다니고, 줄지어 앉은 손님은 행복한 맛의 향연에 차례차례 넋을 빼앗긴다.

끓어오르는 크림 냄비 곁에 서 있는 여성 요리사는 유지니 브라지에(Eugénie Brazier, 1895~1977)다. 그녀의 레스토랑 라 메르 브라지에(La Mere Brazier)는 《미슐랭 가이드(Guide Michelin)》로부터 별 세 개를 받은 최초의 레스토랑 중 하나다. 콜 드 라 뤼에르(Col de la Luere, 리용 시내에서 서쪽으로 20킬로미터쯤 떨어진 작은 마을 - 역자 주)에 있는 그녀의 두 번째 레스토랑도 별 세 개를 받았다. 이로써 브라지에는 미슐랭 별을 여섯 개나 받은 최초의 여성일 뿐 아니라 남녀를 포함한 전체 요리사 중에서도 최초였다[덧붙이자면, 얼마 지나지 않아 폴 보퀴스(Paul Bocuse)라는 한 유망한 요리사가 그녀에게 요리 수업을 받으러 갔다].《미슐랭 가이드》

의 별점 체계는 비교적 최근에 생겼다. 잘 알다시피 붉은 표지의 이 작은 안내서는 자동차 타이어 제조회사인 미슐랭이 1900년에 고안한 것으로, 자기 고객에게 정비소나 주유소 주소 같은 쓸모 있는 정보를 제공하다가 시간이 지날수록 자동차를 몰고 어디로 갈 수 있을지에 대한 아이디어도 넌지시 알려주기 시작했다(그래야 양질의 미슐랭 타이어도 제대로 닳는다). 미슐랭 형제는 곁다리 서비스로 이 작은 책자를 만들었지만 결국 선구적 업적이 되었다. 20세기로 넘어가는 전환기에는 아직 도로망이라는 것이 제대로 갖추어져 있지 않았고 길 안내책자도 찾아봤자 헛수고였다. 마음을 굳게 먹더라도 외진 시골 음식점을 차를 몰고 찾아가기란 거의 불가능에 가까웠다. 그런 까닭에《미슐랭 가이드》는 곧 도로 지도를 갖추었는데, 지도가 아주 훌륭했다. 나중에 제2차 세계대전 때 연합군 측이 폭격으로 파괴된 프랑스 내에서 길을 찾는 데 이용될 정도였다. 미슐랭은 온 나라의 도로망을 이 책자에 담았고, 동시에 훌륭한 맛집도 표시했다. 1926년부터는 비교적 음식 맛이 뛰어난 레스토랑을 별 하나로 표시했고, 5년 뒤에는 오늘날까지 통용되고 있는 등급제를 도입했다. 이 시스템에서 별 세 개는 압도적인 최고 점수를 의미한다. 이를 미슐랭식으로 표현하자면 '보 르 부아야주(vaut le voyage)', 즉 여행할 만한 가치가 있다는 뜻이다(별 하나는 가다가 있으면 한 번 들를 만하다는 뜻이며, 별 두 개는 먼 길을 에둘러서라도 갈 만하다는 뜻이다). 미식 여행, 미식 순례자라는 발상은 이렇게 탄생했다.

예술로서 요리란 엘리트 집단 내에서는 이미 고대 때부터 존재했다. 레스토랑 비평 역시, 비록 주변적 현상이기는 했지만, 《미슐랭 가이드》가 등장했을 때 이미 고안되어 있었다. 이 장르의 원조로 통하는 이는 알렉상드르 발타자르 로렝 그리모 드 라 레니에르(Alexandre Balthazar Laurent Grimod de la Reyniere, 1758~1837)다. 그는 파리 귀족사회의 전설적 미식가로, 19세기 초에 《미식가 연감(Almanach des Gourmands)》을 출간했다. 하지만 미슐랭의 별점 시스템이 등장하면서 비로소 별점 받은 레스토랑이라는 완전히 독자적인 세계가 생겨났다. 그 이유는 《미슐랭 가이드》가 이제 아주 분명히 체계화된 평가의 틀을 제공하기 때문이다. 모든 관심 있는 미식가는 이 틀을 바탕으로 평가의 방향을 잡았고, 이 평가는 요리사의 이력에 날개를 달아줄 수도, 혹은 종지부를 찍어줄 수도 있게 되었다.

요리 기술은 이제 또 다른 가치 격상을 경험한다. 별 세 개를 받은 레스토랑이 갑자기 대단한 뉴스 거리가 되면서 유명인사까지 불러들인 것이다. 이를테면 샤를 드골과 말레네 디트리히가 리용까지 온 것이다. 브라지에가 만든, 코냑 크림에 취한 랑구스테를 먹으러 말이다. 그러나 무엇보다 이 별점 시스템은 음식이라는 테마에 접근할 수 있도록 토대를 구축해주었다. 이런 접근을 통해서 이 분야에 대한 풍부한 대화와 지적인 진지함이 점차 늘어났다. 《미슐랭 가이드》를 비롯해 그 뒤를 잇는 다수의 미식 안내서를 두고 시끄럽게 말들이 오가면서 이제 미식 전문가라는 집단이 생겨났다. 그들에게 중요한 것은 배 채우기가 아니라 맛을 체험하는 일이었다.

이 지점까지 왔다면 인간과 음식의 관계는 이미 멀리까지 나아간 셈이다. 음식이 전에는 생명 유지에 없어서는 안 되는 것이었다. 인간은 하루 종일 음식 확보를 위해 머리를 굴려야 했다. 음식은 또 무자비한 사회적 차별의 수단이 되기도 했다. 그러다 이제 음식은 비판적 관찰과 평가의 대상이 된 것이다. [그 시기는 흥미롭게도 하필이면 (이런 사실을 과잉 해석하려는 의도는 없지만) 예술이론에서 에르빈 파놉스키(Erwin Panofsky)와 바르부르크(Aby Warburg) 같은 인물이 마찬가지로 예술의 분류 및 평가를 위한 새로운 시스템을 고안한 때였다.] 별점은 곧 멋진 미식 세계에서 상승과 몰락을 결정했다.

미슐랭은 이제 '엥스펙퇴르(inspecteur)'라 불리는 국제적으로 노련한 비평가를 레스토랑에 보낸다. 이들은 마치 첩보요원처럼 위장한 채 예고 없이 음식을 테스트하러 여러 레스토랑을 방문한 다음 어느 곳이 새로 별점을 받을 만한지, 누가 별점을 그대로 유지할지 또 누가 별점을 잃게 되는지를 결정한다. 요리사 모두가 이런 끊임없는 임의의 압박을 견딜 수 있는 것은 아니다. 별점 때문에 번아웃 증후군에 빠지거나 심지어 자살까지 한다는 이야기가 번져나간다. 의식적으로 이 평가를 부정하거나 별점 평가를 반납하여 이런 압박감에서 벗어나는 레스토랑이 갈수록 더 늘어나고 있다. 하지만 오늘날 전문적으로 요리를 하는 이라면 직업적 비평가나 자칭 레스토랑 비평가라는 사람들의 평가에서 벗어날 수 없다. 이는 최초의 미식 안내서가 남긴 유산이다.《미슐랭 가이드》측의 조사요원에게 문을 잠가버리는 레스토랑이 있을 수는 있다. 하지만 점수, 의견 및 비평은 블로그나 소셜 미디어에 널리 퍼져 있으며, 이따금 거친 목소리의 표현도 없지 않다. 그렇게 본 다면 《미슐랭 가이드》는 그저 예의 바른 시작이었던 셈이다.

35. 죽은 이의 빵과
설탕 해골바가지

1935년경 멕시코

멕시코의 공동묘지는 이날 밤 다채로운 생명의 장소다. 무덤 앞 비석과 무덤 사이의 길은 눈부시게 노란 꽃과 오렌지색 꽃으로 가득 뒤덮여 있다. 얇은 종이를 가위로 오려 띠에 붙여 만든 멋진 장식이 미지근한 허공 속에서 펄럭인다. 가물거리는 촛불은 바다를 이루어 노란 빛을 내뿜으며 떠오른다. 무덤 곁에는 가족, 부모, 조부모, 아이들, 아주머니, 아저씨가 둘러앉아 이곳에서 영원한 안식에 든 고인과 소풍을 즐긴다.

살아 있는 이는 작은 의자에 걸터앉거나 그냥 바닥에 앉아 있다. 돌아가신 친척이 즐겨 드시던 음식을 커다란 바구니와 보따리에 담아 왔는데 이제 그걸 풀어 헤친다. 돌아가신 큰할아버지가 가장 좋아하셨던 타말레(tamale)가 나온다. 고기와 채소를 매콤하게 양념해 소를 만들고 이를 옥수숫가루에 돼지기름을 넣어 빚은 반죽 피로 싼 다음 다시 옥수수껍질로 싸서 약한 불에 천천히 익힌 음식이다. 그것 말고도 죽은 이의 빵이라는 뜻의 판 데 무에르토(pan de muerto)라는 음식도 다 함께 먹는데, 주먹만 한 작고 달콤한 빵으로 말랑말랑하고 아니스 향이 난다. 설탕을 넉넉히 뿌렸을 뿐 아니라, 그 자그마한 빵 위에 십자가 모양의 들보를 반죽으로 만들어 얹어놓았다. 그리고 불룩한 빵 한복판에 반죽으로 빚은 둥그런 공이 하나 올라가 있는데, 뼈와 눈물을 상징한다.

죽은 이들의 날인 디아 데 로스 무에르토스(Día de los Muertos)가 오기 전부터 여러 날 동안 집집마다 달콤한 향기가 퍼진다. 십자가 장식이 들어간 이 둥그런 빵 덩이가 서서히 부풀어 오르는 것이다. 여러 제과점의 쇼윈도는 물론 슈퍼마켓 진열대는 헤아리지도 못할 수많은 해골바가지 무게에 짓눌려 아래로 축 처질 판이다. 설탕, 아마란스(퀴노아 비슷한 곡물 - 역자 주) 또는 초콜릿으로 만든 해골바가지는 온갖 알록달록한 색상으로 반짝거린다. 해골바가지 옆에는 마르치판(아몬드 분말에 슈거파우더를 섞어 만든 반죽 - 역자 주)으로 만든 다채로운 색의 관이 열병식에 나선 군대처럼 일렬로 늘어서 있다. 관은 마치 기다란 막대 초콜릿처럼 생겼고, 관 뚜껑에는 화려하게 장식된 십자가가 붙어 있다. 아이들이 무엇보다 좋아하는 것은 해골바가지다. 고인의 이름을 그 해골바가지에 설탕시럽으로 써 넣기도 한다.

돌아가신 조상과 부담 없이 함께 어울리는 이런 자리는 멕시코 문화에 깊이 뿌리박고 있다. 그뿐만 아니라 아즈텍, 마야, 메시카 그리고 토토나카 사람들도 이미 3천 년 전부터 자기네 돌아가신 조상을 기렸음이 틀림없다. 오늘날과 같은 형태의 디아 데 로스 무에르토스는, 이상하게 그 누구도 그렇게 정확히 알려 하지는 않지만, 20세기에 고안된 것인지도 모른다. 어쩌면 설탕으로 만든 해골바가지, 유골 그리고 마르치판으로 만든 관은 44대 대통령 라사로 카르데나스(Lázaro Cárdenas) 대통령 치하에서 비로소 생겨났을 수도 있다. 1934년부터 대통령직을 수행한 그는 멕시코 원주민의 정체성을 강화하려고 애를 썼다. 이러나저러나 이 같은 제사의 전통, 즉 식사를 통해 산 자와 죽은 자 사이에 공동체를 형성한다는 아이디어를 인류는 수천 년 전부터 유지해왔다. 고대 로마에서도 장례 직후 가족이 무덤가에서 식사하는 것은 일반적이었다. 수많은 카타콤과 지하 무덤 내 석실에는 상석이 있고, 가까운 친척이 앉을 수 있도록 둥글게 의자가 놓여 있기도 했다. 고대 오리엔트에서도 이미 3천 년도 더 이전부터 무덤 석실 내에서 고인을 기리는 식사를 했다. 가까운 친척은 움푹한 곳에 놓인 돌 벤치에 앉아 가능한 한 엄숙하게 음식을 먹고 마셨다. 덮개가 열려 있는 관 바로 옆에서 말이다.

이 무렵 이탈리아 동쪽의 지중해 연안 국가에서는 일상에서도 돌아가신 조상 모시는 일에 큰 가치를 부여했다. 그곳 사람들은 조상의 영령 앞에 음식과 술을 정기적으로 바쳤다. 이 의무를 소홀히 했다가는 귀신의 분노를 살 수 있다고 여겼다. 먹을 걸 제대로 바치지 않으면 귀신이 질병과 불행으로 앙갚음을 한다는 것이다. 이와 반대로 시칠리아에서는 오늘날까지도 살아 있는 자기 후손에게 조상이 선물을 준다. 페스타 데이 모르티(festa dei morti) 날에 죽은 자가 아이들을 위해 작은 선물과 전통적인 과자, 이를테면 특제 아몬드쿠키, 설탕 인형 또는 마르치판으로 만든 알록달록한 과일 따위를 숨겨놓는다. 선물 찾기를 한 뒤 후손은 선물을 준 고마운 조상의 무덤으로 가서 무덤을 꽃으로 꾸민다. 그런 다음 다시 가족이 모여 잔치를 벌인다.

당연히 오늘날에도 세계 곳곳에서 장례를 치른 뒤 함께 음식을 먹는다. 예전처럼 무덤 바로 옆에서는 아니라고 하더라도, 어쨌든 조금 전에 거행된 장례식의 강력한 영향 아래 음식을 함께 먹는 것이다. 공동체의 관행이 된 식사 문화는 인류에게 아주 강력히 뿌리박고 있어서 돌아가신 조상과의 결속 관계 역시 단단히 만들어줄 정도다.

다시 멕시코로 돌아가보자. 카리브해 쪽으로 쑥 튀어나온 유카탄반도에는 어지럽게 널린 과자 말고도 죽은 이의 날에 행하는 또 하나의 관습이 있다. 무크빌 폴로(mukbil pollo), 그러니까 닭고기, 돼지고기, 마늘, 토마토, 각종 후추와 고추로 속을 채운 아주 커다란 타말레를 준비하는 것이다. 먼저 이 초대형 파이를 매운 육수에 담가 육수를 다 빨아들이게 한다. 그런 다음 파이를 바나나 잎으로 싸서 땅속 오븐에 넣어 익힌다. 이건 마야인이 조리하던 방식이다. 여러 시간이 지난 뒤 이 무크빌 폴로를 다시 땅속에서 파내 조심스레 껍질을 벗겨낸다. 파이는 불그레한 오렌지 빛깔로 반짝거리고, 뜨거운 김을 물씬 내뿜는다. 매콤하고, 싱그럽고, 동시에 낯익은 향이다. 가장자리까지 우리 인생사를 켜켜이 채워 넣은 보쌈이다.

조상 숭배가 종종 아주 특별한 음식과 연관되어 있음은 주목할 만하다. 설탕 해골바가지가 되었든, 죽은 이의 빵, 거대한 타말레 아니면 마르치판으로 만든 과일이든 이러한 음식은 맛과 향 그리고 모양으로 즉각 옛 추억을 떠올리게 한다. 이걸 먹으면 추억도 함께 먹을 수 있다. 그리하여 밥 먹는 동안 사랑하는 고인과 한 몸이 된다.

36. BBC-오믈렛

1937년 그레이트브리튼-북아일랜드 연합왕국

1937년 런던. 아직 창립 초창기이던 BBC 방송국은 레스토랑을 운영하는 매력적인 요리사 마르셀 불레스탱(Marcel Boulestin, 1878~1943)을 카메라 앞에 세워 요리하게 하고는 이를 생방송으로 내보냈다. 그는 텔레비전에 나와 음식을 만든 최초의 프랑스 요리사다. 그가 처음 소개할 음식은 쉽게 만들 수 있으면서도 프랑스를 대표하는 음식이어야 했다. 그래서 불레스탱이 만든 것은 오믈렛이었다.

텔레비전 개척 시기 첫 요리 방송의 주인공이 왜 하필이면 오믈렛이었는지를 설명하려면 다른 이야기를 좀 가져와야 한다. 영국의 대도시 런던에서 이미 저술가로, 장식 전문가로, 프랑스어 교사로, 그리고 와인 전문가로 일한 적이 있는 불레스탱은 1923년 6월 마침내 모두가 열망하던 베스트셀러를 탄생시켰다. 바로 영국 가정을 위한 간단한 프랑스 음식 조리 안내서였다. 이 책의 성공은 정치적·경제적으로 온갖 일이 일어났던 시대적 배경과 틀림없이 관련이 있었다. 그 시기에 책이 나온 것이다. 영국 음식은 제1차 세계대전 이래 몰락의 길을 걷고 있었다(오늘날까지도 그 재앙적 결과를 극복하려는 싸움은 이어지고 있다). 섬나라 영국은 식료품 대부분을 수입해야 했고, 일부 식자재는 국가가 배급해주었다. 동시에 중산층 살림살이는 그리 나쁘지 않았고, 정책적으로도 주택건축을 장려해 많은 국민이 자기 집에서 살고 있었다. 자가용 자동차를 모는 경우도 있었고 살림도구도 갖추고 있었다. 각 가정마다 할당된 얼마 안 되는 음식 재료로 좀 맛난 음식을 만들어보자는 관심이 커지기 시작했다. 그때 불레스탱이 가난한 과거에 만들어 먹었던 여러 음식 중 하나인 오믈렛이라는 간단한 프랑스 퀴진(cuisine)을 들고 나옴으로써 절호의 기회를 낚아챈 것이다.

《일주일에 16실링으로 좋은 식탁을 차리는 법(How to Keep a Good Table for Sixteen Shillings a Week)》처럼 서점 계산대를 바쁘게 만든 베스트셀러를 여러 권 낸 불레스탱은 런던에다 가장 비싸고 우아한 레스토랑을 열었다. 인테리어 디자이너이기도 한 그는 이 레스토랑을 아방가르드적인 벽화와 반짝이는 비단 커튼으로 장식했다. 요리를 전문적으로 배우지 않았음에도 영국의 입맛에 한 수를 지도하기 시작한 이 미식가는 이제 텔레비전에 나와 음식을 만들어내는 최초의 사람이 되었다. 이로써 그는 텔레비전 요리 방송의 원조가 되었다. 말하자면 사교 행위로서 식사가 아니라 요리 자체에 중점을 둔 전문가이자 능력자, 인기인 그리고 멋쟁이 프랑스 사람으로서 방송 요리 장르의 사회자로 우뚝 선 것이다. 이렇게 요리는 아주 자연스럽게 최초로 방송 매체의 연출 대상이 되었다.

자, 오믈렛이다. "탕 드 브뤼 푸르 윈 오믈렛(tant de bruit pour une omelette)." 오믈렛 한 접시에 웬 난리법석이냐는 말을 프랑스어(버터를 넉넉하게 두른 오믈렛이 프랑스어에서는 여성이다. 절대 중성이 아니다)로 하면 그렇다. 이 구절은 겉으로 단순해 보이지만 그 이면에 무시 못 할 가르침이 있다는 것을 보여준다. 세 가지 재료만으로 만드는 음식 하나를 두고 난리법석이 일어날 수 있다는 것이다. 불레스탱이 BBC의 첫 요리 방송에 나오기 전이나 후에 프랑스 요리계의 거장치고 오믈렛을 거론하지 않은 이는 거의 없다. 오귀스트 에스코피에!(Auguste Escoffier, 1846-1935), 폴 보퀴즈!(Paul Bocuse, 1926~2018)가 그랬다. 자크 페팽(Jacques Pépin, 1935~)은, 만약 젊은 요리사 한 사람의 능력을 테스트하려 한다면 오믈렛을 만들어보라 하겠다고 말한 적이 있다. 진정한 능력은 가장 단순해 보이는 것에서 드러나는 법이다.

그러므로 전문가는 버터, 달걀 그리고 소금만 쓴다. 소금은 아주 조금만 쓰고 다른 두 재료는 아주 많이 넣는다. 미국 여성작가 거트루드 스타인(Gertrude Stein, 1874~1946)의 인생 동반자로, 살림도 잘 꾸렸을 뿐 아니라 다수의 요리책을 저술한 앨리스 토클라스(Alice B. Toklas, 1877~1967)를 예로 들어보자. 그녀는 자신의 여러 요리책 중 하나에서 화가 프란시스 피카비아(Francis Picabia, 1879~1953)의 레시피 하나를 알려주며, '당연히' 우리가 보통 먹는 그런 스크램블드에그가 아니라고 했다. 달걀 여덟 개를 깨뜨려 휘저은 다음 소금으로 간한다. 이걸 냄비에 쏟아붓고 반 시간가량 가장 약한 불에 올려 저어가며 끓인다. 그사이에 버터 반 파운드를 아주 천천히 냄비에 넣어준다.

"버터는 한 조각이라도 아끼지 마세요. 오히려 과감하게 더 넣어보세요."[32]

완성된 오믈렛은 낭창낭창해야 한다고 했는데, 이는 토클라스가 오귀스트 에스코피에의 견해를 전한 것이다. 오믈렛은 반짝거리면서도 동시에 촉촉해야 하고, 마치 누에고치처럼 푸근하게 돌돌 말린 채 좋은 향이 나야 하며, 뜨거운 프라이팬을 떠날 때 그 내부가 아직 완전히 다 익지 않은 상태이면서 따뜻한 접시에 담은 뒤에 무르익어야 한다는 것이 에스코피에의 생각이었다. 그 밖에 익힐 때의 철칙은 프라이팬을 흔들고, 흔들고, 또 흔들어주라는 것이다.

불레스탱의 첫 방송 이후 대략 30년이 지났을 무렵, 텔레비전은 이미 요리를 주도하는 매체가 되었다. 미국에서는 줄리아 차일드라는 여성 요리사가 등장했다. 그녀는 〈더 프렌치 셰프(The French Chef)〉라는 방송 프로그램을 진행하면서 크게 유명해졌다. 이 방송 역시 간단한 프랑스 요리를 다루었지만 이번에는 대상이 미국 가정이었다. 줄리아 차일드 역시 프랑스 오믈렛을 만들었는데, 이 오믈렛을 어떻게 익히는지를 자신만의 방식으로 당당하게 보여주었다. 코팅된 프라이팬의 철제 손잡이를 단단히 움켜잡고는, 풀어진 달걀이 팬 바닥에서 떨어져 저절로 제대로 된 타원형꼴이 될 때까지 오래도록 이리저리 흔들어준 것이다.

불레스탱의 첫 방송에서도 이와 똑같이 팬을 열렬히 흔들어주었는지는 안타깝게도 확인할 길이 없다. 1937년 당시에는 실시간으로 방송되는 요리 프로그램을 녹화하는 일이 기술적으로 아직 불가능했던 탓이다. 확실한 것은, 그가 택한 요리가 현명한 선택이었다는 점이다. 기가 찰 만큼 몇 안 되는 단순한 재료와 한눈에 쏙 들어오는 간단한 기술이면서 따라 만들기에 충분했으니 말이다.

영국의 차갑고 습한 날씨에 기운이라도 좀 차리려면 밀가루 반죽을 두툼하게 입혀 기름 솥에 튀긴 음식을 먹지 않을 수 없었을까. 이러한 음식이 바탕을 이룬 영국에서 버터가 과하다 싶을 정도로 많이 들어간 오믈렛은 영국인을 열광시키기에 충분했다. 여기에는 힘겨웠던 시대의 일말의 사치 같은 것, 말하자면 눈 찡긋하며 "일단 먹어보자고. 이런 상태가 아직 얼마나 오래 갈지 알 수 없으니 말이야"라는 심리도 당연히 작용했다. 불레스탱의 요리 프로그램 〈요리사의 밤 나들이(Cook's Night Out)〉는 1939년까지 방영되었다. 그는 말년을 독일 점령군 치하의 파리에서 보냈으며, 종전을 보지 못하고 그곳에서 세상을 떠났다.

37. 채소 파이

1944년 그레이트브리튼-북아일랜드 연합왕국

> "고깃국에 대한 욕망에서 벗어나라. (…) 피 맛으로부터의 완전
> 한 정화."

자연순응적 생활방식협회(Verein für naturgemässe Lebensweise)의
기관지《데어 베게타리어(Der Vegetarier, 채식주의자)》의 나지막하지만
어깨에 힘이 잔뜩 들어간 요구다. 그해가 1892년이다. 이와 같은 투
쟁적 채식주의는 새로 생겨난 산업화된 도살장의 모습이 너무나 참혹
하다는 생각에서 태동했다. 그들은 육류 위주의 19세기 음식을 이미

과격한 시각으로 바라보았다. 그럼에도 세기말에 이미, 그 정도로는 부족하다고 여긴 몇몇 사람들이 있었다. 1900년, 아주 별난 이들로 이루어진 최초의 소집단이 육류뿐 아니라 달걀과 우유를 비롯한 모든 동물 유래 식품을 거부하는 행동을 시도했다. 공장주의 아들 헨리 우덴코번(Henri Oedenkoven)과 그의 연인인 이다 호프만(Ida Hofmann)은 육식을 내려놓은 이들의 공동 주거지이자 일종의 해독 시설을 마련했다. 그곳은 스위스 남부 티치노(Ticino)주 몬테 베리타(Monte Verità) 산자락으로, 아름답기 그지없는 외진 동네였다. 그 무렵의 모습이 담긴 옛 사진을 보면 헐렁한 옷에 맨발로 춤추는 이들뿐 아니라 음식이 담긴 쟁반도 보인다. 쟁반 위에는 마른 빵 두 쪽과 껍질을 깎지 않은 과일 그리고 한 줌의 견과류가 놓여 있다. 이곳에 머물던 몇몇 손님이 정기적으로 저 아래 마을로 내려가 핏물 배어 나오는 스테이크를 아무도 몰래 먹었다는 것은 어쩌면 그리 놀라운 일이 아니리라.

이를 일컫는 '비건주의(veganism)'라는 구체적 개념이 탄생한 것은 거의 반세기 뒤 영국인 도널드 왓슨(Donald Watson, 1910~2005)에 의해서다. 그는 1944년 최초의 '비건 소사이어티(Vegan Society)'라는 모임을 버밍햄에서 결성했다. 그 시점에 비건주의란 모든 동물성 식품을 전혀 먹지 않는 것을 의미했으며, 비건주의를 주장하는 이의 눈에는, 동물성 식품을 먹는다는 것은 곧 다른 생명에게 고통을 가한다는 뜻이었다. 그 과정에서 음식의 맛 측면에서도 반발이 일어날지도 모른다는 사실은 최초의 비건주의자였던 그들에게는 아직 먼 미래의 이야기였다. 이 모임의 회지《더 비건(The Vegan)》3호에 비건 레시피를 싣는 칼럼이 도입되었다. 그 첫 레시피는 오렌지 호두쿠키, 통곡물로 만든 아몬드 비스킷 그리고 으깬 감자와 삶은 콩으로 속을 채운 채소파이였다. 걱정을 자아내는 모든 재료를 싹 배제해버린 간단한 음식이다. 이들 최초의 채소 파이가 보여준 상상력 결핍을 사람들은 비건 음식이라는 말과 무척 오랫동안 서로 별개로 여기지 않았다. 채소는 밍밍하고, 먹고 싶은 마음이 전혀 들지 않으며, 별로 달갑지 않은 건강한 맛이라는 편견은 오늘날까지도 일부 남아 있다.

수십 년 뒤 지구 차원의 문제가 늘어나고 새로운 과학적 인식이 더해지면서 비건주의를 찬성하는 이유는 점점 더 다양하고 강력해졌다. 확신에 찬 동물보호주의자는 동물복지를 고려하여 비건주의에 찬성하기로 결정했다. 의학적인 이유에서도 점차 이에 대해 찬성하는 목소리가 나왔다. 또 오늘날 비건주의는, 산업 차원의 대규모 사육이 지구 온난화에 크게 힘을 보태고 있으며 환경을 엄청나게 훼손하기 때문에 무엇보다 기후 관련 운동 내부에서 하나의 강력한 흐름을 형성하고 있다. 특히 환경 훼손은 우리의 먹을거리를 둘러싼 토론에서 비건주의가 패러다임 변화의 시작을 알리는 종소리라고 보는 이유임이 틀림없다. 이런 변화로 말미암아 이제 먹는 것에 대한 모든 논의에는 사회 정책 차원의 논점도 늘 끼어든다. 왜냐하면 동물성 식품을 계속 먹든, 아니면 그것의 소비를 제한하거나 완전히 거부하든 상관없이 자기가 먹는 음식을 바라보는 이런 태도 하나하나가 동시에 정치 성향의 고백이기도 하기 때문이다. 이제 음식에 대한 각 개인의 관계는 우리 지구와 이 시대 지구 차원의 거대 위기에 대한 각 개인의 관계를 대면한다. 이로써 먹을거리는 완전히 정치화되었다.

비건주의자와 육식주의자 간의 이러한 논쟁에서 후자는 흔히, 고기를 먹는 성향이 인간 본성에 깊이 뿌리박혀 있다고 말한다. 그러면서 그들은 빙하 시대의 사냥하는 사람 이미지를 떠올린다. 당연히 말이 안 된다. 음식의 역사를 보면 그대로 드러나다시피, 인간은 늘 새로운 상황에 적응하며 살아왔다. 이를테면 신석기 시대 이래 중유럽 인류 대다수는 채식으로만 영양을 섭취한 때가 많았다. 이를테면 빵과 곡물죽 따위를 먹었던 것이다. 더구나 예컨대 불교 문화권은 말할 나위도 없다. 물론 다른 한편으로 인간이란 늘 관습을 완강하게 고수하는 동물이기도 하여, 수백 년에 걸쳐 형성된 문화의 틀을 바꾸는 데는 오랜 시간이 걸린다. 서구 문화권은 오늘날 프랑스 특색이 도드라진 근대 음식과 산업화된 음식의 전통 속에 있음이 확실하다. 거의 집착 수준이던 19세기의 육류 섭취는 어쩌면 우리의 위장에 습관이라는 가장 무거운 돌을 깔아두었는지도 모른다. 19세기에 결혼을 앞둔 신부에게 줄 선물로 유난히 사랑받은 책이 헨리에테 다비디스(Henriette Davidis, 1801~1876)의 《실용 요리(Praktisches Kochbuch)》였는데, 이 책을 한 번만 들여다봐도 잘 알 수 있다. 앞부분에 채소 요리가 여럿 나오기는 하지만, 이들은 몽땅 곁들임 음식으로 보아야 한다. 그다음에 서른일곱 가지의 소고기 요리와 예순 가지의 송아지고기 요리 그리고 다시 서른일곱 가지의 돼지고기 요리가 이어진다. 그 뒤로 달걀 및 유제품으로 만든 음식이 맛난 냄새를 풍기며 이어진다. 책 맨 뒷부분에는 소스의 세계가 펼쳐지는데, 여기에는 버터가 빠지면 절대 안 된다. 사르르 녹은 따뜻한 버터는 모든 음식에 끼얹는 필수 소스였던 것이다. 온통 동물성 식재료로 뒤덮인 이들 음식은 두어 세대 전까지만 해도 서구 산업국가의 모든 시민계층 식탁에 올랐다.

여기에 육식과 남성성 사이에 서로 긴밀한 관계가 있다는 생각이 더해졌다. 이 관계도 마찬가지로 그 바탕은 산업화 시대였다. 당시 영양가와 칼로리에 대한 인식이 대두되면서 도리어 사람들은 공장에서 중노동을 하는 이는 가능한 한 육류를 많이 먹어야, 마치 무척 힘 좋은 증기기관처럼 근육도 키우고 힘도 낼 수 있다고 믿었다. 고기를 많이 먹은 덕분에 뽐낼 만한 근육질로 변한 남성이라는 이미지는 아직도 늘 우리 뇌리에 박혀 있다. 실제로 오늘날 특히 남성은 평균적으로 육류 소비 권장량의 두 배를 먹는다. 갈수록 더 많은 프로 운동선수, 구체적으로는 특히 남성적 스포츠로 간주되는 축구나 미식축구 같은 종목을 대표하는 선수들이 비건 방식으로 영양을 섭취해 능력을 끌어올린다는 사실이 여기에 혹 어떤 변화를 줄 수 있을까?

현재 고급 음식점은 식물성 식재료에 바탕을 둔 음식을 스스로 찾아내고 있다. 동물성 식재료가 들어 있지 않은 음식은 사치품의 지위로까지 올라간다. 예를 들면 미슐랭 별 세 개를 받은 레스토랑 중 한 곳이 최초로 완전 비건 메뉴를 내놓은 것이다. 뉴욕의 일레븐 메디슨

파크에는 이제 댑싸리(kochia scoparia, 섬유질이 풍부하고 당뇨에 좋으며 사포닌 함량이 높은 건강식품 - 역자 주) 씨앗 요리가 있는데, 일본에서는 해초와 플랑크톤이 든 물에 끓인 다음 손으로 비벼 껍질을 벗겨내어 요리에 사용해왔다. 크렘 프레슈(crème fraîche)는 아몬드를 발효시켜 만들고, 오이와 멜론에다 훈제한 기다란 무를 이용해 비건 타르타르를 만들기도 한다.

으깬 감자와 삶은 콩에서 시작해 머나먼 여정을 거쳐 완성된 음식들이다.

38. 남은 재료로
만든 음식

1946년 전 세계

식료품을 저장할 수 있어야 한다는 것은 수확, 사냥, 조리만큼이나 오래된 주제다. 냉장고 덕분에 인간은 병조림이나 통조림이 아니어도 싱싱한 식재료와 이미 조리된 음식 중 남은 것을 적어도 며칠 동안은 보관할 수 있게 되었다. 전쟁 후처럼 아끼며 살아야 했던 시기에는 먹다 남은 음식을 몽땅 넣고 푹 끓인 음식이 유행이었다. 일요일에 먹다 남은 고기는 바우어른프뤼슈튁(bauernfrühstück 감자와 달걀, 파, 베이컨 등으로 만든 독일 요리 - 역자 주), 셰퍼즈 파이(shepherds' pie), 섞어찌개 같은 베를린의 호펠포펠, 스웨덴의 피티파나(pittypanna, 다진 고기에 감자와 양파를 넣고 기름 두른 팬에 볶은 음식 - 역자 주), 덴마크의 빅세마(biksemad) 아니면 티롤 지방의 그뢰스틀(Gröstl) 따위에서 그 최후의 혼적을 찾을 수 있다. 골수가 아직 좀 들어 있는 사골, 살을 발라낸 갈비 그리고 고기 남은 것을 푹 달여 걸쭉한 국물로 만들어 먹기도 한다. 부야베스(bouillabaisse) 또한 남은 음식으로 만든 고전적인 먹을거리다. 프랑스의 항구도시 마르세유의 어부들이 팔지 못한 생선으로 만들어낸 음식이 바로 부야베스다. 한국에서는 먹다 남은 밥과 채소 그리고 약간의 고기를 볶아 비빔밥을 만들어 먹는데, 가끔 고명으로 달걀 프라이를 하나 올리기도 한다. 라타투이(ratatouille)는 냉장고에서 이리저리 나뒹구는 온갖 채소를 잘게 다져 팬이나 오븐에 넣어 익힌 음식이다.

1946년 얼 사일러스 터퍼(Earl Silas Tupper)라는 이름의 한 미국 사업가가 남은 음식 재활용에 주목했다. 그는 이미 몇 해 전에 폴리에틸렌이라는 신소재를 접한 적이 있었다. 그는 먼저 이 소재로 군용 소형 부품, 예를 들면 방독면용 음료 취수관 같은 것을 생산했다. 전쟁이 끝난 뒤 플라스틱 소재를 민간 시장으로 확대한 선두 그룹의 일원인 그는 기적의 밀폐용기라는 뜻의 '원더볼(wonder bowl)'을 생산했고, 이 그릇은 발명자의 이름을 따서 타파웨어(tupperware)로도 불렸다. 나중에 이 말은 밀폐용기를 뜻하는 보통명사로 쓰일 정도가 되었다. 파스텔 색조와 다채로운 색상을 지닌 가볍고 거의 투명한 이 용기는 특허를 딴 밀폐장치가 있어서 외부 공기를 완전히 차단해주었다. 그의 회사 타파웨어의 광고에는 "이 그릇에 남은 음식을 넣어두면 며칠이 지나도 막 조리한 듯 신선함을 잃지 않습니다"라는 말이 들어가 있었다.

가벼울 뿐 아니라 1940년대에 이미 미래 지향적인 느낌을 주는 미니멀리스트적인 디자인 때문에 이 타파웨어 용기는 많은 찬사를 받았다. 하지만 엉덩이가 무거웠던지 마냥 백화점 매장 진열대를 떠나지 못했다. 제품이 사람들에게 너무 낯설었던 것이다. 마치 도자기와 유리 제품으로 이루어진 고요한 세상 속에 등장한 눈부신 색상의 외계인 같았다. 적어도 브라우니 와이즈(Brownie Wise)가 나서기 전까지는 그랬다. 와이즈는 혼자 자식을 키우며 열심히 일하는 야심 찬 여성으로, '타파웨어 파티'라는 영업 전략을 써서 회사에 엄청난 성공을 안겨주었다. 가정주부들은 지인을 자기 집에 불러들여 커피도 마시고 디너파티도 벌였다. 덕분에 회사는 그런 자리에서 이 플라스틱 용기를 대량으로 판매할 수 있었다. 아울러 그때까지 별로 눈에 띄지 않던 가정주부들은 이제 기업인이 되었다. 남은 음식 처리의 역사는 이 지점에서 여성의 자기 능력 발휘의 역사이기도 했다. 여성에게 온 우주와 같은 가정이라는 곳도 그 의미를 새로이 인정받았다. 브라우니 와이즈는 타파 밀폐용기 사업에 그 누구도 예상하지 못한 대성공을 가져다주었다. 그녀는 분홍색 캐딜락을 타고 사방을 돌아다녔고, 아주 눈에 띄는 오트 쿠튀르(haute couture, 주로 파리에서 만드는 고급 패션제품 - 역자 주)를 입고 매년 가장 큰 성과를 낸 '타파 레이디(tupper ladys)'를 위해 혼을 쏙 빼놓는 파티를 해마다 벌였다. 한번은 그녀가 어느 농장에서 아주 멋진 보물찾기 대회를 개최했다. 초대받은 많은 여성은 삽으로 땅을 여기저기 파서 밍크숄이나 다이아반지가 든 보물봉투를 찾아냈다. 초

소형 자동차가 든 봉투도 있었는데, 그 실물이 이미 주차장에 떡하니 자리 잡고 있었다. 하지만 언제부터인가 사장인 얼 터퍼는 그녀와 그녀의 도를 넘는 파티를 둘러싼 언론상의 소란에 지쳐갔다. 그는 와이즈를 해고했으며 심지어 회사의 연혁에서도 그녀를 지워버렸다. 시기하는 남성이 직위를 이용해 여성을 압박하고 따돌리는 현실을 보여준, 세기 중반에 벌어진 여성사의 한 단면이다.

타파웨어 파티는 그대로 남았다. 안타깝게도 남은 음식이라는 테마도 그대로였다. 하지만 그 이후 수십 년이 지나면서 이 주제는 완전히 새롭게 전 지구 차원으로 커졌다. 온 세상에서 '음식 쓰레기'라는 구호가 나돌았다. 이 말은 음식의 낭비뿐 아니라 그냥 없애버리는 것까지도 의미했다. 먹을 수 있는 전체 음식 중 버려지는 비율은 현재 전 세계적으로 거의 20퍼센트에 달한다. 이는 기후에 불필요하게 부담을 안겨주는 재앙이다. 또 지구상에서 굶주리고 있는 8억 3천만 명의 얼굴을 후려갈기는 짓이다. 인류의 지난 수천 년의 역사를 한번 종종걸음으로 쫓아가보자. 기나긴 세월 인간은 겁에 질려 곡식을 땅속에 파묻었고, 질그릇 속에 저장했다. 그저 사나운 날씨가 수확을 망치지 않기만을 바랐다. 그래야 겨울을 어떻게든 날 수 있었던 것이다. 수많은 목숨을 잃어가며 힘겹게 무역로를 개척했고, 어쩌면 더 많은 이의 주린 배를 채워줄 수도 있을 식량을 찾아 온 세상을 돌아다녔다. 그런 다음 산업화 시대가 왔다. 그 성과 덕에 인간은 먹을 것을 심지어 수십년 넘도록 보관할 수 있게 되었다. 그러나 그 덕분에 인간은 먹을 것이 넘쳐나는 시대 역시 맞이하고 말았다. 굶주림이라는 인류 최대의 문제가 19세기 이후 해결되었다는 사실에는 이런 쓰라린 역설이 존재한다. 그와 함께 전보다 더 많은 사람이 굶어 죽고 있다.

동시에 음식 폐기는 언제부턴가 무절제한 상황에 빠져버렸다. 무가 굽었다고 그냥 내버린다. 표기된 사용기한보다 자신의 코를 더 믿은 나머지 포장 식료품을 그대로 쓰레기통에 버려버린다. 위생 규정이 특별히 엄하게 적용되는 공공 식료품의 딜레마이기도 하겠지만, 누가 그 포장을 건드렸는지 모른다는 이유로, 또 창고가 너무 꽉 찼다는 이유로 내다버린다. 과잉생산은 가격을 억누른다. 이런 무절제 속에서 완전히 새로운 의식을 지닌 한 무리의 사람들이 나타났다. 버려지는 음식을 구해내는 '푸드 세이버(food saver)'다. 음식이 우리의 구조 대상이 된 것이다. 음식 구조자는 슈퍼마켓의 폐기물 컨테이너 속으로 들어가 양호한 상태의 식품을 다시 구해낸다. 그들은 도매상을 움직여 남는 재고를 필요한 이들에게 기부하도록 한다. 아니면 그냥 차를 몰고 돌아다니며 못생긴 감자나 토마토 그리고 모든 먹을 수 있는 것을 거둬들인다. 어떤 곳에는 그런 것이 넘치도록 많다. 희망은 있다. 적어도 우리 낙관론자들에게는 그렇다. 남은 음식 재활용의 역사가 마지막 순간에 구원의 역사가 될 가능성은 아직도 남아 있다.

39. 햄버거

1948년 미국

인류의 역사는 가속의 역사이기도 하다. 인간 활동 하나하나, 발명과 기술 하나하나가 전부 세대에서 세대로 이어져 발전하면서 속도도 그만큼 더 빨라졌다. 산업화 시대에는 그 속도가 더 급속히 올라갔다. 19세기 초만 해도 기차라는 새로운 운송수단을 타고 빠른 속도로 달리면 자기 몸이 어디로 그리 빨리 가버렸는지를 파악하지 못해 승객의 감각이 혼란에 빠질지 모른다고 두려워했다. 그로부터 수십 년이 지난 뒤 현대인은 정말 어지럼증에 사로잡히지 않을 수 없었다. 기차는 점점 더 빨리 달리고, 자동차도 쏜살같이 내달린다. 그러다가 마침내는 하늘로 날아올랐다.

자동차 생산 속도도 아주 빨라졌다. 헨리 포드는 1914년부터 자동차를 컨베이어벨트에서 만들기 시작했다. 자동차를 이처럼 일괄 생산한 것은 그가 최초였다. 이미 그 이전에 프레드릭 윈슬로 테일러(Frederick Winslow Taylor)가 "시간은 잡아먹고 쓸모는 없는 모든 잘못된 몸의 움직임을 없애라"라고 주장하며 공장에서 작업 공정을 혁신한 바 있다. 노동자의 몸 움직임을 최적화하고 모든 불필요한 부분을 제거함으로써 전 직원을 로봇처럼 효율이 뛰어난 기계로 만든 것이다. 배경이 이러하니 음식도, 만드는 일이든 먹는 일이든, 그런 환상적 최적화의 대상이 된 것은, 전혀 놀라운 일이 아니다. '패스트푸드(fast food)'가 주요 원칙이 된다.

지금 우리가 와 있는 곳은 미국이다. 정확히 말하자면, 캘리포니아 주의 별로 주목받지 못하는 소도시 샌 버너디노(San Bernadino)다. 딕 맥도널드와 맥 맥도널드 형제는 이곳에서 아주 잘나가는 드라이브인 레스토랑을 하나 운영하고 있다. 주차장에서는 대략 스무 명의 예쁜 여직원이 햄버거와 일련의 다른 인기 간편식을 서빙하고 있다. 형제는 날마다 번쩍거리는 캐딜락을 타고 고요한 거리를 이리저리 누비고 다니며 흡족해한다. 그렇게 느긋한 권태의 시간이 몇 년 지나자 변화의 욕구가 두 형제를 사로잡는다. 좀 더 수익을 내기 위해서 무엇보다 중요한 것은 빠른 회전율이다. 형제가 도출해낸 결론은 아마 테일러가 움찔했을 만큼 과감했다. 그 아이디어에 '스피디 서비스 시스템(Speedee Service System)'이라는 이름이 붙었다.

형제가 맨 먼저 한 일은 서빙하는 매력적인 여직원은 물론 요리사와 그 외 모든 보조 서빙 인력, 설거지 전담 직원 전원을 해고하는 것이었다. 다음으로 메뉴의 종류를 대폭 줄였다. 메뉴에는 접시도, 나이프나 포크도 필요 없는 음식만 남았다. 그 대신 음식은 종이봉지에 담겨 나왔다. 음료도 종이컵에 담았다. 수천 년 동안 발전을 이어온 각종 도구가 이 식당에서는 식탁에서 쓸려 나가버렸다. 입구 위로 걸린 거대한 플래카드는 이 새로운 문명을 다음과 같이 알렸다.

"봉지에 담아드려요!"

결과적으로 살아남은 음식 메뉴는 햄버거, 치즈버거와 감자튀김뿐이었다. 축소화 노력이 가장 크게 적용된 곳은 주방이었다. 그곳은 이제 생산 공장과 비슷했다. 조리 교육을 받은 요리사는 한 명도 없고 저렴한 인력만 일했다. 그들은 늘 똑같은 동작으로, 마치 작은 기계를 조립하듯 햄버거를 조합한다. 주문이 들어오면 스타카토식으로 한 사람은 버거를 굽고, 다른 한 사람은 절반으로 자른 햄버거 빵의 아래쪽 빵 위에 그 버거를 올린다. 이제 고기 위에 머스터드소스, 케첩, 양파, 오이를 후다닥 얹고 그 위를 나머지 빵 반쪽으로 덮어주면 끝이다. 햄버거의 값은 15센트. 여러 다양한 작업 영역으로 나뉜 주방 공간 전체가 직원의 손작업과 필수적인 동작에 한 치 오차도 없이 딱딱 맞추어져 있다. 이리하여 버거와 감자튀김은 효율의 심포니라 할 아주 매끄러운 안무 속에서 만들어진다.

버거를 만드는 사람 쪽으로 등을 돌린 채 계산대에 남자 하나가 앉아 있다. 손님을 응대하는 유일한 직원이다. 그가 주문을 받는다. 이

것이 그다음 단계의 과격한 축소다. 직원이 가서 주문을 받는 게 아니라 손님이 몸소 와서 주문한 다음 음식이 담긴 따뜻한 종이봉지를 직접 받아서 가도록 한 것이다. 차에 탄 채로 음식을 주문하던 드라이브인 식당이 이렇게 바뀌자 손님들은 처음에는 뭐가 뭔지 알 수 없었다. 왜 아무도 주문을 받으러 오지 않는지를 알지 못한 채, 그저 주차장에서 다급하게 경적만 울려댔다. 하지만 혁신은 더 빠른 속도라는 의미로 받아들여졌다. 스트레스에 지친 사무직 종사자는 점심시간에 비효율적인 길을 걸어와서 주문을 받고 음식을 가져다주는 여직원과 말다툼을 하지 않아도 되었다. 이제는 그냥 들어가서 주문한 다음 자기 음식을 받아서, 마치 정맥주사 맞듯 꿀꺽 삼키기만 하면 된다. 나이프와 포크를 들었다 놓았다 하는 시간 잡아먹는 짓도 할 필요가 없다. (공정을 기하기 위해 확실히 하고 넘어가야 할 게 있다. 햄버거란 이렇게 만들든 저렇게 만들든, 두 손으로 들고 한 입 깨물어 버거 전체가, 그러니까 고기, 빵, 소스에 매콤-새콤한 고명을 올린 구조물이 입 속으로 들어가면 다 맛있다는 것이다. 그걸 나이프와 포크를 써서 조각조각 자르면 햄버거는 싸구려 재료로 만든 형체 없는 쓰레기로 탈바꿈해버린다.)

"점점 더 빨리, 더 높이, 더 멀리!"를 외치며 인간은 자신을 몰아붙인다. 패스트푸드도 그렇게 떠들어댄다. 게다가 효율적 식사라는 것은 전후 시대가 낳은 산물이기도 하다. 그때는 힘들게 노동하면 곧 남들에게 인정받는 시대였다. 뭐든 쌓아 올리고 돌파해야 했다. 후다닥 먹어치운다는 것은 개인 혹은 그 개인의 욕구를 억누른다는 뜻이다. 일하는 짐승을 그저 황급히 먹인다는 의미도 있었다. 그러니 수십 년도 지나지 않아 개성과 신중함이라는 말에 온 관심이 집중하자 식사는 다시 느려지면서 '슬로푸드(slow food)'라는 새로운 이름을 얻었다.

40. 반미 샌드위치

1950년경 베트남

1950년대의 사이공. 오토바이와 릭샤가 넓은 거리를 물결처럼 휘젓고 다닌다. 그 사이에서 자동차 몇 대가 경적을 울려댄다. 떼 지어 밀려드는 교통량 한복판에 경찰관 한 명이 외로이 작은 단상 위에 서서 두 팔을 올리고 내리기를 반복한다. 아무도 그를 크게 주목하지 않는다. 상상 속의 오케스트라를 이끄는 지휘자 같다. 일렬로 늘어선 여러 건물의 정면에 키 큰 타마린드나무의 우듬지가 그림자를 드리우고, 그 고운 나뭇잎은 뜨거운 공기 속에서 떨고 있다. 장사꾼 여럿이 팔 물건을 들고 새로 생긴 '벤탄 마켓(Bến Thành Market)'을 향해 끙끙거리며 걸어간다. 밝은색의 삼각뿔 모자들이 이리저리 일렁인다. 몸에 찰싹 달라붙는 비단옷을 입은 우아한 부인네는 알록달록한 차양이 쳐진 길거리 카페에 앉아, 바삐 몰려다니는 사람들 사이에서 한가하게 어슬 렁거리며 지나가는 이들을 눈여겨본다. 프랑스의 식민 지배가 그 끝을 향해 다가가고 있기는 하지만 아직도 어딜 가나 유럽인의 에티켓이 잔뜩 배어 있다. 길거리의 수많은 노점도 마찬가지다. 거기에는 황금 빛의 기다란 빵이 위태롭게 쌓여 있다. 바로 바게트 빵이다. 여기서 파 는 음식은 베트남과 프랑스가 만나 놀라운 작품으로 태어난 샌드위치 '반미(bánh mì)'다.

널리 퍼진 길거리 음식이 다 그러하듯, 반미에도(이 베트남어의 의미 를 번역하면 그냥 '빵'이다) 수많은 변종이 있다. 하지만 맨 먼저 핵심으로 꼽는 것은 바게트다. 이곳 사이공의 바게트는 프랑스 오리지널보다는 좀 길이가 짧다. 파리의 바게트는 마치 바삭바삭한 지팡이라도 되는 양 사람들이 들고 거리를 활보하지 않던가! 베트남에서는 밀가루 값 이 무척 비싸다 보니 바게트를 쌀가루로 만들기도 한다. 덕분에 빵 껍 질은 더 바삭바삭하다. 속은 말랑말랑하고 군데군데 움푹한 곳이 있 는데, 오븐 속에 있을 때 습기와 향기를 머금은 공기가 그곳으로 모인 다. 사이공에서는 1950년대 초까지 이 변종 바게트를 아침마다 버터 와 설탕을 곁들여 즐겨 먹었다. 이뿐만 아니라 노점 스탠드에서는 프 랑스 사람들에게 익숙하고 좋아하는 방식으로 만들어주었다. 바게트 에 버터, 마요네즈 또는 약간의 파테(pâté)를 바르고 햄을 얹어주었던 것이다.

1954년 베트남은 남북으로 분단되었고 프랑스는 최종적으로 물러

갔다. 북부의 많은 베트남 사람들이 이제 남쪽으로 이주하면서 사이공은 다시 한번 새롭게 큰 변화를 겪었다. 이는 문화 폭발로 이어졌고, 베트남 사람들의 의식뿐 아니라 이 나라 미식의 끝판왕인 길거리 음식에도 큰 영향을 미쳤다. 바로 이 폭발적인 역사적 지점에서 반미는 아무도 예상하지 못한 힘을 펼쳤다. 바게트는 그대로 반미의 바탕이자 겉껍데기로 남았으며, 빵에 매끄럽게 바른 파테와 마요네즈도 그대로 남았다. 하지만 빵 속에는 맛의 강도 면에서 전혀 다른 쪽으로 벗어난 요소가 들어갔다. 고추에다 고수 같은 싱싱한 허브, 생채소, 절인 오이나 무, 그릴에 구운 고기를 넣었고, 어장(fischsauce, 魚醬)으로 양념한 별난 베트남식 소시지 한 개가 들어가기도 했으며, 머리고기 소시지의 현지 버전을 넣기도 했다. 서로 충돌하는 여러 맛을 뒤섞은 하이브리드에 사람들은 마기 소스(maggi-sauce. 19세기 말 스위스에서 설립된 유명 식품 브랜드로 이후 네슬레에 인수됨 - 역자 주)를 몇 차례 뿌려 중화해서 즐겨 먹었는데, 이 소스 역시 스위스 출신의 프랑스 사람이 가지고 온 것이었다. 반미는 순전히 퓨전이지만, 무엇보다도 중요한 것은 뿌리칠 수 없을 정도로 맛있다는 사실이다.

음식은 문화의 정수이다. 한 나라의 이런 핵심은 끊임없이 모양과 맛을 바꾸는 법이다. 베트남 태생의 미국 작가 앤드루 램(Andrew Lam, 1964~)은 "배우고 적응하는 것은 베트남 사람들의 생존 본능이다"라고 썼다. 결국 베트남은 "남들의 부러움을 산 나라이면서 지난 천 년 동안 식민지가 되어 지배당한 나라"였다는 것이다.[33] 맨 먼저 중국이 거의 천 년 동안 베트남을 지배했다. 그 뒤 수백 년 동안 독립을 유지했는데, 그 기간 중에는 여러 왕조가 바뀌면서 베트남 지역을 다스렸다. 마지막으로 프랑스 사람들이 들어왔다. 베트남의 또 하나 국민음식인 퍼보(Phở bò, 소고기 쌀국수)가 어원적으로 '우육면'을 가리키는 광동어 '룩 퍼(luc pho)'에 근거하는지 아니면 오히려 프랑스어 '포토푀'(pot-au-feu, 고기와 채소를 냄비에 넣고 무르게 삶은 스튜 - 역자 주)에서 차용되었는지는 아직 논란이 있다. 문제는 언어다. 작가 앤드루 램의 말에 따르면 베트남어는 "프랑스어, 중국어, 베트남 내 크메르 방언, 몽족 방언 및 참파족 방언 그리고 일련의 여타 현지 부족언어의 융합"이다.[34] 베트남인의 정체성은 조각보처럼 뒤섞여 삶의 모든 영역에 두루 들어가 있으며 무엇보다 지역 음식에 응축되어 있다.

낯선 음식이란 낯선 것을 먹는다는 것도 늘 의미한다. 반미의 경우 프랑스의 몫인 바게트가 벌써 목구멍을 넘어가 한 몸이 된 뒤에 히트 상품이 된다. 말하자면 여러 가지 영향이 융합된 새로운 반미로서의 정체성이 확립된 것이다. 바게트 자체도 어떤 성격을 지녔는지 그 독자적 역사를 기록할 수 있다. 프랑스에서는 바게트를 이미 1600년경에 구워 먹었는데, 오랫동안 상류층이 먹는 빵으로 여겼다. 빵이 너무 빨리 푸석푸석해지고 맛이 없어지므로 늘 새로 사지 않으면 안 되었기 때문이다. 그런데 20세기 초에 프랑스를 열렬히 애호하는 관광객들이 바게트를 프랑스를 대표하는 상징으로 여겨 바게트 이미지를 전 세계에 실어 날랐다. 갓 구운 전통 바게트가 차곡차곡 쌓인 파리의 빵

집은 모두가 가보려는 갈망의 장소가 되었다. 그래서 일단 외국에서는 그 기다란 빵을 국가의 상징이라고 보았다. 프랑스 사람도 이런 평가를 기꺼이 받아들여 그런 외부의 시각을 자기 생각으로 만들었다.

식민 통치자는 이 봉건 시대의 빵을 베트남으로 들여왔고, 식민지의 주민이었던 베트남인은 그 빵을 길거리 어디서나 값싸게 사 먹을 수 있는 음식으로 바꿔버렸다. 그러자 프랑스의 정체성과도 같은 이 다층적인 복합물이 크게 뒤흔들리더니, 마침내 '베트남을 대표하는 음식'으로서 퓨전음식의 성격을 뚜렷하고도 자랑스럽게 외부에 드러냈다. 그 뒤 베트남 전쟁이 터졌고, 베트남 난민은 이 반미 샌드위치를 전 세계로 퍼뜨렸다. 미국에서도 이 음식은 유명해서 많은 사랑을 받고 있으며, 특히 1980년대에 활짝 핀 푸드트럭 문화의 중요한 일부가 되었다. 당연히 오늘날에도 우리는 사이공 또는 호치민 시내 길모퉁이 어디서든 반미를 먹을 수 있다. 등 뒤로는 이상하다 싶을 정도로 많은 오토바이가 부르릉거리며 물결처럼 지나간다.

41. 하와이 토스트

1955년 독일연방공화국

영원히 멈추지 않을 시계추 같았다. 결핍과 죽음에의 공포가 설쳐 대는 시대에 맞서 인간은 배고파 죽겠다는 듯 마구 먹어치우는 방식으로 대응했다. 중세 때 가뭄으로 수확을 망친 뒤의 걸판진 상차림을 보면 알 수 있다. 아니면 30년 전쟁(1618~1648)이 끝난 뒤 바로크 시대의 영주 가문이 벌이는 잔치를 보라. 상다리가 주저앉을 판이다. 제2차 세계대전과 더불어 자국 역사의 가장 암울했던 한 장이 마감된 뒤 독일이 보인 반응도 마찬가지로 푸지게 차려 배 터지도록 먹는 것이었다. 버터크림케이크, 여러 재료로 걸쭉하게 만든 소스, 마요네즈, 에그노그 등이 그런 음식이었다. 여기에 절대 빠지지 않는 것이 바로 하와이 토스트다. 전쟁 후 이곳 사람들이 그리워 마지않던 것은 남쪽

바다였다. 식빵 조각에 슬라이스치즈를 얹어 오븐에 녹인 이 음식은
바로 그것을 상징했다.

"맛을 사랑하는 시청자 여러분, 안녕하십니까!"

클레멘스 빌멘로트(Clemens Wilmenrod)라는 예명의 요리사는
〈10분 뒤에 식탁으로 와주세요(Bitte in zehn Minuten zu Tisch)〉라는 요
리 방송을 시작했다. 불과 10분이면 상차림이 끝나 음식을 먹을 수 있
다는 의미다. 독일 TV 방송 사상 최초의 요리 프로그램이었다. 방송을
진행하는 그의 모든 동작에는 자기만의 우쭐한 조롱기가 감돌았다. 비
록 성공하지는 못했지만 본디 배우였으며, 기발한 돈벌이 방식에 집착
한 빌멘로트는 흔히 하와이 토스트의 창안자로 통한다(물론 미국의 어느
통조림 햄 제조업체의 광고가 그에게 적어도 영감을 불어넣어주었을 가능성이 무척
크기는 하다). 여기서 기발한 돈벌이 방식은 은근슬쩍 간접적으로 광고
하거나 상품을 눈에 띄는 곳에 배치하는 식의 광고를 말하는데, 이는
그에게 결국 불행으로 들이닥친다.

그가 하와이 토스트의 조리법을 최초로 소개한 때는 1955년이었
다. 토스트용 빵 한 장을 살짝 구운 다음 버터를 바르고 그 위에 햄을
한 장 올린다. 그런 다음 가장 결정적인 재료가 한 장 올라간다. 납작
하게 썬 파인애플인데 통조림에 든 것이다. 달콤한 설탕물에 절인 열
대과일 말이다. 하와이라는 이름이 붙은 것은 이 과일 때문이었다. 그
위에 다시 슬라이스치즈가 올라간다. 게다가 쫄깃쫄깃하고 달콤한 칵
테일용 버찌 하나를 더 얹어 도도한 색상을 뽐낼 수도 있다. 여러 재

료를 쌓아올려 만든 이 음식은 이제 오븐에 들어가 몇 분 동안 열기를 쬔다.

주의해야 할 점은, 오븐의 열에 녹아내린 치즈와 그렇게 녹아서 덩어리진 슬라이스치즈 속으로 스며든 새콤달콤한 맛의 뜨거운 파인애플즙에 입천장을 델 수 있다는 것이다! 하얀 토스트 빵은 모든 걸 다 빨아들인다. 하지만 식으면 급속히 그 형체를 잃어버려, 아기들이 늘 끼고 자는 폭신폭신한 담요가 아이를 달래주듯, 기름기 섭취욕이나 채워주는 천 쪼가리 같은 것으로 변해버린다. 1950년대의 맛 중에서 무척 새롭고 '이국적'이다 싶은 것이 '단+짠' 조합인데, 독일 음식에서는 예전에 전혀 볼 수 없던 맛이었다. 이 두 가지 맛은 서로 제동 없이 부딪힌다. 하와이 토스트는 미식이라 할 수 없는 음식이다. 아로마를 통해 섬세하게 뭘 하는 것이 아니라, 오히려 그 아로마를 그냥 유쾌하게 내동댕이쳐버린다. 여기서 파인애플은 통조림에 담긴 그리움, 소부르주아가 환상 속에서나 그리던 알로하였다. 그런데 이 열대과일 속에는 실제로 신세계, 모험 그리고 떠나지 못한 이들의 떠나고 싶은 욕구에 관한 이야기가 담겨 있다.

서유럽 세계에 파인애플을 소개한 이는 다름 아닌 크리스토프 콜럼버스다. 1493년 카리브해의 과들루프(Guadeloup)섬에 상륙한 그는 그곳 오두막 앞에 기괴한 모양의 과일이 하나씩 놓여 있는 것을 보았다. 가시 달린 비늘 같은 것으로 덮여 있는 데다 위쪽에는 덤불처럼 생긴 두툼한 이파리들이 왕관처럼 솟아 있었다. 더구나 그 이파리는 찌르기라도 할 듯 뾰족하게 곤두서 있었다. 나중에 밝혀졌지만, 이 이상한 형상의 과일은 환영 인사였다. 17세기가 되자 네덜란드인은 식물원과 최초의 온실까지 만들어 파인애플 재배에 매달렸다. 18세기에는 그레이트브리튼의 귀족들이 뒤를 이어 이 과일을 자기네 정원에서 재배했다. 돈이 엄청나게 드는 일이었다. 싹이 트면 땅에 구덩이를 판다음 그 싹을 심었는데, 벽돌로 그 구덩이를 감싸고 유리로 덮어주었다. 겨울이 되면 온실로 옮겨 심어야 했을 뿐 아니라 난로까지 피워주어야 했다. 당시 다양한 과일로 식탁을 장식했는데 파인애플은 대단히 사치스러운 장식품으로 통했다. 이걸 감당할 능력이 안 되는 사람은 과일상에게서 하룻밤 빌리기도 했다.

파인애플의 기괴한 모습은 도자기 장인, 금세공사 그리고 건축가에게도 영감을 주었다. 19세기에는 온실이 더 커져 이 과일을 손에 넣을 기회가 많아졌다. 1829년 파리에서 열린 '코포라마(Corporama)'라는 이름의 전시회는 실제의 열대식물이나 과일과 똑같은 밀랍 모형을 보여주어 관람객을 놀라게 했다. 그전까지는 열대식물이나 과일은 가루나 건조된 형태(커피, 카카오, 차, 후추)인 줄로만 알았다. 파인애플이 그러했듯 최상류층 집에서나 볼 수 있었던 탓이다. 밀랍을 이용해 정열적이고 감각적인 색감과 형태로 정교하게 만들어낸 또 하나의 별천지는 마치 진열장을 터트려버리려는 것 같았다. 그러다 19세기 말, 파인애플 통조림이 시장에 모습을 드러냈다. 이제 파인애플은 대량소비를 할 수 있는 상품이 되었다. 동시에 대규모 농장도 등장했다. 그곳이 바로 하와이였다.

하와이 토스트로 인해 이제 야자나무가 늘어선 해변이라는 꿈이 독일의 부엌으로 넘실넘실 흘러들었다. 하와이 스테이크, 하와이 슈니첼, 하와이 과일샐러드, 하와이 치킨샐러드, 하와이 햄샐러드 따위가 줄줄이 생겨났다. 여기에 더해 라디오에서는 딱 들어맞는 음악이 조금씩 흘러나왔다. 〈아이티 셰리〉, 〈남쪽바다를 꿈꾸며〉, 〈타이티의 장미〉 같은 노래였다. 내용이야 사실이든 아니든 가사는 싱그럽기만 하다. 여기에 우쿨렐레라는 네 줄짜리 현악기 반주도 빠지지 않는다. 하와이는 의도적으로 모호한 상상의 대상으로 남아 있다. 이를테면 비코 토리아니(Vico Torriani)가 부른 〈와이키키(Lips of Wine)〉의 가사처럼 말이다.

······················ 66 ······················

푸른 바다 / 야자수 해변 / 와이키키 / 난 잊지 못하지. / 하와이의 입맞춤은 / 너무 부드럽고 달콤해 / 하와이에만 / 낙원 있으니.

······················ 99 ······················

훌라 음악 소리는 마음을 차분하게 해주었고, 음식에서는 달콤한 맛이 넘쳐났다. 이런 것들이 아직 폐허 속에 있는 한 나라를 부드럽게 달래주었다. 트라우마도, 과오에 대한 음울한 추궁도 어떻게든 집단의 의식에서 제거되어야 했지만, 그것을 극복하려는 시도는 한참 뒤에야 비로소 나타났으니 말이다. 그런 시도를 해야 할 때 사람들은 차라리 미국식 토스트 한쪽, 설탕을 끼얹은 열대과일 한 개, 공장에서 대충 만든, 기름기 듬뿍 든 싸구려 치즈 그리고 거기에 더해 오랫동안 많이 먹을 수 없었던, 뒷다리살로 만든 햄을 집어 들어 한 끼 식사를 차렸다. 현대성, 세상에 대한 열린 마음 그리고 어쩌면 낙원으로의 구원까지도 약속해주는 식사였다. 나치의 만행과 상상할 수 없을 정도로 잔혹했던 제2차 세계대전이 끝나고 10년쯤 지나자 하와이 토스트는 이제 인간의 망각 능력에 대한 작은 명상 거리가 되었다.

42. 인민 국수

1958년 중화인민공화국

상상도 못 할 시끄러운 소리가 중국의 구석구석을 다 뒤흔들어놓았다. 때는 바야흐로 1958년 봄이었다. 지붕에서, 좁은 골목길에서, 들판에서 철판 때리는 소리가 요란하게 울려 퍼졌다. 새벽 4시부터 다섯 살 이상 먹은 중국인 모두가 나서서 전략본부가 사전에 정확히 지정해준 위치에 자리를 잡고는 아무런 거리낌 없이 냄비, 양철판 그리고 시끄러운 소리를 낼 수 있는 것이면 뭐든 마구 두들기기 시작했고, 동시에 날카로운 소리도 내뱉었다. 이날 중국은 자기 밥상을 지켜냈다. 아니, 적어도 그렇게 믿었다.

왜냐하면 중화인민공화국의 초대 주석 마오쩌둥(毛泽东)이 네 가지 해로운 요소가 지금 중국을 덮치고 있다고 누누이 이야기했기 때문이었다. 그것은 바로 모기, 파리, 쥐, 참새였다. 이들이 질병을 가져오고 사람이 먹을 양식을 먹어치운다는 것이었다. 마오는 특히 참새가 큰 위험요인이라고 여겼다. 시간이 지난 뒤 그의 생각이 틀렸음이 비록 드러나기는 했지만, 참새는 밭에서 수확한 것을 먹어치우며 헛간에 보관해둔 종자 앞에서도 멈출 줄 모른다는 것이 그의 확신이었다. 그래서 그는 참새 잡이에 나서야 한다고 외쳤다. 이는 '대약진 운동'의 일환으로 벌어진 여러 엉뚱한 활동 중 하나일 뿐이었다. 쇠붙이를 이렇게 지옥처럼 시끄럽게 쳐대니 새들은 어딘가에 자리를 잡고 쉬는 것을 두려워했다. 작전은 성과가 있었다. 사흘 동안 작은 새들이 하늘에서 비 오듯 떨어져내렸다. 기운이 빠진 나머지 날아가다 죽어버린 새들이었다. 그런데 이 전례 없는 참새 멸절 작전의 승리자는 메뚜기였다. 천적이 없어지자 메뚜기가 폭발적으로 늘어나 들판을 아주 싹쓸이해버린 것이다.

나쁜 발상의 하나라고? 그래, 그렇다. 그런데 또 더 있다. 왜냐하면 마오는 농촌 전 지역을 몽땅 새롭게 정비하려 했기 때문이다. 사회주의 정신이 인민을 파고들어야 했다. 그는 강제로 집단화하라고 명령을 내렸다. 농민은 재산을 다 빼앗겼고 그들의 부엌은 깨끗이 치워졌다. 냄비와 팬, 주발은 압수되었고 부뚜막은 파괴되었다. 이제 동무들은 인민 급식소에서 식사를 해결했다. 누구나 원하는 대로 먹을 수 있었다. 공산당 기관지는 기뻐 날뛰며 이렇게 보도했다.

인민공사는 (…) 그리 머지않은 미래에 그 구성원을 지금까지
역사에서 볼 수 없었던, 단 하나뿐인 동화 속 나라로 이끌 것이다.
모든 사람이 자기 능력에 따라 일하고 필요한 것은 뭐든 얻을 수
있는 자유의 나라가 환히 빛날 것이다.[35]

농민의 집에서 빼돌려 모아둔 아주 다양한 각종 의자에, 그에 못지
않은 잡동사니 집단이 모여 앉았다. 그들은 채소와 밥솥, 국수, 찐빵,
걸쭉한 귀리죽과 돼지고기[마오쩌둥이 좋아하여 날마다 먹었다고 한다. 붉은
빛 감도는 삶은 돼지고기(홍소육)인데, 간장과 소흥주를 섞은 물에 생강, 양파, 계
피, 팔각 그리고 월계수 잎을 넣은 다음 돼지 뱃살을 거기에 푹 졸인 음식이다]가
넘치도록 쌓인 것을 보고 깜짝 놀랐다. 과하다 싶을 정도로 그릇에 수
북이 담긴 이 음식이 어디에서 난 건지 제대로 아는 사람은 없었다. 농
부들은 자기가 부여받은 온갖 임무를 해치우기에도 바빠 밭일을 거
의 하지 못했기 때문이다. 그 임무는 마오가 내린 경악스런 조치였다.
바로 모든 농촌에 전통 방식의 용광로를 세우라는 명령이었다. 아마
추어가 짜 맞춘 어설픈 건조물이 중국의 모든 농촌 뒷마당에 들어섰
다. 농민들은 이 토로(土爐)에 밤낮없이 불을 지펴야 했다. 마오 주석은
이 조치를 통해 강력한 산업혁명을 추진하려 했다. 그렇게 15년이 지
나면 중국의 제철산업은 영국의 그것을 능가하게 되리라는 것이 그의

진단이었다. 천하에 이런 엉터리 낙관론이 도대체 어디에 있단 말인가! 마오의 말에 절대 신뢰를 보내는 중국인은 자기네 일상생활에 필요한 모든 물건을 이 급조된 용광로 아가리 속으로 던져 넣었다. 솥과 팬도, 농사짓는 데 필요한 도구도 용광로 속으로 들어갔다. 거기서 나온 것은 기괴한 모습으로 녹아 뭉쳐진 쇳덩이였다. 그 어디에도 써먹지 못할, 한 나라의 미래가 쓸모없는 고철 조형물처럼 일그러지고 고장 나버린 것이다.

재앙이 들이닥칠 것임을 알려주는 여러 조짐 중에서 처음으로 감지된 것은 아마도 인민이 먹는 음식에서였을 것이다. 그때까지만 해도 누구나 원하는 만큼 음식을 더 가져다 먹을 수 있었고, 남은 음식은 아직도 별걱정 없이 내다버리는 상황이었지만, 얼마 안 가 음식은 배급 방식으로 바뀌었다. 국을 나눠줄 때는 미묘한 권력다툼이 작용했다. 몇몇 요리사는 탕면이 든 솥을 제대로 휘휘 저어주지 않고 멀건 국물만 솥 위쪽에서 떠주었고, 급식소를 찾는 사람 가운데 자기 마음에 드는 이에게만 솥 밑바닥에 깔려 있는 건더기를 넉넉히 긁어 퍼주었던 것이다. 밤에는 도둑질을 하지 못하도록 채소밭과 농경지를 감시해야 했다. 이제 먹을 것이라고는 옥수수에 나무 속껍질을 섞어 만든 빵, 멀건 곡물죽 그리고 국수 아닌 나무뿌리뿐이었다.

추수한 것도 더는 창고에 저장할 수 없었다. '대약진'은 압도적이고 절망적인 재앙 속으로의 자유낙하가 되어버렸다. 마오쩌둥의 농촌 정비는 인류사 최악의 기아 사태를 유발했다.

늦게 잡아도 19세기부터는 인민을 먹여 살리는 일이 전 세계 대다수 지역에서 국가의 최우선 의무로 간주되었고, 굶주림을 해결하는 것은 국가라는 체제가 해야 할 일이었다. 마오의 대약진 운동은 이 의무의 끔찍한 단절이었다. 다시 한번 음식이 정치적 목적 때문에 그릇되게 쓰인 것이다. 뻔뻔한 선전도구로, 또 인민을 기만하는 도구로 말이다. 인민이 급식소에서 그저 주는 대로 배불리 먹는 동안 지금 먹어치우는 것이 마지막 남은 양식임을 말해주는 사람이 없었기 때문이다. 위대한 영도자는 자신의 잘못을 당연히 인정하지 않았다. 그래도 어쨌든 몇 년 지난 뒤, 참새는(아직 다 죽지 않고 남아 있었다) 사살 대상에서 빠졌다. 그 대신 빈대가 새로운 인민의 적으로 선언되었다.

43. 탈수
닭고기 수프

1969년 우주

인간은 무엇이든 발견하려고 한다. 인간은 무엇이든 먹어야 한다. 먹기 위해 인간은 늘 도전에 나선다. 통조림 덕에 북극까지 탐험할 수 있었던 인간이 이제는 우주로도 날아가려 한다. 그런데 이 모험에서는 음식 공급 방식이 완전히 달라야 한다. 물론 일차적으로 가장 기본적인 것이 해결되어야 한다. 소련의 우주비행사 유리 가가린(Yurii Gagarin, 1934~1968)이 1961년 인류 최초로 한 시간가량 우주를 여행했을 때, 사람들은 인간이라는 유기체가 무중력 상황에서 과연 음식을 먹을 수나 있을지 아니면 먹다가 질식해 죽어버리지나 않을지 확실히 알지 못했다. 가가린은 식량으로 소고기 페이스트와 초콜릿 소스를 각각 치약처럼 알루미늄 튜브에 담아 가져갔다. 그는 복잡한 감정이 교차하는 가운데 이 음식을 먹었을 것이다. 어쨌든 모든 일이 탈 없이 흘러갔고, 가가린은 무사히 지구로 돌아왔다. 러시아의 이러한 성공에 적잖이 속이 상한 미국은 달에 최초로 인간을 보내겠다고 공표했다.

20세기에 로켓을 타고 달나라를 다녀오는 원정은 통조림을 잔뜩 실은 배를 동원해야 했던 100여 년 전의 북극 원정에 비하면 그 기간이 말도 못하게 짧았다. 이 최초의 달 탐험에는 고작 8일 동안의 식량만 준비하면 되었다. 먹을 사람은 세 명의 우주비행사 닐 암스트롱(Neil Armstrong), 버즈 올드린(Buzz Aldrin) 그리고 마이클 콜린스(Michael Collins)였다. 하지만 음식을 저장할 공간은 제한되어 있었다. 우주에서도 음식을 먹을 수 있음은 입증되었다 해도, 우주인용 식량을 개발하는 이들은 무중력이라는 상황 때문에 어느 정도 문제에 봉착해 있었다. 이를테면 빵 같은 것이 우주에서는 치명적인 위협이 될 수 있었던 것이다. 빵이 부스러질 수 있기 때문이었다. 바삭바삭한 빵 부스러기의 작디작은 알갱이가 이리저리 떠다니면 통제가 되지 않는다. 최악의 경우 고도로 복잡하게 구성된 로켓의 민감한 기기나 여과장치를 막아버려 고장을 유발할 수도 있었다. 그래서 인류의 가장 오래되고 중요한 식료품의 하나인 빵은 고향인 지구별에 남겨두기로 했다. 말하자면 우주인의 음식은 포장을 풀어 헤치거나 한 입 베어 물 때 그 입자가 단 하나라도 떨어져 나가 돌아다녀서는 안 되었다. 또 근육 손실을 겪을지도 모를 우주인에게 단백질, 지방질, 비타민 그리고 탄수화물을 공급해 최적의 상태로 몸을 유지시켜주어야 했다. 하지만 섬유질은 최소화해야 했다.

가가린을 비롯한 최초의 우주비행사들이 먹은 것은 소화가 잘되며 영양분이 풍부한 음식으로, 금속 튜브에 페이스트 형태로 담긴 음식을 직접 입 속에 짜 넣는 방식으로 섭취했다. 입에 쏙 들어가는 주사위꼴로 압축한 음식을 이용한 실험도 있었다. 첫 우주비행이 성공하기 전 러시아에서는 음식을 작은 알약 형태로 응축시키는 상상도 했는데, 그건 사실 19세기 후반에 출현한 오래된 꿈이었다. 아직도 굶주림이 휘몰아치는 세상을 산업화의 힘을 빌려 이겨보자는 환상이었다. 하지만 이 슈퍼 알약은 이루지 못한 꿈으로 남았다. 최초로 달 착륙을 하기도 전에 우주인의 음식은 튜브와 주사위꼴이라는 첫 단계를 이미 극복했다. 구체적으로 그 주된 이유는 그런 음식이 너무 낯선 데다 너무 기술적이었기 때문이다. 설사 별들의 세계로 여행하더라도 인간은 자신이 이룩한 문명의 혜택을 누릴 수 있어야 했다. 우주비행사 콜린스는 달에서 무선통신으로 "믿을 수가 없군요. 여기서 닭고기 수프를 먹을 수 있다니!"라고 감탄했다. 그 말에는 낯선 나라의 어느 도시 한복판, 뭣도 모르는 관광객에게 바가지나 씌우는 곳에서 자기 나라의 국민음식을 발견한 어느 여행객의, 좀 거슬릴 수도 있을 도취 같은 것이 배어 있었다.

거기에 사용된 해법은 탈수, 동결건조 따위였다. 아폴로 11호에는 소고기 스튜, 다진 고기 소스로 버무린 스파게티, 과일빵 그리고 소시지 샐러드 같은 음식이 건조된 분말 형태로 비닐 팩에 담겨 실렸다. 먹을 때 그 팩에 따뜻한 물만 조금 채워 넣으면 끝이었다. 그런 다음 봉지를 주물럭거리면 닭고기 수프의 탄생이다! 커피도 봉지에 담겨 있었는데, 블랙도 있었고 크림이나 설탕이 든 것도 있었다. 지구를 바라보며 고요한 시간을 즐길 때 아폴로 11호의 우주인은 이 커피를 마셨다. 암스트롱과 올드린은 달로 날아가는 우주선에서 먹은 첫 메뉴(베이컨, 복숭아, 주사위꼴로 자른 시나몬 토스트, 파인애플-포도 주스)의 마지막 입가심으로도 커피를 마셨다. 먹고 마시는 일에는 이렇게 의례를 만들어내는 힘이 있는데, 우주여행에서 이 힘이 또 한 번 발휘되었다. 우주선이 달 표면에 착륙했을 때였다. 버즈 올드린이 우주에서 맞이하는 최초의 만찬을 위해 뭔가를 꺼냈다. 손톱 크기의 밀떡 하나와 미니어처 포도주 한 병이었다. 우주에서의 성찬식을 위해 올드린이 몰래 우주선에 들여왔던 것이다.

우주비행사용 음식은 아주 소수의 사람만이 소비한다. 하지만 오늘날까지 미래의 음식에 대해 우리가 가지고 있는 이미지에 영향을 미친다. 초기 형태인 튜브, 압축된 주사위꼴 음식 그리고 가루 형태는 미래의 환상을 그릴 때 늘 반복해서 등장한다. 1973년에 나온 영화 〈소일렌트 그린(Soylent Green)〉은 당시로서는 까마득한 미래인 2022년의 지구를 이야기한다. 디스토피아를 그린 이 공포영화에 따르면, 전 세계의 가난한 사람들은 빨강, 노랑, 초록의 세 가지 색을 지닌 합성음식을 먹고 사는데, 마지막의 초록색은 인육에서 얻어 농축시킨 것이다. 밀라 요보비치(Milla Jovovich)는 1997년 영화 〈제5원소(The Fifth

Element)〉에서 유전자 재합성을 통해 만들어진 빨간 머리 소녀 '리루'
로 나오는데, 슈퍼 알약 하나를 오븐 안으로 던지고는, 몇 초 만에 기
름기가 뚝뚝 떨어지는 거대한 통닭구이를 꺼낸다. 각종 채소 고명도
같이 들어 있다. 분위기는 1973년 영화보다 좀 더 유쾌하다. 그리고
2015년 스타워즈 시리즈 영화 〈깨어난 포스(The Force Awakens)〉에
서는 스타워즈가 그리는 우주의 음울한 세계 어느 곳에서 고철을 줍
는 여인 레이가 힘든 하루를 보낸 뒤 무슨 가루를 풀고 뜨거운 물을
붓자 곧 한 덩어리 빵으로 부풀어 올라 푸근하게 그녀의 몸과 마음을
달래준다.

우주비행사는 갑자기 무한정 멀어져버린 지구와 서먹서먹해진다.
자기 몸과도 그렇게 된다. 무중력 상태에서 둥둥 떠다니다 보면 근육
도 손실되고 얼굴도 부어 더 커진다. 미각도 상실한다. 중력이 없어서
늘 코가 막힌 탓이다. 애당초 익숙한 닭고기 수프도 탈수 과정을 거쳐
해체되었기 때문에 그 맛은 낯설고 텁텁할 수밖에 없다. 그래서 우주
비행사는 거기에 소금물 조금과 기름에 볶은 후추(소금과 후추도 빵 부스
러기와 마찬가지로 로켓 내부에서 둥둥 떠돌아다녀서는 안 된다)로 덧간을 한다.
이렇게 하면 비닐봉지에 든 수프가 그래도 어쩌면 좀 더 현실감 있는
맛이 될 터이고, 낯선 몸뚱이는 그 음식을 맛있게 먹을 것이며, 그리하
여 고향 지구를 떠올릴 수도 있다. 미래에도 과거를 회상하며 그리워
하는 순간은 존재한다.

44. 뷔페

1970년경 독일연방공화국

"

차가운 뷔페 음식 곁에서 뜨거운 전투가 벌어지면 / 남자는 여
전히 남자다워야 하고 / 또 눈에는 눈, 고기 젤리(aspik)에는 젤리
/ 여기서 드러나지, 누가 싸울 수 있는지 (⋯) 어느 귀부인 미소 지
으며 영웅의 죽음을 꿈꾸네 / 캐비아와 샴페인에 취한 채 / 그사이
그녀는 남아돌 만한 것을 / 번개처럼 주머니에 집어넣네.

"

싱어송라이터 라인하르트 마이(Reinhard Mey)는 1970년대에 뷔페
를 이렇게 노래했다. 기적의 경제 부흥 덕분에 다수의 서독 시민은 살

림살이가 탄탄했고 소박하나마 넉넉함을 누렸다. 정치적으로 또 인간적으로 암울했던 수십 년을 보낸 끝에 사람들은 다시 잔치를 즐겼다. 가족 잔치, 기념일, 생일 등 손님 무리를 집으로 불러들일 만한 달가운 명분은 사방에 널려 있었다. 하지만 자리에 앉아서 식사를 하는 만찬의 경우는, 물론 이전 세대에게는 그것이 아직도 눈앞에 아른거리는 이상이겠지만, 의자의 배치, 더운 음식뿐만 아니라 다림질한 다마스쿠스식 문직물(紋織物)로 만든 냅킨도 있어야 한다. 그러기에는 공간도 부족하고 특히 서빙을 감당할 사람이 없다. 이를테면 식모라는 직업이 점차 사라지는 추세였던 것이다. 그래서 예전에도 존재하기는 했으나 당시 상황과 시대정신에 아주 딱 들어맞는 식사 형태가 이제 유행하게 되었다. 그것이 바로 뷔페였다.

1977년에 출판된 책《찬 음식의 모든 것(Kalte Küche von A-Z)》에는 "찬 음식 뷔페는 몇몇 잔치의 경우 손님에게 편할 뿐 아니라 가정주부에게는 실용적이기도 하다. 그뿐만 아니라 작은 공간에서 많은 손님을 대접하는 것도 가능하다"라는 구절이 있다. 말하자면 토요일 오후 구드룬 이모와 귄터 이모부네 집 초인종이 쉴 새 없이 울린다. 두 분은 오늘 은혼식 잔치를 벌이신다. 전후에 현대식으로 지어진 집은 말끔히 단장되어 있다. 벽을 가득 채운 장에는 미니 바까지 달려 있는데, 번쩍번쩍 윤이 날 정도로 잘 닦여 있다. 막 첫 번째 음반이 전축에 올라간다. 귄터 이모부는 아침 일찍 일어나 유쾌하게 흥얼거리시며 식탁을 벽 쪽으로 미셨다. 그 책에서 그렇게 하라고 권했기 때문이다.

집에서 가장 큰 상을 벽이나 방 한가운데에다 둔다. 뷔페 상으로 가는 길, 뷔페 상을 따라 도는 길, 거기서 다시 자기 자리로 되돌아가는 길에는 걸리적거리는 것이 가급적 없어야 한다.[36]

음식을 마치 셔츠의 소매처럼 길게 늘어놓는 방식은 아마 귄터 이모부의 부모님께는 아직 낯설었을 수 있다. 이를테면 루이스 프리체(Louis Fritzsche)가 1918년에 낸 《식탁 문화 화보(Illustrierte Tafelkultur)》에서도 뷔페라는 주제를 다루기는 했는데 오히려 일종의 비상조치라 여겼다. 그러니까 우아하게 상을 차릴 수 없는 상황을 위한 것이 뷔페라는 말이었다. 예를 들면 가정 음악회를 개최하는데 "초대를 너무 많이 해서 기존의 방에서는 손님이 모두 식탁에 자리를 잡고 앉을 수가 없는 경우다". 바로 이럴 때 뷔페를 차리라는 것이다. 주인은 꾸밈을 특별히 풍성하게 하여 이런 흠결을 가려야 한다. 꽃 장식을 군데군데 세워두는 것이 가장 좋고, 더 나아가 뷔페 상차림 위쪽으로 동양식 천막을 하나 드리우라는 것이 저자 루이스 프리체의 제안이었다. 또 "그런 뷔페에는 (…) 대략 여섯 명의 서빙하는 사람이 필요하다"라고 말한다.[37]

이제 구드룬 이모는 시대 상황에 더 적합한 책인 《찬 음식의 모든 것》에 나와 있는 조언을 따라 가게에서 비닐 깔개 하나를 저렴한 값에 장만해 식탁 위에 여러 겹 펼쳐놓으셨다. 음식은 주로 전날 다 준비하셨기에 당일 잔치에서는 다들 찬 음식을 먹었다. (단순화할 수 있는 방법을 하나 더 언급하면, 접시에 온도가 서로 다른 음식을 담지 말 것이며, 오븐에 음식을 덥혀 음식 향이 나도록 해서도 안 된다.) 그리고 당연한 말이지만 뷔페 상차림 곁에는 손님에게 서빙할 사람이 한 명도 없다. 각자가 자기 먹을 것을 가져간다. 그 대신 음식상을 한 바퀴 돌도록 하는 이동 경로는 있어야 한다. 그래야만 맨 앞에서 언급한 상황, 그러니까 사람이 한꺼번에 몰려들어 전쟁터처럼 뒤죽박죽 되어버리는 사태를 피할 수 있으며, 각자 음식이 잔뜩 담긴 접시를 들고 안전하게 방을 가로지를 수 있다. 그렇게 어디엔가 자리를 잡고 앉아 다시 대화를 이어가거나 새로운 수다를 시작한다. 일반적으로는 음식을 먹으며 대화를 나누지만, 뷔페 상차림에서는 이것이 불가능하다. 누군가는 계속해서 더 먹을 것을 가지러 가기 위해 일어나기 때문이다. 그러니 논리적이거나 누군가를 설득하려는 대화는 불가능하다. 그저 편하게 수다나 떠는 정도가 적절하다.

뷔페는 지난 몇 세기에 걸쳐 발전한 모든 경직된 식탁 예절로부터 인간을 해방시킨 일격이었다. 격식을 갖춘 예전 잔치에서는 집주인이 좌장이 되어 언제 식사를 시작하고 끝내는지를 결정했으며, '식탁으로!' 갈 때도 사전 조율된 발걸음 같은 것이 있어야 했지만 뷔페에서는 그런 게 없다. 용도가 제각각인 온갖 나이프, 포크 따위도 없다. 음식을 날라주는 이도, 빈 접시를 치워주는 이도 없다. 경쾌하고 분방한

민주화다. 패스트푸드는 과격한 축소인 반면, 뷔페는 잔치에 대한 넘쳐나는 기쁨으로 밝게 빛난다. 이는 한 입에 쏙 들어가는 데다 장식 효과도 있는 다채로운 꼬치음식(카나페 같은 것)의 수가 시간이 지날수록 점점 더 늘어나는 데서도 잘 드러난다. 다짐육고슴도치, 광대버섯토마토, 치즈고슴도치, 짤주머니와 모양 깍지를 이용해 속을 채워 넣은 러시아 달걀 또는 검정호밀빵꼬치 같은 고전적 뷔페 음식은 식사를 좀 산뜻하게 또 덜 골치 아프게 만드는 것에 대한 거의 유아적 집착에서 생겨났다.

구드룬 이모의 음식은 이렇게 준비되어 있었다. 모두 다채로운 색상의 아주 작은 깃발로 정성스레 장식되어 마치 박물관 진열장 속에 들어 있는, 뾰족한 바늘로 고정시켜놓은 모조품 같았다. 여러 가지 코스로 나오는 잔치 음식이 여러 막으로 구성된 오페라 같다면, 뷔페는 전식과 주요리 그리고 후식을 동시에, 색상도 알록달록하게, 앞으로 쑥 내미는 셈이다. 그럼에도 불구하고 이들 음식은 왼쪽에서 오른쪽으로, 그러니까 책 읽기 방향으로 배열되어 있다. 붉은빛의 비트로 만든 차가운 수프, 서로 다른 월귤 소스 3종을 곁들인 칠면조 가슴살, 밥을 이용한 세 가지 샐러드(하나는 훈제 생선, 다른 하나는 토마토, 또 다른 하나는 카레와 닭고기를 곁들인 것), 오븐에 익힌 미트로프, 치즈요리 두 가지(하나는 포크로 으깬 카망베르 치즈, 그리고 로크포르 치즈 크림) 등이다. 싱싱한 파인애플은 이국적인 향취를 물씬 풍긴다. 오른쪽 바깥, 그러니까 음식이 담긴 큰 그릇의 배열이 끝나기 전에 버찌를 올린 크림케이크 하나가 우뚝 자리 잡고 있다.

대다수 손님은 뷔페 상에 오른 음식의 순서를 따라간다. 하지만 언제 뷔페 음식이 차려진 곳으로 가는가에 따라 어떤 이는 애당초부터 후식 곁에 서기도 하고 어떤 이는 하필이면 찬 수프를 먼저 먹기도 한다. 코스별로 메뉴를 순서에 따라 손님상에 냄으로써 모든 손님이 동시에 같은 음식을 먹어야 한다는 규칙이 다시 한번 해체되는 순간이다. 손님과 주인 모두에게 결정의 자유가 주어지는 것이다. 다만 뷔페에도 단 하나의 규칙 내지 의례가 있는데, 다들 오늘날까지 잘 따르고 있다. 말하자면 손님 숫자가 일정 수준에 이르기 전에는 수북이 차려놓은 음식에 절대 손대면 안 된다는 것이다. 그냥 꼼짝없이 그 멋진 모습을 바라보며 기다려야 한다. 적절한 때가 되었다 싶으면 주인장은 비로소 눈에는 보이지 않는 커튼을 옆으로 밀치며 이렇게 구원의 말씀을 내뱉는다.

"뷔페가 열렸습니다!"

45. 개츠비 샌드위치

1976년 남아프리카공화국

이야기는 기다란 흰 빵 하나로 시작한다. 팔뚝만큼이나 굵고 긴 빵인데 세로 방향으로 한 차례 자른다. 여기에 모르타델라를 닮은 폴로니, 그러니까 소시지가 올라간다. 그리고 다시 감자튀김, 달걀프라이와 샐러드를 가지런히 올리되 양을 아주 넉넉히 한다. 간도 맞추고 싱그러움을 추가하기 위해 매운맛을 더한다. 예를 들면 원래 인도의 아차르(achar, 식초나 기름, 고추 및 다양한 양념에 절인 과일과 채소) 아니면 주로 아주 매운 고추와 마늘로 만든 페리페리 소스(peri-peri-sauce) 같은 것이다. 토핑이 여러 겹 올라가 두툼한 이 빵을 한 입이라도 베어먹으려면 손으로 빵을 쥐고 꾹 눌러주어야 한다. 그래야 새콤매콤한 기름기가 번개처럼 입 속으로 빠르게 주입된다. 남아프리카 미식의 폭이 어느 정도인지를 규정해주는 저 문화적 국제성이 날리는 일격이다. 그 이후 이른바 이 개츠비 샌드위치(gatsby sandwich)는 수많은 변형을 만들어냈다. 하지만 모든 변형에 두 가지 공통점이 있다. 토핑을 다 얹고 나서 이 폭풍 같은 샌드위치를 포장하는 것이 그 하나다. 받은 자리에서 이걸 먹지는 않기 때문이다. 다른 하나는 이 빵을 늘 네 등분해서 먹는다는 점이다.

개츠비는 케이프타운 교외지역 애슬론(Athlone)과 불가분의 관계가 있다. 1950년대까지만 해도 이곳에는 모래와 빽빽한 관목 덤불 그리고 자그마한 마른 채소밭이 딸린 농가 몇 채만 있었을 뿐이다. 그리고 그 사이를 영양(羚羊)이 배회하고 다녔다. 1950년 거주지역 분리법(Group Areas Act)이 제정됨에 따라, 경제성이라고는 없는 이곳이 인구밀집지역으로 바뀌었다. 대도시 중심가에 살던 유색인이 아파르트헤이트(Apartheid) 시기에 도심에서 쫓겨나 이곳으로 강제이주 당한 탓이었다. 아파트와 작은 단독주택 그리고 오두막이 이제는 먼지 날리는 땅 너머로까지 길게 뻗어 있었다. 애슬론에 새로 살게 된 주민은 임금도 박한 시내 직장으로 힘들게 출퇴근해야 했다. 집에서 음식을 만들 시간이 없었음은 당연하다. 따라서 이웃에 값싼 식사를 포장해주는 간이음식점이 생겨났다. 남아프리카의 이 같은 테이크어웨이 문화(takeaway-kultur)에는 정치적 이유가 있었다. 1990년대까지 흑인은 레스토랑에서 음식을 먹는 것이 금지되어 있었던 것이다.

개츠비 샌드위치가 탄생한 때는 하필이면 1976년, 그러니까 소위

토에서의 봉기가 잔혹하게 진압되고 전국적으로 발생한 흑인 주민 내부의 불안이 해소된 해였다. 전설은 이렇다. 애슬론에서 피시앤드칩스 식당을 운영하던 라샤드 팬디(Rashaad Pandy)가 자그마한 땅을 청소하고 있는데 남자 네 명이 와서 그를 도와주었고, 감사의 표시로 팬디는 자기 식당에서 식사를 대접하겠다고 약속했다. 그런데 식당에는 먹을 게 별로 없었다. 그래서 팬디는, 눈 깜짝할 사이에 미식의 깨달음이라도 얻었는지, 남은 음식, 그러니까 소시지, 감자튀김, 샐러드, 달걀프라이와 아차르를 넣은 거대한 샌드위치를 창안했다. 최초의 버전은 이들 토핑을 둥그런 포르투갈식 빵 속에 채워 넣었다. 그런 다음 칼로 네 등분했다. 일을 도와준 네 명 중 한 명이 빵을 한 입 베어 먹고는, "개츠비 스매시(Gatsby smash)"라며 열광했다. 아마도《위대한 게츠비(Great Gatsby)》의 엄청난 부를 넌지시 가리킨 것이리라. 로버트 레드포드가 주인공으로 나온 동명의 영화가 그 무렵 영화관에서 돌아가고 있었으니 말이다. 다음 날 아침 팬디는 자신의 발명품을 재빠르게 '개츠비'라는 이름으로 판매하기 시작했다. 둥그런 빵은 손으로 쥐기가 불편하다고 여러 손님이 이야기하자 가게 주인은 이때부터 기다란 빵을 사용했다. 애초의 이 이야기가 정확히 그렇게 일어났는지와 상관없이 이야기는 계속 회자되어 개츠비 샌드위치의 일부가 되었다. 그리고 그것은 협동의 역사이기도 했다. 누군가는 감사의 표시로 음식을 창안했고, 다른 누군가는 이름을 지었으며, 또 다른 누군가는 형태를 더 발전시켰다. 이렇게 개츠비는 철두철미한 공동의 작품이며 심지어 먹는 방식까지도 그랬다. 빵의 크기 때문에 이 음식은 나눠 먹어야 했다. 그것도 맨 처음에 그랬던 것처럼 네 쪽으로 말이다. 음식은 조리가 끝나면 포장되어 나왔다. 가게 안에서는 음식을 먹을 수 없어서 다른 곳으로 가지고 가서 여러 사람이 나눠 먹었다. 이렇게 개츠비는 백인의 흑인 배제와 흑인 간의 음식 공유 둘 다를 동시에 상징했다.

개츠비 샌드위치는 그 뒤로도 그 지역의 제품으로 남았다. 누구든 이를 자기만의 아이디어로 풍성하게 만들 수 있었다. 억압의 시대에 이것에 대한 결정에서만큼은 누구나 자유롭게 나설 수 있었던 것이다. 그렇다 보니 이 샌드위치에는 마살라를 뿌린 스테이크가 토핑으로 올라가기도 한다. 닭고기와 치즈를 올린 것, 소시지를 통으로 올린 것 아니면 굴라시를 올린 것도 있다. 창안자 팬디 자신은 최초의 버전과 더불어 튀긴 생선이나 오징어 얹은 것을 제공하기도 한다. 지방질 많은 부재료(감자튀김은 절대 빠지지 않는다)를 다양하게 사용하는 것을 두려워하지 않는다는 점에서 모두가 한마음이다. 혼자서는 감당할 수 없는 무모한 사이즈도 그렇지만 부재료 역시 다양한 문화의 영향으로 인해 생겨났다.

애슬론은 1980년대에 백인 지배 정권에 저항하는 중심지로 발전했다. 그곳 간이식당은 대규모 시위가 벌어지는 날이면 밤늦도록 문을 열어두었다. 활동가가 나중에라도 뭘 먹을 수 있도록 하려는 배려였다. 시위대가 계속 토론을 하고 계획을 세우는 중에 여러 개의 개츠비가 주문대 위를 오가고, 네 조각으로 잘려 시위에 나선 이들의 손에 다

다르는 모습을 상상해보라. 이미 고대 로마 시대에도 지배자인 상류계급은 평민이 드나드는 가게를 기회만 되면 폐쇄하려 했다. 혹 무슨 음모라도 꾸밀까 두려웠던 것이다. 남아프리카의 게토이자 타운십에는 이런 가게가 없다. 그 대신 큰 샌드위치를 만들어 그걸 함께 나누어 먹으며 소통할 수 있는 공간이 생겨났다. 음식 때문에 공동체가 만들어진 것이다. 그리고 공동의 저항을 키워갔다.

아파르트헤이트가 종식되고 몇 년이 지난 뒤 이 개츠비 샌드위치가 갑자기 논란의 중심에 등장했다. 케이프타운 태생의 푸드스타일리스트 겸 요리사인 한 백인 여성이 비디오에서 자기만의 방식으로 만든 샌드위치 하나를 소개했는데, 거기에는 다진 시금치, 커리, 마요네즈, 웨지감자, 자두 처트니, 루꼴라가 들어갔다. 이 모든 것이 유럽식으로 치아바타 속에 꾹꾹 처박혔다. 케이프타운 교외의 주민은 개츠비를 탈취하려는 이런 행위에 분노해 폭풍처럼 달려갔다. 왜냐하면 개츠비가 협동 작업에 열려 있다는 것은 특정 커뮤니티에 한해서만 유효하기 때문이다. 개츠비는 그 사회 내에서 마지막까지 저항한 이들을 상징하며, 탄생지에 관한 그곳 주민이 지닌 자부심을 상징한다. 오늘날 애슬론을 방문한다면 눈에 즉각 띄는 것은 큰 건물 벽에 걸린 그림이다. 거기에는 이렇게 적혀 있다.

"개츠비의 고향."

46. 액체 올리브

1995년경 스페인 왕국

밀레니엄이 얼마 남지 않은 시점. 전 세계인은 새천년으로 바뀌는 날 밤에 기술의 붕괴가 일어날까 두려워하고 있었다. 그런 때에 9.11 사태라는 충격적인 일이 일어나 수많은 이들에게 삶을 뒤흔드는 상처가 되었다. 라디오에서는 하루 종일 아일랜드 가수 에냐(Enya)의 구슬픈 노래가 흘러나왔고, 사람들은 다시 공포에 질려 인간이 저지를 수 있는 야만성의 극한을 바라보았다. 말세 분위기로 가득하던 이 무렵 언제쯤이었으리라, 음식평론가들이 완전히 새로운 방식의 음식에 열광하기 시작한 것이.

사람들의 익숙한 기대와 오래된 인식 패턴이 세련된 놀잇감이 된 것이다. 달콤하리라 여긴 것에서 쌉쌀한 맛이 나고, 단단해야 하는 것이 입에서 살살 녹고, 모락모락 김이 나는데 놀라울 정도로 차갑게 얼어붙어 있다. 분자요리(分子料理)의 핵심인 거품(espuma), 구(sphären. 액체가 든 공 모양 음식) 그리고 질감을 말하는 것이다. 인공 안개가 마치 연극 무대에서처럼 번지는 가운데 접시가 밑으로 쑥 가라앉는다. 아무 것도 모른 채 보통의 완두콩 수프인 줄 알고 접시에 든 것을 숟가락으로 떠먹는다. 그런데 먹어보니 이 음식은 정교한 해체의 산물이다. 완두 한 알은 거품으로 분해되고 다른 한 알은 얼음으로 제 모습을 드러내며, 그다음 한 알은 이빨 사이에서 터진다. 분자요리의 경험이다.

이런 전위적인, 이른바 '분자요리'라 불리는 요리 예술의 중심은 스페인 바르셀로나에서 해안을 따라 북쪽으로 쭉 올라가다 프랑스 국경을 얼마 남겨놓지 않은 코스타 브라바 해변의 그림 같은 만 가장자리에 자리 잡은 엘 불리(El Bulli)라는 레스토랑이다. 한때 해변의 선술집이었던 이곳은 페란 아드리아의 창의적인 경영 덕분에 별 세 개짜리 레스토랑으로 승격됐다. 아드리아는 먼저 예전 주방장의 음식을 받아들인 다음, 1990년대 중반 무렵 자신의 첫 번째 실험을 시작했다. 사람들은 1월의 어느 하루만 예약 전화를 받는다고 두려워하듯이 말했다. 30분이면 한 해 예약이 마감되었다. 카탈로니아 지방의 어느 식당에서 벌어지는 장관을 자기 눈으로 본 얼마 안 되는 사람들이 전한 바에 따르면 이 레스토랑이 내놓은 음식은 거품 나는 연기, 멜론즙으로 만든 캐비아, 흘러내릴 듯 흐물흐물한 크로켓, 거품당근(karottenluft, 당근 주스에 레몬즙 조금과 레시틴을 넣고 믹서로 저어 거품을 내어 둥그런 모양으로 만든 것 - 역자 주), 숨결처럼 얇은 고르곤졸라로 만든 풍선, 탈수 망고 퓌레를 압착한 부드러운 이파리 등이다. 해체 요리 서른 가지가 코스로 나왔는데 실내는 놀라우리만치 고풍스럽게 꾸며져 있어서 다시 한 번 사람들의 기대를 무너뜨렸다. 손님용 공간은 마치 유서 깊은 대농장의 식당 같은 느낌을 주었다. 바닥은 문양이 들어간 타일로 장식되어 있었고, 묵직해 보이는 의자는 거무튀튀하게 변색되어 있었으며, 쿠션은 붉은색이었고, 천장의 들보에서는 삐걱거리는 소리가 났다. 이 먼지 낀 타임캡슐에서 음식의 미래가 시작되었다.

아드리아의 이 요리 실험실에서 나온 음식 중에서 아이콘이라 할 수 있는 것이 알갱이 올리브다. 이 음식이 설계된 때는 새천년이 시작된 직후였다. 이 설계에 따르면, 올리브는 씨를 빼내고 갈아서 죽처럼 만든다. 이어서 면포를 이용해 죽을 압착해 즙을 짜낸다. 이 즙을 작은 계량 숟가락으로 한 술 떠서 냉수와 알긴산나트륨 분말이 든 용기에 천천히 떨어뜨린다. 올리브의 염화칼슘은 알긴산나트륨 용액에 침전되는 순간 액체 올리브를 둘러싸는 단단한 피막을 형성한다. 간단한 화학이다. 본디의 제 형체를 잃어버린 이 신식 올리브를 냉수 용기에서 꺼내 아주 전통적인 방식으로 올리브유, 로즈마리 그리고 레몬 조각이 가득 담긴 유리잔에 넣어준다. 특별할 것 없는 절인 올리브로 변장한 이 음식은 다음 날 손님상에 오른다. 웨이터는 어리둥절해하는 손님에게 숟가락으로 한 알을 떠서 일단 건넨다. 그다음 순간 손님의 입에서는 "우와, 이게 뭐지?"라는 말이 튀어나온다. 예상이 깨진 것이다. 가짜 올리브가 입 안에서 폭발하자, 손님 얼굴은 격동의 황홀경을 표출한다. 입에서 터진 것은 오로지 아로마뿐이었던 것이다. 강렬하고 짭짤하다. 올리브의 순수 고갱이라고나 할까. 〈뉴욕타임스〉의 칼럼니스트 마크 비트맨(Marc Bittman)은 깜짝 놀라면서, 한마디의 역설도 보태지 않은 채 이렇게 평했다.

"올리브로 만든 올리브. 이것은 생명을 복제하는 예술이다."

이런 음식은 예술, 그것도 아방가르드 예술이다. 페란 아드리아가 2007년 '도쿠멘타 12'(Documenta 12, 독일 카셀에서 5년마다 3개월에 걸쳐 개최되는 현대미술 전시회. 2007년은 12회 - 역자 주)에 요리사로서는 최초로 초대받아 자신이 만든 음식을 작품으로 전시할 수 있었던 것은 다 그럴 만한 근거가 있었다. 전시를 코앞에 둔 시점에 그는 카셀에 가지 않겠다고, 마치 대인기피증이라도 있는 듯 발표했다. 그 이유가 엘 불리에서라면 이루어낼 수 있는 것을 거기에서는 하기 어렵다고 생각했기 때문이다. 그렇다고 그의 창작 음식에 대한 전 세계적인 경탄이 멈추지는 않았다. 그를 지지하는 이들은 이 레스토랑이 문을 닫은 2011년까지 4년 동안, 불편하기 짝이 없는 50석의 의자 중 하나를 하룻저녁 차지해 그가 만드는 생명 모방 음식을 맛볼 기회를 얻어내려고 온갖 시도를 다했다.

분자요리를 만드는 이들은 자신이 어떤 산물의 정수를 포착해 뽑아낸다고 주장한다. 특정 음식을 아로마 가득한 거품으로 변환시킴으로써 그 음식을 경배하며 하나의 관념으로 고양한다는 것이다. 음식은 지적 체험이 된다. 그러나 실험에 사용하는 페트리 접시 곁에서 이루어지는 이 요리가 규정하는 것은 인간과 그 인간이 먹는 것 사이에 자리한 거대한 소외의 순간이다.

인간이 자기 환경을 전례 없이 무자비하고 치명적으로 파괴하는 시대에 분자요리라는 요리 부문이 전성기를 누렸다는 것은 결코 우연이 아니다. 인간은 자연과의 연계성을 완전히 잃어버렸다. 손에 계량컵을 쥔 채 창조주의 면전에서 웃음을 터트리며 이렇게 말하는 것이다.

"당신의 올리브는 아마 수천 년 전부터 나무에 달려 있었겠지만, 우리는 입 속에서 폭발하는 올리브를 만들 수 있다오, 허허!"

효과 포착과 위장술은 이미 오래전부터 식탁에서 일어나던 일이다. 고대의 요리 기술을 생각해봐도 알 수 있다. 생존을 위해 먹던 음식이 진지함을 잃은 허구로 변했다는 점은 새로운 요소다. 아드리아는 자신이 만든 거품과 건조 안개를 이용해 음식의 속을 텅 비게 만들었다. 그는 음식에서 실체를 없애버렸고, 접시 위에는 그저 그리스 신화의 키메라 같은 존재가 조합되어 떠돈다.

이제 새천년의 인간은 미래에 다다랐는가?

47. 벌거벗은 양고기 구이

1999년 그레이트브리튼-북아일랜드 연합왕국

"간단할 거예요. 맛있을 거예요. 재미있을 거예요."

스물넷 먹은 영국 요리사 제이미 올리버(Jamie Oliver, 1975~)가 텔레비전에 나오더니, 이 문장으로 자기 프로그램을 알렸다. 그가 처음 방송을 탄 것은 1999년 BBC의 텔레비전 방송 쇼 〈벌거벗은 요리사 (The Naked Chef)〉에서였다. 이 출연으로 어떤 일이 일어날지 그는 아직 예감하지 못한 것 같았다. 요리라는 문화는 태고 때부터 있어왔지만, 수십 년 전부터 방송 매체에서 다루는 사건으로 변했다. 그사이 요리가 일상적인 방송 프로그램의 고정불변 요소가 되어버린 것이다. 하지만 그때까지의 요리 방송에는 뭘 좀 가르쳐주어야겠다는 생각이 어느 정도 들어가 있었다. 프로그램에 등장하는 주인공은 직접 카메라에다 대고 일차적으로는 가정주부에게, 그리고 나중에는 적어도 안정적인 삶을 영위하는 성인 대중에게 설명하고 이야기했다. 제이미 올리버는 방송 출연 초창기에 카메라 앞에서 그런 말을 절대 하지 않았다. 그는 우스꽝스러울 정도로 좁은 런던 주택의 아주 평범한 주방에서 방송을 찍어 내보냈다. 요리하는 내내 그는 카메라 뒤 어디엔가 서 있는 누군가와 이야기를 나누었다. 학생을 앞에 앉혀놓고 수업하는 선생님 같은 느낌을 없애버린 것이다.

올리버는 요리에 대한 가식 없는 야성적 즐거움을 한껏 요란하게 드러냈다. 20대 젊은이를 몽땅 부엌 조리대로 불러들였다. 그렇게 요리하면서 그는 전혀 기술이 없는 듯한 모습을 보였다. 까다로운 재료나 어려운 기술 같은 것은 하나도 없었다. 〈벌거벗은 요리사〉라는 제목이 암시하듯 있는 그대로를 그야말로 싹 다 드러내 보여주었다. 예를 들면 포도주 병으로 마늘을 찧는다거나, 맨손으로 레몬즙을 짜거나, 치즈 강판을 쳐들고 이리저리 흔들거나, 손가락으로 버터를 바르거나, 고수 씨앗을 투박한 돌 절구에 넣고 찧으면서는 오만상을 찡그리기도 했다. 첫 시리즈에서 그는 느긋하게 양고기 구이를 칼로 쿡쿡 찔러 구멍을 냈다. 아무런 전문 기술도 쓰지 않았다. 그리고 칼자국 낸 곳에 마늘과 허브를 채워 넣었다. 그가 하는 방송의 초점은 요리할 때의 멋드러진 찰나에 있었다. 예를 들면 오븐 속의 감자가 뜨거운 버터 속에서 바삭바삭해질 때, 통닭구이의 껍질에서 작은 기포가 지글지글 올라올 때, 따뜻한 초콜릿이 반죽 속에서 스르르 녹을 때, 육향 가득한 양고기 스테이크를 거친 도마 위에 올려놓고 두툼하게 썰어낼 때다. 이따금 그는 작은 베스파 오토바이를 타고 도매시장으로 가서 윤기 나는 고추도 사고 다른 요리사와 수다도 떨다 다시 집으로 돌아오기도 한다. 주방에서는 뭘 삶는지 냄비에서 김이 모락모락 난다. 그러다 어느새 자기 집에 우연히 들른 친구에게 문을 열어준다. 〈벌거벗은 요리사〉에서는 어떻게 하면 맛나는 음식을 만들 수 있는지만 보여준 게 아니다. 삶에 대한 온전한 설계도 아울러 전해주었다. 도시적이고, 사람들과 어울리며, 힙하고 즐거움이 넘치는 설계다. 요리가 라이프 스타일이 된 것이다.

이 프로그램이 가져다준 결과는 무척 그 폭이 넓었다. 왜냐하면 대학생들로 하여금 갑자기 자기네 공유주택에서 디너파티를 벌이게 할 정도로 올리버가 유명세를 탄 것과 동시에 소셜 미디어도 발달했기 때문이다. 그리고 인간으로 실존하기 위한 필수 요소인 음식이 갑자기 멋진 라이프 스타일이 되면서 완전히 새로운 형태의 유통과 연출 상황이 등장했다. 그중의 하나가 바로 음식 사진을 끝도 없이 찍어대는 일이었다. 스마트폰이 나오자마자 수많은 앱과 필터가 개발되었고, 이를 이용해 사람들은 음식을 특별히 아름답게 연출할 수 있었다. 이제 음식은 하나의 시각적 경험이 되었고, 이 경험은 인터넷을 통해 질주하듯 퍼져 나갔다. '푸드 포르노(foodporn)'라는 결정적인 한마디가 통신망에 떠오른 때가 2004년이다. 이 해시태그 아래 오늘날까지 무수한 모티브가 수집되었다. 여기서 말하는 것은 거의 외설적이다 싶을 정도로 먹음직스러워 보이며 사람들도 어느 정도 관음증 같은 욕망으로 들여다보게 되는 그런 음식 사진이다. 예를 들면 가장자리에서 치즈와 기름이 뚝뚝 떨어지는 피자, 소스가 옆으로 스멀스멀 배어 나오는 거대한 햄버거, 생크림 등을 잔뜩 바른 커다란 케이크, 욕망에 찬 눈빛을 받으며 도마에 올라가 있는 스테이크 사진 따위다. 바로크 시대의 정물화에서 볼 수 있는 '눈요기'에 가깝다는 것은 자명하지만 그래도 근본적인 차이점이 하나 있다. 17세기 정물화에서 볼 수 있는 것은 대개 가공되지 않은 날것이라는 점이다. 과일, 채소 그리고 예컨대 갑각류 따위는, 어차피 그 형태가 오래 유지될 수야 없겠지만, 그래도 본디의 싱싱한 모습 그대로 배치되어 있다. 이와 반대로 푸드 포르노의 모티브는 막 조리가 끝난 음식이 가진 훨씬 찰나의 순간을 보여주기에 더 생동감 있고 김이 나며 소스 따위가 뚝뚝 떨어진다. 그러니 얼른 스냅사진을 찍고 먹기 시작한다! 그런 면에서 이들 사진이 만족시키는 것은 음식을 보고 경탄하는 눈길이 아니라 오히려 이미 군침 도는 위장과 입이다.

음식은 여기서 온갖 다양한 차원에서 소비될 수 있는 하나의 재화가 된다. 심미적 만족으로서 그리고 욕망의 병원균으로서 직접 또는 디지털 방식으로 소비될 수 있는 것이다. 이뿐만 아니라 음식은 하나의 커뮤니티와 생활방식을 표현하거나 인식시켜주는 표지가 된다. 여기서 다시 제이미 올리버에게로 돌아가보자. 그의 출세가 시작된 때는 새천년의 도래와 그리고 9.11 사태로 이어지는 전반적으로 불안의 시기, 그리하여 많은 사람이 자기 집으로, 또 자기와 가장 가까운 이가 있는 안온한 가정으로 움츠러든 시기였다. 올리버는 그들을 위해 요리했고, 그들에게 정서적 안식처를 제공했다. 그가 제공한 '컴포트 푸드(comfort food, 위로의 음식)'는 결국 푸드 포르노다. 탄수화물과 지방이 과도하게 많은, '이제 그냥 한번 즐겨보는' 음식이다. 또 우리에게 직접 안락한 느낌을 선사하며 향수를 일깨워주는 음식이기도 하다. 면류, 피자, 무르도록 푹 익힌 음식 따위는 다 어린 시절의 맛, 마음으로 조리한 음식의 맛이 난다. 올리버와 같은 시기에 번성한 아방가르드 요리는 최고의 기술을 마구 사용해 모든 자연적인 것과 단절된 음식이었다. 반면 올리버는 직접 반죽을 치대어 빵을 만들고 마늘을 짓이긴 다음 오븐에서 고기를 제대로 익혀냈고, 사람들은 행복해하며 집안 식탁에 둘러앉았다. 냄비는 만족스러운 듯 찰랑거리고, 우리는 집안에서 고기 구이를 앞에 놓고 편안히 앉아 있으니, 저 바깥 차가운 세상은 눈에서 아득히 멀어지기만 할 뿐이었다.

48. 건초 향 입힌
버섯조개탕

2003년 덴마크 왕국

건초 한 단이 수수한 접시에 아주 가지런히 놓여 있다. 작은 주전자에서는 흑갈색의 맑은 국물이 몽글몽글 수증기를 내뿜는다. 그걸 건초 위에 붓는다. 표면이 기름기로 반들반들해진다. 건초는 국물을 한껏 빨아들인다. 몇 초 동안이다. 그러고 나면 건초 다발은 마치 대걸레가 폭발하기라도 한 듯 걷잡을 수 없이 강력하게 풀어져서 접시 전체를 가득 채우는데, 봉오리 벌어지는 꽃처럼 탱글탱글하다. 접시를 입술에 갖다대고 건초 사이에 스민 국물을 후루룩 들이켠다. 여름철의 따뜻한 풀밭 향내가 난다. 국물은 흙 맛이 나고 짭짤하며, 숲과 바다의 맛도 난다. 건초가 탁 풀어 헤쳐지며 연출해내는 자그마한 장관은 마술 같은 분자요리 기법이 아니라, 순전히 자연이 만들어내는 효과다.

새 밀레니엄으로의 전환이 일어난 후, 이대로 계속 갈 수는 없다는 생각과 더불어 집단 의식이 깨어났다. 마치 탁 풀어 헤쳐지는 건초 다발처럼 말이다. 물론 그것보다는 훨씬 더 느린 슬로모션으로, 달팽이처럼 느리고 고통스러운 슬로모션으로 전개되었다(이 과정은 아직도 이어지고 있다). 인간의 짧은 역사가 벌써 다시 종말로 굴러떨어질 것 같았다. 이처럼 맹렬히 진리를 찾아가는 중에 코펜하겐에서는 레스토랑 하나가 문을 열었다. 장차 전 세계적인 미식 운동을 촉발하게 되는 곳이다. 르네 레드제피(René Redzepi, 1977~)라는 이름의 지칠 줄 모르는 수석 요리사가 창의적으로 이끌어가는 노마(Noma) 레스토랑이다. 그의 이념은, 레스토랑 바로 인근에서 볼 수 있는 것만 요리한다는 것이다. 여러 달 동안 거의 아무것도 자라지 않는 것과 마찬가지인 나라에서 이렇게 지역성을 요구하는 것은 참으로 과격한 짓이다. 그런 만큼 그가 창안하여 식탁에 내놓는 상품은 더욱 놀랍다. 보자마자, 저걸 어떻게 먹나 싶은 음식도 종종 있을 정도다. 이 음식에 그런 과격함이 들어 있다. 이미 누벨 퀴진(nouvelle cuisine, 요리에 대한 프랑스식 접근법을 주로 의미하며 재료 본연의 맛을 살리려는 현대식 요리 기법을 가리킴 - 역자 주)도 지역 산물로 요리했다. 예를 들면 발효된 이끼, 캐러멜 옷을 입힌 꿀벌 애벌레, 숲 개미가 만든 소금으로 절인 배 같은 것이다. 때로 음식은 방향을 지시해주기라도 하듯 소박해진다. 예를 들면 달걀노른자 조금에 평범한 감자 한 알 그리고 홀룬더(Holunder) 꽃 몇 송이가 음식의 전부다. 둥글넓적한 빵에 장미 꽃잎 몇 장 올리고, 양젖으로 만든 무스(mousse)와 초지의 풀로 만든 그라니타(granita)로 끝이거나, 숯불에 구워 재가 그대로 묻어 있는 파에다 개암, 요구르트 그리고 캐러멜을 섞은 닭고기 소스를 뿌린 것이 전부인 음식도 있다.

레드제피가 구상해 맨 먼저 선보인 것은 새로운 북유럽 음식이었다. 예전 스칸디나비아에서 발효하거나 절이거나 끓인 온갖 음식보다 더 극단적인 데다 비타협적으로 고안된 음식이기에 새롭다는 것이다. 2004년에는 그의 주도로 〈새로운 북유럽 음식을 위한 선언(Manifesto for the New Nordic Cuisine)〉이 발표되기도 했는데, 이는 지역 전통적 식재료 껴안기와 수작업 조리 방식으로의 회귀를 촉구한 선언이다. 이를 통해 그는 포스트 밀레니엄 시대를 살아가는 전 세계 사람을 사로잡는 새로운 그리움을 표현했다. 그 그리움이란 손으로 만든 것, 현지의 작은 제조업체 그리고 몇 세대를 이어온 가족 회사에 대한 그리움이었다. 사회적으로 받아들여질 수 있는 심미적인 지속 가능성을 미래의 비전으로 추구하는 움직임은 삶의 여러 영역, 예를 들면 가구 디자인, 패션, 인쇄, 여행으로 또 특별하게는 미식 분야로도 퍼져 나갔다. 예컨대 아주 작은 소규모 증류업체가 정체를 알 수 없는 구식 기계로 인쇄한 상표를 부착해 만든 도수 높은 주류까지 나오게 된 것이다.

분자요리는 음식을 해체함으로써 한 걸음 크게 내디뎠다. 그 목표는 여전히 자연을 뛰어넘는 것이었다. 반면 레드제피의 요리는 그 반대편에 자리를 잡았다. 그의 요리는 음식 하나하나를 드높였으며, 파 줄기를 대단한 것으로 만들었고, 초지에서 가져온 풀을 숭배의 대상으로 끌어올렸다. 자연을 거의 완전히 굴복시키고 파괴한 인간이 이제는 다시 자연에 다가가려 하는 것이다. 그 이전에는 인간이 자신을 창조의 정점에 세웠다면 이제는 행복해하는 가운데 건초에 코를 대고 킁킁거리며 그 자연 앞에서 겸허히 무릎을 꿇는다. 이 모든 것을 레드제피는 몇 안 되는 재료를 이용해 손으로 완벽하게 음식을 만들어냄으로써 이루어냈다. 이때 그가 목표로 삼은 것은 언제나, 음식이 지닌 모든 아로마의 아름다움을 중심에 두는 일이었다. 그는 자신의 미식 기법을 타협 모르는 현지성, 즉 가장 가까운 주변에서 '먹을 것 구하기'라는 이념과 한 쌍으로 묶어놓았다. (덕분에 그의 레스토랑에는 곧 미슐랭의 별과 수많은 상이 날아들었는데, 유명하게 된 것은 무엇보다도 독자적인 문학 장르 하나가 얼마 지나지 않아 생겨났기 때문이다. '레드제피와 함께 먹을거리를 찾아서'라고 그 이름을 붙일 수 있지 않을까 싶은 장르다. 수많은 작가와 기자가 저 위도 높은 북유럽 지역을 쏘다녔다. 다정한 수석 요리사 레드제피와 함께 숲과 초원을 가로지르며 산책도 하고 거기서 자라나는 것으로 모든 시도를 다 해보기 위해서다.) 이런 아이디어를 통해 사람들은 옛날 자기 본디의 모습, 그러니까 자연을 배회하다 눈에 띄는 것을 주워 먹는 채집인으로 되돌아왔다.

자연과 하나가 된 채집인으로의 회귀는 고급 요식업계 내에서 큰 물결을 일으켰다(솔방울, 이끼 그리고 개미 같은 것은 돈이 들지 않는다. 하지만 별 등급 음식점이 되려면 이것을 가공해야 하는데, 여기에 돈이 많이 든다. 따라서 누구나 다 이런 자연의 신격화 비용을 감당하지는 못한다). 비슷한 바탕을 가진 수많은 레스토랑이 문을 열었다. 이들이 내세우는 것의 핵심은 '무자비한 지역성' 또는 '연금술 같은 자연 음식'이다. 이를테면 광물성 색소를 이용해 음식을 만들거나 늙은 호박 하나를 개미굴 위에 올려둔 다음 산에 의해 분해된 과육을 진공으로 빨아들여 그것으로 죽을 만드는 것이다. 이런 요리는, 비록 엘리트 음식이기는 하지만, 그래도 이국적인 재료를 굳이 지구 반대편에서 수입해 와서 까다롭게 조리해낼 필요는 없다는 중요하고도 근본적인 통찰이다. 그러나 선의는 있으나 별로 혁신적이지는 못한 몇몇 요리사는 안타깝게도 여기서 너무 멀리 나아간 나머지 뻔한 연설과 함께 숯검정이 된 파 줄기 하나 또는 가까운 연못에서 가져온 중간 크기의 물고기를 아주 옛적의 멋진 사무라이 기술을 써서 한 토막 잘라 손님상에 내기도 한다. 그걸 본 순간 손님은, 열 가지 코스 요리의 식재료 전부가 레스토랑 뒤편의 버려진 주차장에서 가져온 것은 아니기를 바란다. 불에 탄 덤불은 덤불일 뿐이다. 빙하 시대 채집인에게도 그건 다르지 않았을 것이다.

49. 노무라 해파리 샐러드

2010년경 일본

2000년대 후반 도쿄 인근 해변 어느 곳. 서늘한 어느 날 아침 고기잡이 배 한 척이 고요히 물살을 가로질러 미끄러져 들어왔다. 배에는 달랑 어부 한 명뿐이었다. 그는 갑판 난간에 기대어 서서 바다 저 너머를 바라보고 있었다. 갑자기 그가 동작을 멈추더니 곧 크게 소리를 질렀다. 발아래를 보니 해파리가 배 전체를 둘러쌌을 뿐 아니라 저 멀리 지평선까지 온 바다가 거대한 해파리로 가득 차 있었던 것이다. 세상의 종말을 이야기하는 사이언스 픽션 판타지에 나오는 외계인처럼 해파리는 말도 없이 멈추지도 않고 육지 쪽으로 이동했다. 몸은 거대하여 지름이 2미터나 되는 데다 버섯대가리처럼 종 모양으로 생겨 희미하게 빛을 발했다. 아래쪽으로는 몇 미터나 되는 기다란 촉수가 수도 없이 뻗어 있었다. 바로 노무라 해파리인데, 몇 년 전부터는《성경》에 나오는 재앙처럼 규칙적으로 일본의 해안으로 들이닥쳤다. 이 강력한 메두사는 무슨 이유에서인지는 모르지만 중국이나 한국 쪽에서 왔으며(이 문제에 대해서는 그 누구도 정확히 파고들려 하지 않는다), 기후 온난화와 물고기 남획의 결과다. 이들 해파리는 그물에 달라붙어 점액을 분비하거나 다른 물고기를 압사시켰으며, 배까지도 전복시켰다. 한마디로 복잡한 균형 상태가 붕괴된 대양의 깊은 곳에서 들이닥친 통제불능의 재앙이었다.

이와 비슷한 무시무시한 사례가 대략 비슷한 시기에 미국, 그러니까 워싱턴주의 여러 하천에서 나타났다. 시민 한 사람이 가물치 두 마리를 구했다. 몸이 아픈 누이가 걱정되어 가물치 수프를 끓여주기 위해서였다. 가물치는 중국이 원산지로, 그곳에서는 사람들이 널리 먹는 물고기다. 그런데 수프를 끓여주기도 전에 누이가 이미 병에서 회복했기에, 그는 물고기를 자기 집 수족관에서 길렀다. 물고기는 곧 아주 크게 자랐다. 가물치는 눈에 띌 정도로 밉상인 데다 날카로운 이빨로 다른 물고기를 잡아먹는다. 이 가물치의 몸집이 너무 커지자 키우던 이는 물고기를 상가 건물 뒤편에 있는 연못에 풀어주었다. 가물치는 뭍에서 여러 날 살아남을 수 있으며 어느 정도의 거리는 이동도 할 수 있다는 사실을 그는 바보같이 몰랐다. 가물치는 가슴지느러미를 수직으로 세워 그냥 앞으로 기어갈 수 있다. 그 결과 이 물고기는 포토맥강과 그 지류 여러 곳으로 퍼져 나갔고, 왕성한 식욕으로 강의 물고기를 다 잡아먹어버렸다.

몇 해 뒤 베를린의 외교 공관 밀집 지역에서 번쩍거리는 등껍질의 가재가 비에 젖은 거리를 종종걸음으로 이동하더니, 티어가르텐 공원의 산책로 너머로 떼를 지어 돌아다니고 공원 내 수로와 호수의 물에 들어가 놀며 유쾌하게 역병을 퍼트렸다. 바로 미국가재(Procambarus clarkii)다. 이 가재는 아마도 수족관에서 물고기를 키우는 동물 애호가가 자연에 풀어놓은 것으로 보이는데, 이들은 물에서 사는 생물을 깡그리 없애버렸다.

인간은 오래전부터 이 지구를 대규모로 여행하며 약탈했다. 따라서 여러 외래종의 침략에는 인간도 관여했다. 이런 침략에 대해 우리는 어떻게 대응해야 하는가? 다양한 생태계를 공격성 강한 외래종의 치명적인 침략으로부터 지켜내는 유력한 방법은 더 큰 공격자로 하여금 이들 외래종을 사냥하게 하는 것이다. 지구상에서 가장 위험한 약탈자인 인간이 그렇게 하는 것이 가장 효과적이다. 유입된 공격적 외래종이 모든 것을 다 먹어치우기 전에 인간이 이 외래종을 그냥 다 먹어치워야만 할 것이다.

과거에 지구에 살았던 그 어떤 종도 식량 원천의 고갈에 인간처럼 힘들이지 않고 적응하지는 못했다. 매머드가 사라졌다고? 그게 뭘 문제라고, 들소나 잡아먹지 뭐! 이론적으로 인간은 못 먹는 게 없다. 또 인간은 모든 것을 끓이고, 삶고, 절이고, 발효시켜서 아니면 다른 무슨 수를 써서든, 대체로 먹을 만하게 만들 수 있는 유일한 생물이다. 외래종의 침략 현상과 더불어 이제 진자는 새로운 방향으로 튄다. 갑자기 특정 생물이 너무 많아지는 것이다. 게다가 그 생물은 다른 모든 먹을 수 있는 종을 없애버린다. 그러니 신속히 식탁에 자리를 잡고 앉아야 한다. 안 그랬다가는 아침부터 저녁까지 해파리만 먹어야 할 판이다. 하필이면 이 해파리가 우리의 미래 음식이 될지도 모르기 때문이다. 기후 연구가들이 이미 수십 년 전부터 경고해온, 디스토피아적으로 보이는 그 모든 조건에서 가장 잘 증식하는 것이 해파리다. 따라서 해파리는 그리 빨리 끝장나지 않을 것이다. 과학자들은 이미 '라이즈 오브 슬라임'(rise of slime, 점액질이 떠오른다는 뜻으로, 해파리의 증식을 의미 - 역자 주)이라는 말을 한다. 이것은 어쩌면 우리 인간에게는 행운인지 모른다. 살아남고 증식하는 데에 인간이 워낙 뛰어난 탓에, 먹을 게 뭐 더 남아 있느냐는 질문이 결국 나오지 않을 도리가 없기 때문이다. 그런 경우 해파리가 어느 날 우리를 구원해줄지 모른다. 이 해파리 종은 완전히 없애는 것이 분명 불가능할 뿐 아니라 건강에도 특별히 좋다. 고정된 형체가 없는 해파리의 몸은 지방과 콜레스테롤은 하나도 없으면서 단백질, 나트륨, 칼슘, 칼륨 그리고 마그네슘을 함유하고 있기 때문이다.

중국을 예로 들어보자. 다들 이미 오래전부터 알고 있겠지만, 그곳에서는 노무라 해파리가 인기 있는 맛난 음식이다. 그들은 해파리를 소금에 절여 말린다. 그러면 꾸덕꾸덕해진다(공기 중에 말리면 먼지가 되어 산산조각 나버리며, 물에 넣고 끓이면 그냥 끈적끈적한 점액만 남을 것이다). 다른 방법으로, 말린 해파리를 일단 다시 물에 담가 흐물흐물하게 만든 다음 마늘, 간장, 고수와 함께 먹기도 한다. 이렇게 하면 해파리는 반투명한 띠 모양으로 변하는데 약간 물컹거리면서도 꼬들꼬들해서, 식감이 마치 덜 삶은 쌀국수 비슷하다. 일본에서도 해파리를 양념에 절여 먹는데, 샐러드와 수프에 넣는 재료로 사용하기도 한다. '고 젤리(Go Jelly)'라는 이름의 유럽 연구팀은 이 해파리를 서양 음식에서도 사회적으로 받아들이게 하는 것을 목표로 삼았다. 지구 인구가 곧 90억 명에 달할 것임을 고려한다면, 야생 동물과 파이를 좋아하는 유럽 사람도 언젠가는 이 미끌미끌한 피조물과 친해지는 것을 피할 수 없을 것이다. 그렇기 때문에 과학자들은 몇몇 제안을 만들어 내놓았다. 해파리 카르파초, 지중해식 해파리 수프, 수비드 방식으로 물에 익힌 해파리에 가짜 캐비아 곁들임 그리고 해파리에 우동면을 곁들이고 참깨 소스를 뿌린 음식 등이다.

외래 침입종인 동물과 식물을 먹기도 할 뿐 아니라 그것을 유행하는 맛난 음식으로 격상시키자는 발상은 미래의 모델이 된다. 베를린에서 잡은 미국가재는 브리오슈 빵에 넣으면 일종의 피시버거가 되며 부야베스의 기본 육수로도 활용할 수 있다. 참게도 아주 달갑잖은 외래종인데 바닷가재 대용으로 쓰일 수 있다. 아시아산 무늬발게와 무성하게 잘 자라는 머위가 미국에서는 원하지도 않았는데 크게 확산되었다. 그런데 어느 레스토랑이 최초로 이 두 재료로 스시를 만들었다. 여러 생물종으로 하여금 육지나 하천으로 크고 작은 침략을 하게 한 것은 인간이다. 이제 그 인간이 그 생물들로 수프를 만들어 먹는다면 그건 옳은 일일뿐더러 가격도 저렴하다. 심지어 맛도 훌륭할 수 있다. 하지만 주의! 예를 들어 노무라 해파리의 촉수에는 독이 있다. 이걸 제대로 제거하지 않았다가는 심각한 위험에 빠질지 모른다. 전 지구 인류의 살 속에 박히는 또 하나의 작은 가시다.

50. 팬데믹 시대의 디너

2020~21년 전 세계

2020년 초 전 세계적으로 전염병이 돌았다. 마을과 도시가 지옥 같은 사이언스 픽션 영화의 무대가 되어버렸다. 주민들은 자기 집에 갇혀버렸고, 텅 빈 길거리 곳곳에서 군대가 순찰을 돌았다. 사람 얼굴은 마스크 뒤로 숨었다. 지구에 사는 이들이 서로 거리를 둔 채 나다녔다. 꿈에서나 볼 법한 어처구니없는 상황이었다. 장 보러 가서는 혼자서 슈퍼마켓으로 들어가 유리문 달린 냉장 진열대 옆을 지나간다. 거기에는 비닐 포장된 음식이 들어 있다. 자신의 몸을 가능한 한 병균이 침입하지 못하도록 꽁꽁 싸맨 채, 판매량 제한과 관련한 안내문을 자세히 살펴본다. 이렇게 몇 달 또는 몇 해, 이른바 사회적 거리두기를 하면서 우리는 어떤 영향을 받았으며 어떻게 살고 싶은가라는 거대한 질문에 대한 사회적 논쟁을 촉발시켰다. 이 담론의 대부분이 음식을 중심으로 돌아갔다. 다뤄진 주제는 고립과 공동체, 비상물자 구입과 두려움, 위안, 그리움, 치유 그리고 자급자족이라는 꿈 등이었다.

밥을 함께 먹는다는 것은 인간의 삶을 떠받치는 근본 토대다. 이런 사실은 코로나로 인한 전면봉쇄가 시행되는 동안 예전보다 더 뚜렷해졌다. 많은 가족이 집 안에서 살아갈 수밖에 없게 되자 사람들은 팬데믹 속에서 하나가 되어 식탁 곁으로 돌아왔다. 고전적인 하루 세 끼 식사는 오래전부터 구식에다 고리타분한 것으로 치부되었지만 이제 다시 일상이 되었다. 게다가 재택근무와 재택수업은 계속 이어졌다. 이와 반대로 레스토랑은 출입 금지 구역이 되었다. 디너파티는 금지되었다. 사람들은 함께 화상회의를 하면서 식사를 했고 코스 메뉴와 포도주 시음 모임을 디지털 방식으로 꾸렸다. 전에는 함께 식사하는 식탁에 음식이 차려져 있으면 모두 함께 그 냄새를 맡고 맛도 보고 나눠 먹기도 했다. 그런 식탁이 이제 가상현실 속으로 들어온 것이다. 아름다운 음식을 찍은 사진이 홍수처럼 넘쳐나더니, 그런 사진이 다시 힘차게 전산망에 흘러넘치는 것 같다. 그런데 그건 푸드 포르노라기보다는 집밥에 대한 자부심이었다. 팬데믹 동안 사람들은 아침이 다시는 돌아오지 않는다는 듯이 끓이고 구워댔다. 맛난 소스와 이국적 양념 따위의 판매가 폭발적으로 늘어났다. 식품점을 운영하는 상인도 그걸 확인해주었다. 더 맛있는 것, 우리에게 더 낯선 것이 가정 요리 속으로 들어왔다. 찜통과 새로 장만한 웍(wok)에서는 어디론가 떠나지 못해 애타는 마음이 지글지글 끓었다. 그리고 사람들은 다시 굽기 시작했다. 빵 말이다. 그것도 한때 조상들이 그랬던 것처럼 엄청난 양을 구워 댔다. 그러다 드디어 슈퍼마켓의 진열대가 텅 비어버렸고, 넋 나간 듯 그 광경을 바라보아야 했다. 몇 세대 만인가, 빵 구울 밀가루가 넉넉지 않음을 경험하다니!

직접 요리하지 않는 사람은 배달을 시켰다. 그들은 비대면을 외쳤다. 마스크를 쓴 채 대문을 열어주고는 배달음식을 문지방 너머로 건네받았다. 배달원도 주문자 못지않게 한마디도 없이 폭발물을 다루듯이 음식을 내려놓고는 계단실 모퉁이를 돌아 안전지대로 몸을 피했다. 음식은 불투명 상자와 비닐봉지 속에 고립된 채 놓여 있었다. 전 세계 적으로 가장 주문이 많았던 음식은 피자다. 밀가루 반죽으로 만든 데다 기름기 많은 피자는 영혼을 위로하는 음식으로서는 넘버원이다. 녹아내린 치즈는 사람을 껴안아주듯 아늑하고 따뜻했다. 피자는 오븐 속에서 향기를 내뿜어 우리의 감각을 달래주는 저 모든 훌륭한 빵처럼, 달콤한 맛으로 모든 것을 금방 잊게 해주는 사탕처럼, 아니면 마찬가지로 매출 붐을 일으킨 다른 모든 자그마한 맛난 스낵처럼 사람들을 위로해주었다. 이는 지난 수십 년 동안 전 지구 차원의 위기 때마다 믿을 만한 동반자로 사람들 마음을 달래준 음식의 귀환이다. 중세 때 기아가 한 차례 휩쓸고 지나가면 그 보상이라도 받으려는 듯 걸판지게 차려 마구 먹어낸 일처럼 말이다. 특정 음식의 치유력을 파고드는 일도 되살아났는데, 이것 역시 중세를 떠올리게 하는 요소다. 바이러스의 횡행에 대항하도록 몸의 저항력을 키워준다는 보조 영양제가 갑자기 곳곳에서 팔려나갔다. 과일과 채소도 빠질 수 없는데, 현지의 친환경 재배 작물을 가장 좋은 것으로 쳤다. 자기 몸이 그 환경과 똑같이 회복되어야 한다는 것이다.

이제 누구나 자급자족이라는 환상을 꿈꾸었다. 빵 굽기, 저장식품 보관하기, 병조림 만들기, 발효시키기 등으로도 충분치 않았다. 이미 제1차 세계대전 때에도 사람들은 그렇게 했었다. 감자를 키우기에 적합하지 않은 땅은 없다며 땅이란 땅에는 다 감자를 심었던 것이다. 지금도 그렇다. 창턱, 발코니, 경작하지 않는 도시의 평지 그리고 정원에서 사람들은 샐러드용 식물, 허브와 채소를 키웠다. 도시 근교의 소규모 주말 농장은 유행에 민감한 사람들이 가장 동경하는 대상이 되었다. 주말 농장에 신청하려는 대기자 목록은 끝도 없이 길어졌다. 그렇게 우리는 점점 더 자기만의 고치 속으로 파고 들어갔다. 마치 영양주사 맞은 듯 따시고 배부른 사람처럼 말이다.

그러다 악몽이 지나갔다. 그사이 아파트 대문은 완벽하게 스타일링되었다. 그 대문을 활짝 열어젖히고 우리는 다시 레스토랑으로, 오랫동안 만나지 못했던 가장 사랑하는 연인의 품으로 달려간다. 제빵기와 일제 산토쿠 식칼에는 먼지가 쌓인다. 팬데믹 시대의 저녁 식사와 요리 열풍의 비상사태에서 이제 무엇이 남을까?

미래 연구가는 인간이 음식 '체험'에 앞으로 훨씬 더 강력하게 열광할 것이라고 본다.

"소비자에게는 이런 열광이 매주 한 번씩 열리는 장터에서, 농장에서, 빵집, 정육점 또는 별미 식료품 전문점에서 장을 볼 때 시작된다. 그곳에서 소비자는 이야기를 나누고, 냄새도 맡고, 맛도 보고, 산지의 분위기도 포착한다."

이것이 미래연구소가 이미 2021년의 푸드 리포트에서 지적한 내용이다. 오감으로 체험하는 음식이라니, 아니, 그렇게만 할 수 있다면 참 멋진 일이 아닐 수 없다. 우리가 먹는 음식에 대해 더 많이 체험할수록, 또 그 음식의 맛과 다양성을 더 의식하면서 즐길수록 우리는 식량 자원을 바라건대 더 책임감 있게 다룰 터이니 말이다. 그리고 우리가 먹는 음식으로 인류의 역사를 어쩌면 그래도 좀 더 나은 쪽으로 마침내 돌릴 수도 있을 것이다.

참고 문헌

*온라인 출처는 모두 2023년 3월에 검색한 결과이다.

1 Yuval Noah Harari: *Eine kurze Geschichte der Menschheit,* München 2015, 106쪽.

2 Martin Köder: *Lebensfroh trotz Gleichberechtigung. Das Alltagsleben der Etrusker,* Wissenschaft.de am 20.12.2005, https://www.wissenschaft.de/magazin/weitere-themen/lebensfroh-trotz-gleichberechtigung/.

3 Wolfgang Korn: *50 Klassiker Archäologie. Die wichtigsten Fundorte und Ausgrabungsstätten,* Hildesheim 2003, 93쪽.

4 Jerónimo Lobo: *A Voyage to Abyssinia,* Dorset 1887 (https://www.gutenberg.org/cache/epub/1436/pg1436-images.html상의 자료를 필자 번역함).

5 Emilius Albert de Cosson: *The cradle of the Blue Nile. A visit to the court of King John of Ethiopia,* London 1877, 98쪽(필자 번역).

6 Medicus Anthimus: »Incipit Epistula Antimi Viri Inlustri Ad Theodoricum Regem Franchorum«, in: Lorscher Arzneibuch, Lorsch Anfang 9. Jahrhundert (Ulrich Stoll 번역), 72v쪽.

7 Hirscher, Petra: *Heilen und Kochen mit Hildegard von Bingen,* Stuttgart 2010, 84쪽.

8 Alvise Cornaro: *Vom maßvollen Leben oder die Kunst gesund alt zu werden.* Hrsg. von Klaus Bergdolt, Regenbrecht Verlag 2022 참조.

9 Robert Gugutzer: »Körperkult und Schönheitswahn. Wider den Zeitgeist«, in: Körperkult und Schönheitswahn, aus: Politik und Zeitgeschichte 18/2007, 4쪽.

10 Heinrich Hoffmann: *Lustige Geschichten und drollige Bilder mit 15 schön kolorierten Tafeln für Kinder von 3–6 Jahren.* Literarische Anstalt, Frankfurt

am Main: 1845, 17쪽.

11 작자 미상: *Koch vnd Kellermeisterey,* Frankfurt am Main 1559 (https://www.uni-giessen.de/de/fbz/fb05/germanistik/absprache/sprachverwendung/gloning/tx/kochkell.htm에 의함).

12 Stefan Scholl: »Borschtsch soll Welterbe werden. Russland und Ukraine streiten um Rote-Bete-Suppe«, in: Lindauer Zeitung, November 2020.

13 러시아 외무부 기자회견(2022년 4월 8일)(필자 번역).

14 UNESCO: Culture of Ukrainian borscht cooking, 2022 (https://ich.unesco.org/en/USL/culture-of-ukrainian-borscht-cooking-01852에 의함. 필자 번역).

15 NGO Institute of Culture of Ukraine: Bewerbungsfilm für die Aufnahme in die UNESCO-Liste des immatriellen Weltkulturerbes, 2020 (https://ich.unesco.org/en/USL/culture-of-ukrainian-borscht-cooking-0185 2에 의함. 필자 번역).

16 Georg Philipp Harsdörffer: *Vollständiges und von neuem vermehrtes Trincir-Buch*, Nürnberg 1657, 210쪽.

17 Massimo Montanari: *Der Hunger und der Überfluß. Kulturgeschichte der Ernährung in Europa*, München 1993, 142쪽.

18 Julia Child: *Französisch kochen,* Basel 2018, 67쪽 이하.

19 Wolfram Siebeck: *Kochschule für Anspruchsvolle,* München 1976, 45쪽 이하.

20 Eduard von Keyserling: »Zur Psychologie des Komforts«, in: Keyserling: Feiertagsgeschichten, Göttingen 2008, 122쪽.

21 같은 책, 121쪽.

22 Joachim Nettelbeck: *Des Seefahrers Joachim Nettelbeck höchst erstaunliche Lebensgeschichte von ihm selbst erzählt,* Göppingen 1994 (초판: 1821년), 2쪽 이하.

23 Antonia Humm/Marina Heilmeyer/Kurt Winkler (Hg.): *König & Kartoffel. Friedrich der Große und die preußischen »Tartuffoli«,* Berlin 2012, 102쪽.

24 같은 책.

25 Hedwig Heyl: *ABC der Küche* Berlin 1888, 297쪽.

26 George Kennan: *Sibirien.* Leipzig 1891 (https://www.projekt-gutenberg.org/ kennan/sibirien/part2chap006.html에서 재인용-).

27 Christian Kassung: *Fleisch. Die Geschichte einer Industrialisierung,* Paderborn 2021, 124쪽.

28 Christian Brandstätter: »Hier kann man allein und doch in bester Gesellschaft sein«, 2021년 1월 3일자 Welt.de, https://www.welt.de/iconist/unterwegs/ article223585952/Wiener-Kaffeehaeuser-Ueber-die-Kultur-des-Kaffeehauses-von-A-bisZ.html#:~:text=Powidltascherl%3A%20Die%20imperialen%20 Kaffeeh%C3%A4user%20am,S%C3%BC%C3%9Fspeisen%20eher%20in%20 der%20Konditorei.

29 Beatrix Novy: »Der König der Kaffeehausliteraten. Vor 100 Jahren starb Peter Altenberg«, 2019년 1월 8일자 Deutschlandfunkkultur.de, https://www. deutschlandfunkkultur.de/vor100-jahren-starb-peter-altenberg-der-koenig-der-100.html.

30 Präsidentin der Universität Göttingen (Hg.): *Die alte Mensa am Wilhelmsplatz. Geschichtsträchtiges Tagungshaus,* Göttingen 2016, 31쪽.

31 Judith Hecht: »Pablo Picasso: Sogar ein Kochtopf kann schreien«, 2021년 11월 8일자 Falstaff.com, https://www.falstaff.com/de/news/pablo-picasso-sogar-ein-kochtopf-kannschreien.

32 Alice B. Toklas: *Das Alice B. Toklas Kochbuch. Kochen für Gertrude Stein und ihre Gäste* (Frieda Grafe 번역), Frankfurt am Main und Leipzig 1999, 38쪽.

33 Andrew Lam: »The Marvel of Bánh mì. From France to Vietnam and beyond: Journey of a Sandwich«, in: Cairo Review 18/2015, 69쪽(필자 번역).

34 같은 책.

35 Yang Jisheng: Grabstein – Mùbei: *Die große chinesische Hungerkatastrophe 1958–1962,* Frankfurt am Main 2012, 460쪽.

36 Essen & trinken (Hg.): *Kalte Küche von A–Z (Rezeptkarten),* Hamburg 1977.

37 L. Fritzsche: *Illustrierte Tafelkultur, Servietten-Album,* Leipzig 1918, 47쪽 이하.

인류가 차린 식탁

초판 1쇄 인쇄 2024년 4월 29일
초판 1쇄 발행 2024년 5월 13일

지은이 우타 제부르크
옮긴이 류동수
펴낸이 이범상
펴낸곳 (주)비전비엔피 · 애플북스

책임 편집 차재호
기획 편집 차재호 김승희 김혜경 한윤지 박성아 신은정
디자인 김혜림 최원영 이민선
마케팅 이성호 이병준 문세희
전자책 김성화 김희정 안상희 김낙기
관리 이다정

주소 121-894 서울특별시 마포구 잔다리로7길 12 (서교동)
전화 02) 338-2411 | **팩스** 02) 338-2413
홈페이지 www.visionbp.co.kr
이메일 visioncorea@naver.com
원고투고 editor@visionbp.co.kr
인스타그램 www.instagram.com/visionbnp
포스트 post.naver.com/visioncorea

등록번호 제313-2007-000012호

ISBN 979-11-92641-29-4 03900